4차 산업혁명! 단계별로 익히는

빅데이터 &인공지능

김효관 지음

光文閣
www.kwangmoonkag.co.kr

머리말

미국의 시장조사기관 가트너가 2020년도 기업이 주목해야 하는 기술 트렌드로 초자동화(Hyperautomation), 인공지능 보안(AI security) 등 빅데이터/인공지능 관련 주제를 선정하였다. 초자동화는 모든 작업 공정을 초 단위 스피드로 생산하는 형태를 말한다. 빅데이터를 활용하여 컴퓨터가 자동으로 주요 공정을 처리함으로써 기존 작업자들은 새로운 시스템을 관리하며 더 가치 있는 일에 집중할 수 있게 해준다. 이와 같이 기업에서는 데이터를 활용하여 기존 수작업으로 진행했던 공정들을 컴퓨터가 대신할 수 있도록 모델을 만들어 자동화시키고, 새로운 가치를 창출하려고 노력하고 있다. 예를 들면 유통업체에서는 판매 상품의 Stock-out 상황이 발생하지 않도록 판매 실적 및 가격 데이터 등을 활용하여 미리 고객의 수요를 예측하여 생산 계획을 세우고 있으며, 금융권에서는 불법거래를 자동으로 탐지하는 모델을 만들어 안정적인 금융시장 형성에 힘쓰는 등 각 산업군에서 데이터를 활용한 가치를 찾기위해 노력하고 있다.

데이터 엔지니어/분석가, 인공지능 전문가 등 새로운 직종이 생겨났으며 이들은 기업에서 이미 수집하고 있는 데이터를 정제 작업을 통해 활용 가능한 양질의 데이터가 쌓일 수 있도록 한다. 또한, 기업에 도움이 되는 분석 모델을 만드는 역할을 한다. 최근에는 생성한 분석 모델들을 빠르고 안정적으로 운영하기 위하여 빅데이터 분석 플랫폼을 도입하여 동일한 모델이라 할지라도 적시에 필요한 정보가 생성되는 데에도 힘쓰고 있다.

이 책은 저자가 기업 내 데이터 분석팀에서 업무를 수행하며 느낀 점들을 바탕으로 데이터 분석 업무를 처음 시작하는 사람도 실무에서 필요한 기술을 쉽고 친숙하게 이해될 수 있도록 단계별로 실습하며 나아가도록 설계했다. 실습 환경은 2020년도 2월 기준 아나콘다(파이썬 수학/과학 라이브러리 설치 환경)에서 수행한다. 파이썬과 데이터를 활용하여 대화하기 위하여 우리가 처음 한국어를 배울 때 가나다라를 먼저 배우듯 파이썬 언어의 자료 형태와 문법 구조를 배운다. 이후 데이터 분석의 첫걸음으로 다양한 방법으로 데이터를 수집할 수 있는 방법을 학습한다.

중반에는 파이썬이 인공지능 시대에 빠르게 치고 올라올 수 있었던 강력한 라이브러리 사용법을 데이터 시각화, 이미지 처리를 실습하면서 알아본다. 데이터의 인사이트를 빠르게 도출하기 위하여 스프레드시트 형태의 데이터를 시각화하여 데이터의 특성을 빠르게 찾아가는 방법과 OpenCV 라이브러리를 활용하여 기계에 이미지 데이터를 학습시킬 때 어떠한 이미지 처리가 적용되는지를 알아본다.

후반에는 수집한 데이터를 활용하여 논문에서 찾은 알고리즘이나 자신의 아이디어를 개발할 수 있도록 2020년도 1월 업데이트된 Pandas 1.0 기반 데이터 조작 방법을 학습하여 통계적 방법으로 문제를 풀어가는 방법을 학습한다. 마지막으로 통계적으로 문제를 해결하지 않고 파이썬이 알아서 문제를 학습한 후 결과를 도출하는 머신러닝 방법을 다룬다. 전반적으로 데이터를 어떻게 수집하고 가공하는지 그리고 가공한 데이터를 어떻게 분석하는지에 포커스를 두었기 때문에 기본 파이썬 도서에서 다루는 클래스 등의 주제는 이 책에서 다루지 않는다.

본 책의 목표는 IT 관련 비전공자들도 데이터를 활용한 모델 개발 시 두려움 없이 빅데이터 분석/인공지능 영역에 쉽게 자리 잡게 하기 위함이며, 웹/앱 개발보다도 분석 시 필요한 부분을 중심으로 다루었다. 이 책에서 일부 다루지 못하는 부분은 유튜브 및 github 내용의 실습 문제를 참조하면 다양한 예제를 만나볼 수 있다.

참고자료

순서	대상	자료	참고 사이트
1	실습코드 및 샘플데이터	교재 내 실습코드 및 데이터셋	https://github.com/hyokwan/python-lecture
2	자료실	구축환경, 강의자료 등	https://sparkkorea.com/[빅데이터&인공지능 도서관련 자료] 참조
3	유튜브	기초내용 영상자료	https://www.youtube.com/hkcode

저자 김효관

목차

기초편

기본편

PART I

빅데이터 개요 및 파이썬 프로그래밍

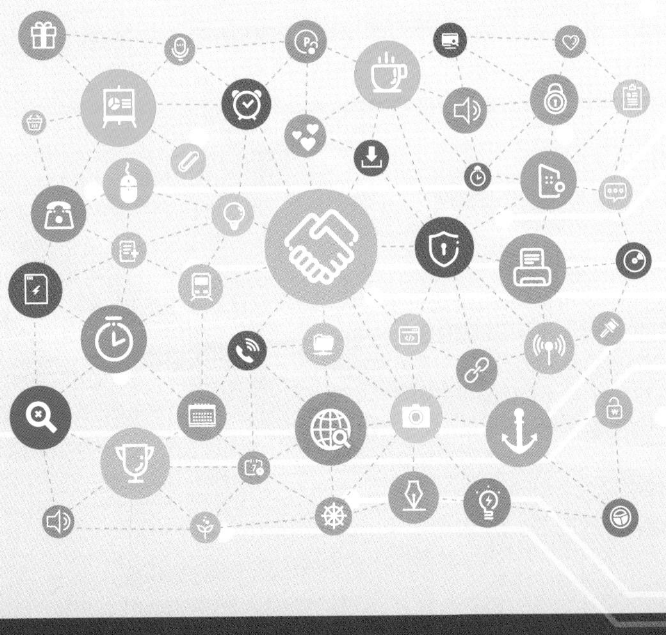

단원 개요

[단원명]

빅데이터 개요 및 파이썬 프로그래밍

[단원 소개]

- 빅데이터 분석은 유통, 금융, 보안, 마케팅 등 다양한 분야에 적용되어 새로운 가치를 찾으려고 각 산업군에서 노력하고 있다. 이번 단원에서는 데이터 분석 방법 및 실 사례를 알아보고 개발자로서 엔지니어의 역할 및 직접 개발환경을 구축해본다.

[교육 대상]

- 데이터 분석가 / 인공지능 전문가
- 데이터 엔지니어

내용	학습 내용
빅데이터 기술	- 빅데이터 기술을 이해한다. - 미래 선도 기술의 트렌드를 이해한다.
빅데이터 분석 사례	- 다양한 산업군의 빅데이터 활용 사례를 알아본다. - 산업별 인사이트 발견하는 방법을 이해한다.
빅데이터 분석 방법	- 데이터 분석 방법의 종류 및 프로세스를 이해한다. - 통계적 분석 방법을 이해한다. - 머신러닝 분석 방법(지도/비지도 학습)을 이해한다.
파이썬 개발환경 구축	- 파이썬을 왜 배워야 하는지 이해한다. - 파이썬 개발환경을 구축한다. - 대화하듯이 코딩하는 방법을 실습한다.

01 빅데이터 기술

BIGDATA & Artificial Intelligence

학습 내용
1. 빅데이터 기술을 이해한다.
2. 미래 선도 기술의 트렌드를 이해한다.

1.1 빅데이터 분석 이해

빅데이터 분석 개념은 계속 변화하고 있다. 과거 빅데이터 분석은 '다양한(Variety) 대용량(Volume) 데이터를 빠르게(Velocity) 처리하는 분야'라고 정의하였다. 하지만 최근에는 정확하게(Veracity) 인사이트(Value)를 찾아야 한다는 개념이 확장되었다. 5개의 카테고리 중 2개 이상을 프로젝트에서 적용 중이라면 빅데이터 분야에서 일하고 있다고도 한다.

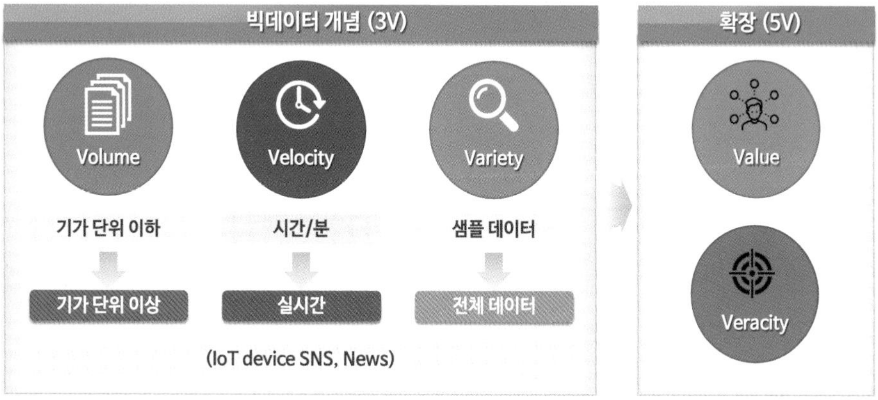

[그림 1-1] 빅데이터 개념

빅데이터 분석이 필요한 이유는 다음 사례를 통해서 알 수 있다. TV 생산 공장에서 미래 생산 계획을 세우기 위해 A전자 본사에 문의한다. A전자 유통 담당자는 이미 시스템 상에 과거 TV의 판매 실적, 가격 정보, 재고 수량 등 다양한 데이터를 보유하고 있지만 예측 시스템을 갖추고 있지 않아 담당자가 엑셀 파일에 단순 로직을 적용하여 예측 판매량을 계산한다. 결국 자동화된 시스템이 아니기 때문에 담당자는 실수로 인하여 야근을 하게 될 수도 있다. 또한, 사람에 의존하는 시스템이다 보니 회사는 부담을 가질 수밖에 없다. 하지만 데이터 분석가를 활용하여 미래 수요를 정확히 예측하는 모델을 개발하고 분석 결과를 화면에 누구나 이해할 수 있게 시각화하는 시스템을 갖춘다면 회사의 부담이 조금 덜어질 것이다. 매주 월요일 아침 본사 담당자와 공장 담당자가 출근하면 모니터상에 미래 TV 수요량이 보여지고, 공장에서는 수요량에 맞추어 부품 확보 계획 및 생산 계획을 세울 수 있고, 본사에서는 가격 결정이나 매출 관리를 할 수 있게 된다.

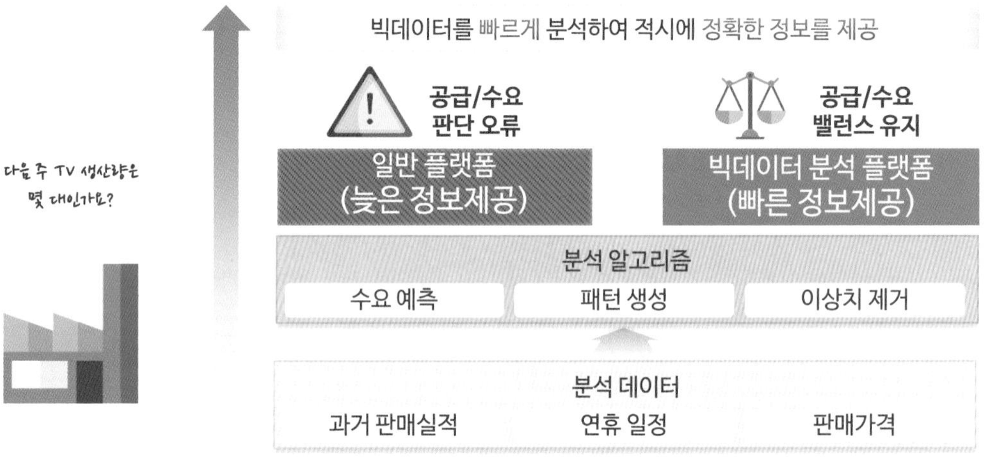

[그림 1-2] 빅데이터 분석이 필요한 이유

결국 수작업을 통해 맞춰 왔던 수요 예측 프로세스를 빅데이터 기반 인공지능 모델이 알아서 필요한 정보를 만들어 내고, 공장은 수요량에 대비한 부품을 적시에 공급할 수 있고, 본사에서는 더 많은 이익을 창출할 수 있는 다른 전략(최적 가격 결정 또는 마케팅 효과분석)들을 세울 수 있게 된다. 데이터를 믿고 프로세스를 맞춘다면 사람의 의존도가 줄어들고 사람들은 더 가치 있는 일에 시간을 할애할 수 있게 된다.

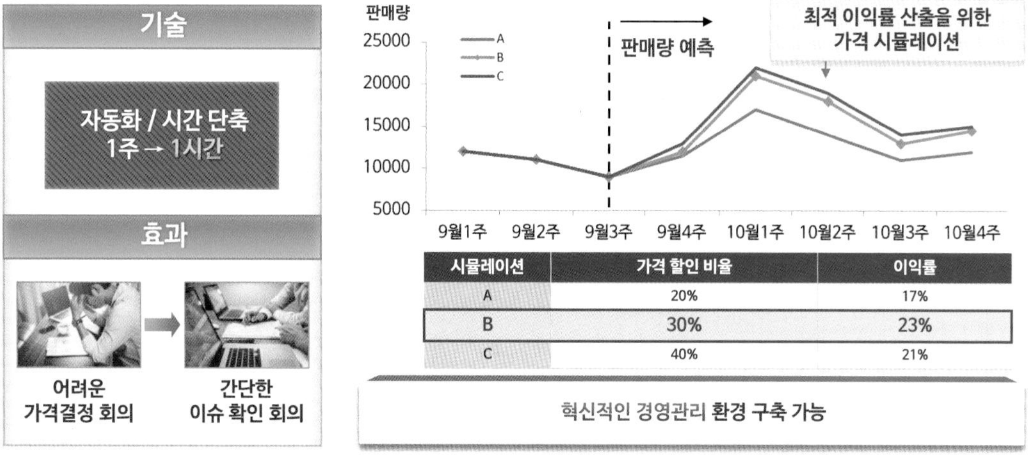

[그림 1-3] 빅데이터를 통한 새로운 인사이트 창출

빅데이터 분석을 통한 초자동화 시대가 시작된 것이다. 미국의 정보 기술 연구 및 자문회사인 가트너 주식회사(Gartner, Inc.)는 2020년도 미래 선도 기술 10가지를 제시하였는데 그중 첫 번째 트렌드가 초자동화이다. 이 외에도 데이터를 활용한 인공지능 영역이 대부분의 카테고리에 포함되어 있다. 미래 선도기술인 빅데이터/인공지능 영역에 다가가기 위해 설치부터 데이터 처리까지 단계별로 실습을 통해 알아본다.

[그림 1-4] 2020년 사람 중심 기술 트렌드

[그림 1-5] 2020년 스마트 공간 기술 트렌드

02 빅데이터 분석 사례

학습 내용
1. 다양한 산업군의 빅데이터 활용 사례를 알아본다.
2. 산업별 인사이트 발견하는 방법을 이해한다.

2.1 유통 분야 사례

유통 분야에서는 제품의 수요 예측을 위한 빅데이터 및 인공지능 모델이 사용된다. 과거 판매량에 영향을 주는 특성값(주차별 효과, 할인 효과, 날씨, 인구 등)들을 활용하여 미래 제품 수요량을 예측할 수 있다. 정확한 제품의 수요 예측을 통해 급변하는 시장 상황에 빠르게 대응하여 제품 재고 부족 현상이나 과도한 공급으로 인한 이익 손실 같은 현상을 미리 방지할 수 있다. 또한, 정확한 수요 예측 시스템은 회사의 매출을 예측할 수 있게 도와주고 제품을 홍보하기 위한 광고 등의 마케팅 효과를 분석하여 불필요한 마케팅 비용을 절감할 수 있게 해준다.

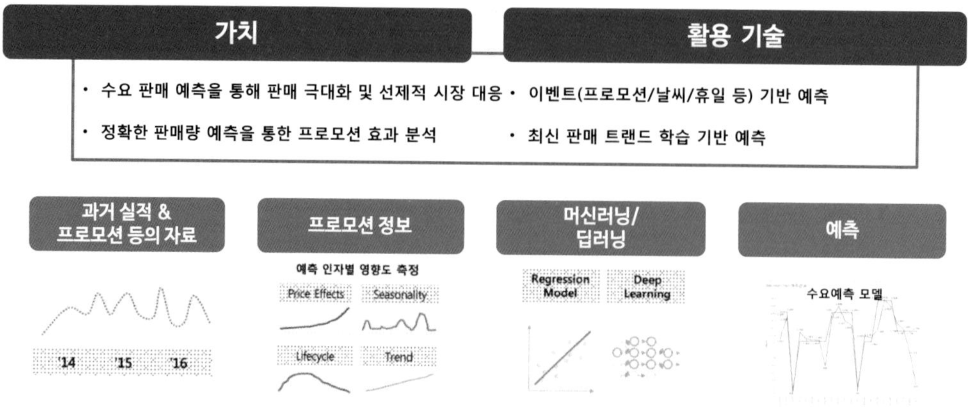

[그림 1-6] 수요 예측 사례

2.2 고객 관리 사례

고객 관리를 위해서도 빅데이터 및 인공지능 모델이 고객이 선호하는 제품을 찾아 가성비 좋은 제품이 출시될 때마다 관련 알림 등을 고객에게 보내 고객 마음을 사로잡을 수 있다. 결과적으로 매장에서는 고객들의 이탈률을 방지할 수 있고, 고객은 관심 상품에 대한 유용한 정보를 받을 수 있다.

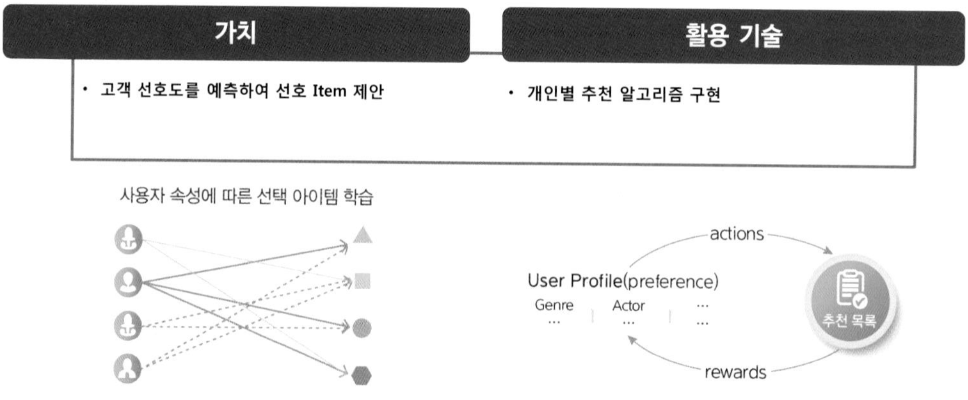

[그림 1-7] 고객 분석 사례

2.3 기타 사례

콜센터, 매장 내 직원 관리에서도 찾아볼 수 있다. 분석 모델을 통해 고객 전화 또는 방문 패턴을 분석하고 바쁜 시간에 직원을 많이 배치하고, 한가한 시간에는 직원의 역량 강화 교육을 통해 직원 만족도를 올릴 수 있다. 따라서 고객들은 바쁜 시간에도 원활한 서비스를 받을 수 있다.

가치	활용 기술
• 방문객 수 예측 결과 및 인건비, 구매 전환율 예측 • 고객 방문 패턴에 맞춘 직원 업무 투입 최적화	• 방문객 수 예측 알고리즘 • 직원 업무 투입 최적화 알고리즘

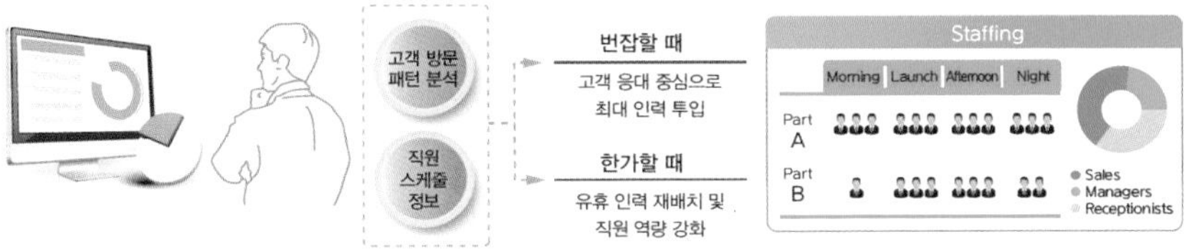

[그림 1-8] 방문 패턴 분석 사례

또한, 운영 시스템 관리에서도 분석모델이 활용된다. 운영 서버에서 발생하는 로그 데이터를 분석하여 서버 이상 징후를 감지한 후 시스템 관리팀에 자동으로 알림 신호를 보내줄 수 있다. 단지 컴퓨터 서버만 한정된 게 아니라 엘리베이터나 외부에서 볼 수 있는 다양한 키오스크 시스템 관리에도 적용되고 있다.

가치	활용 기술
• 빅데이터 분석에 기반한 장애 분석 및 예방 체계 구축	• 로그 분석 기반 이상 징후 감지 : 단어 및 패턴 출현 회수 측정 및 정상 범위 산출 • 상관분석 기반 이상 징후 감지 (시계열 분석)

구분	매트릭
DB	mem_usage
WEB-WAS	평균 응답 시간
WEB-WAS	메시지 서비스 개수
로그	Denied 출현 회수
Application 특화	결재 승인 요청 건수

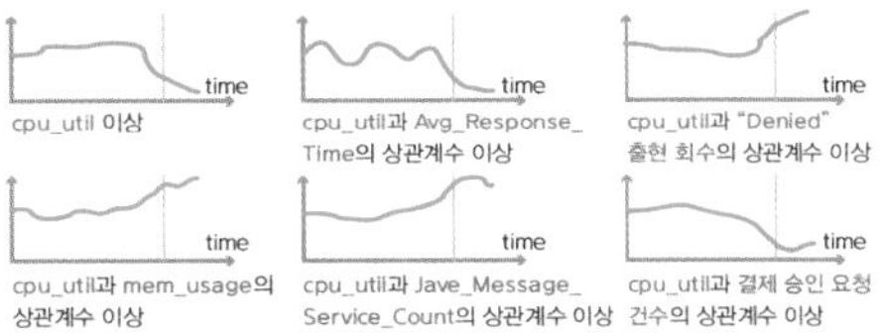

[그림 1-9] 인프라 서버 모니터링 사례

마지막으로 보안 분야에서는 악성 코드 패턴을 인공지능 모델이 학습한 후 자동으로 탐지하여 PC를 보호하고, 회사 내 정보 유출을 하려는 직원들을 자동으로 감지하여 보안 사고가 발생하지 않도록 막아 주는 역할도 하고 있다. 이처럼 빅데이터 기반 인공지능 모델은 다양한 산업군에 이미 적용되어 가치 있는 일을 하고 있다.

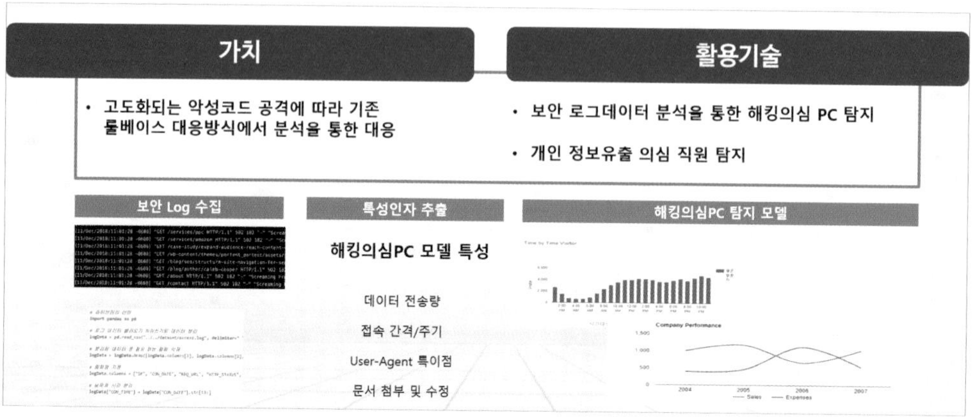

[그림 1-10] 보안 패턴 분석 사례

03 빅데이터 분석 방법

학습 내용
1. 데이터 분석 방법의 종류 및 프로세스를 이해한다.
2. 통계적 접근 방법을 이해한다.
3. 머신러닝의 분석 방법(지도/비지도 학습)을 이해한다.

3.1 빅데이터 분석

일반적인 데이터 분석 프로세스는 먼저 분석에 필요한 데이터를 탐색하여 정의한 다음 수집한다. 이후 수집한 데이터를 탐색적 분석 과정을 통해 확인하고 정제한 다음 통계적 또는 머신/딥러닝 방법을 사용하여 분석 모델을 개발한다. 사례에서 살펴봤듯이 이해관계자들끼리 서로 원윈할 수 있는 모델을 개발한 후 대시보드 형태로 시각화하여 공유한다.

[그림 1-11] 데이터 분석 프로세스

3.1.1 데이터 탐색

데이터를 다루는 개발자로 성장하기 위해서는 전체 분석 프로젝트의 진행 프로세스를 이해해야 한다. 먼저 필요 데이터를 탐색한다. 분석을 위해 회사 내부에서 사용할 수 있는 데이터를 찾아보고 이외에 외부에서 데이터를 구매하거나 웹크롤링 등의 방법으로 사용 가능한 데이터를 목록화한다. 데이터 탐색 시점에는 가능한 연관성 있어 보이는 데이터는 분석모델의 재료로써 활용하기 위하여 찾고 목록화한다.

3.1.2 연동 데이터 정의

데이터 목록이 생성되었으면 분석모델과 연동할 데이터를 상세하게 정의해야 한다. 분석모델 구성에 필요한 입력 데이터를 인바운드로 표현하고 분석 모델 결과를 아웃바운드로 표현한다. 예를 들어 수요 예측 모델의 경우 가격 정보, 실적 정보 등이 입력 데이터가 되고 모델별 예측 결과는 아웃바운드 데이터가 된다. 연동 데이터 시스템명, 데이터 수집 주기 및 크기 등을 [표 1-1]과 같이 정의서에 작성해야 한다.

[표 1-1] 연동 데이터 정의

순서	식별자	대상	시스템명	저장 타입	크기	획득 주기
1	IN-001	판매실적 정보	A시스템	데이터베이스	10G	매주
2	IN-002	가격 정보	B시스템	엑셀	1G	매월
3	IN-003	프로모션 정보	C시스템	데이터베이스	1G	매일
4	IN-004	연휴 정보	D시스템	웹	3G	3개월
5	OUT-001	예측 결과	A시스템	데이터베이스	1G	매주

3.1.3 데이터 정제

연동 데이터 정의 후 각 데이터에 대한 오류 체크 기준을 만들어야 한다. 예를 들어 제품의 가격 정보와 할인 정보를 수집하는 경우 제품의 가격은 할인 가격보다 높아야 한다. 만약 할인 가격 정보가 제품의 정상 가격 보다 높은 경우는 예외 로직으로 처리해야 한다. 생각보다 실 데이터를 확인해 보면 데이터 수집 시점 등의 문제로 인하여 비정상적인 현상이 나타나기도 한다. 예외 로직을 명확히 정의하지 않으면 분석 결과의 정확도에서 크게 영향을 끼친다.

[표 1-2] 데이터 정제 로직

순서	식별자	대상	오류 체크 포인트
1	IN-001	판매실적 정보	1. 현재 날짜 기준 과거 1주차 정보가 들어오는지 확인 2. 판매량 정보에 음수 값이 존재하는지 확인 3. 특정 제품군 데이터 누락 여부 확인
2	IN-002	가격 정보	1. 제품의 할인 가격 정보와 비교 후 이상 여부 확인

3.1.4 분석모델 적용

데이터 정제 작업이 완료되면 데이터 분석가가 정제된 데이터를 사용하여 다양한 모델을 생성한다. 이때 분석가는 자신이 경험한 통계 모델을 활용하거나 머신러닝/딥러닝 기술을 활용하여 문제를 해결한다.

분석 모델 생성을 위한 접근 방식은 다양하나 본 책에서는 통계적 접근 방식, 머신러닝(지도학습) 방식, 머신러닝(비지도학습) 방식 3가지로 나누어 소개한다.

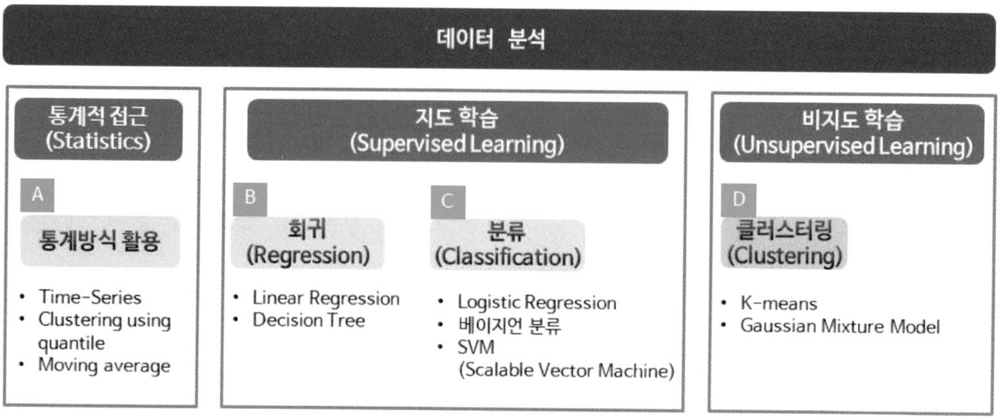

[그림 1-12] 데이터 분석 방법

1) 통계적 접근 방식

통계적 접근 방식은 데이터를 활용하여 문제 해결 시 통계 기법을 활용하여 풀어가는 방법이다. 냉장고 제품 예측을 예로 들면, 1년 전 냉장고 판매량 상위 등수 제품들이 전체 거래량의 70%를 이끌었으면 이번 연도에는 모델명이 전부 바뀌었지만 상위 등수 제품들이 거래량의 70%를 차지한다는 로직을 적용할 수 있다. 이때 Quartile(사분위수) 기법을 활용하여 전체 제품 기준 상위 25%를 상위 등수로 정의할 수 있다. 또한, 주식의 매도/매수 시기를 결정할 때 이동평균법을 활용하여 단기이동평균(5day)과 장기이동평균(20d)의 차이를 계산한 후 최근 단기간의 가격이 과거 장기간의 평균 판매 가격보다 높은 경우 매수 시기(주식을 사야 한다)라고 시그널을 줄 수 있다. (골든크로스, 실제 최근 경기가 좋음) 반대인 경우는 매도 시기(주식을 팔아야 한다)라고 시그널을 준다. (데드크로스, 최근 경기가 좋지 않아 팔아야 하는 시기)

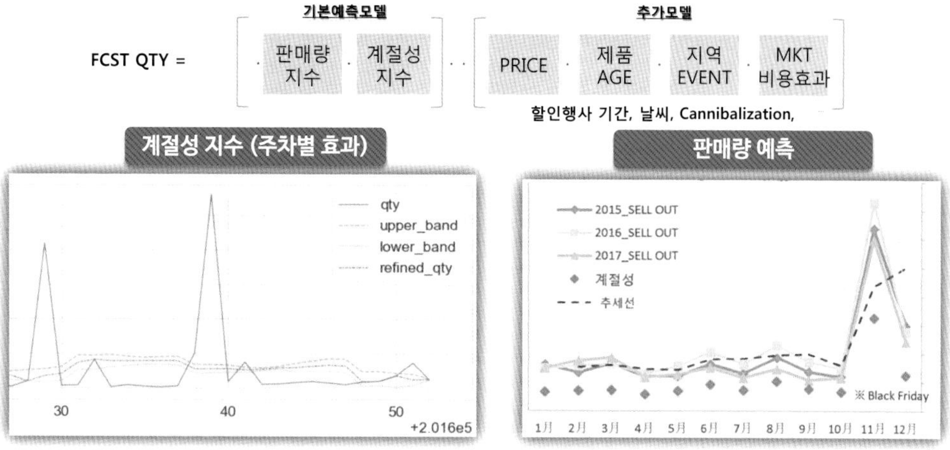

[그림 1-13] 통계적 분석 방법 예시

2) 지도학습

통계적 방식 외에 기계를 시켜서 문제를 해결하는 머신러닝 방법 중 지도학습을 알아본다. 지도학습은 2가지 방식, 즉 회귀 방식(Regression)과 분류 방식(Classification)으로 구분하여 사용한다.

지도학습 방식 중 하나인 회귀 방식은 원하는 예측 결과 대상 값이 수치 데이터인 경우에 사용하는 모델이다. 예측 결과 대상 값(답지)을 보통 종속변수(영향을 받는 변수 Y)라고 하고, 종속변수에 영향을 끼치는 특성 변수를 독립변수(종속변수에 영향을 주는 변수 X)라고 한다. 예를 들면 종속변수로써 수치 데이터인 제품의 판매량을 정의하고, 독립변수로는 가격 할인 정보, 휴일 정보로 정의할 수 있다. 이후 기계가 과거 종속변수와 독립변수 간의 데이터를 학습하여 [그림 1-14]와 같이 30% 할인하면 52개 팔리고, 할인도 안 하고 휴일 정보도 없는 경우 12개 팔렸다는 정보를 학습했다면 미래에 할인도 안 하고 휴일도 아닌 경우 제품의 판매량은 12개일 거라고 기계가 알아서 답을 낼 수 있는 것이다. 결국 기계가 알아서 과거의 정답지와 정답지에 영향을 끼치는 변수를 학습한 후 미래 정답지에 영향을 끼치는 변수만 활용하여 정답을 예측하는 방법이다.

과거 거래량에 영향을 주는 특성(프로모션, 홀리데이)과의 관계를 학습한 후 미래의 특성 값만을 활용하여 거래량 예측

QTY = 홀리데이 여부 | 프로모션 여부 | 프로모션 비율

데이터 탐색

	주차 정보	대상	홀리데이 여부	프로모션 여부	프로모션 비율	거래량
미래	38	A	NO	NO	-	?
과거	37	A	NO	YES	10	32
	36	A	YES	YES	30	52
	35	A	NO	NO	-	12
	34	A	YES	NO	-	14
	33	A	YES	YES	50	24
	32	A	YES	NO	-	12
	31	A	YES	NO	-	16

모델 설계

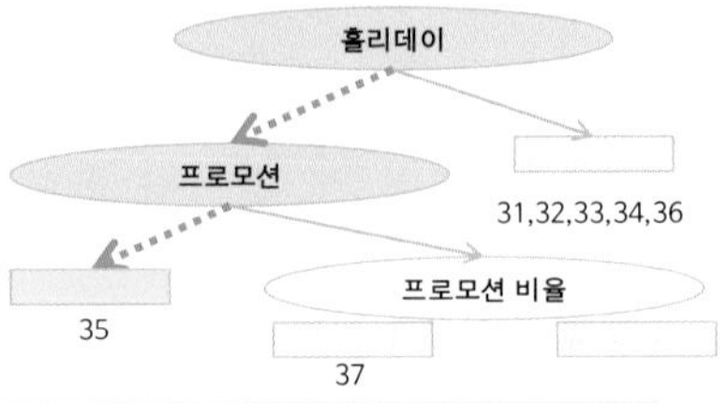

38주 Holiday 아니면서 프로모션 없음 → 12

[그림 1-14] 지도학습(회귀 방식) 예시

지도학습 방식 중 분류 방식은 원하는 예측 결과 대상 값이 카테고리 데이터인 경우이다. (예: 고객 등급 VIP, DIAMOND, NORMAL) 예를 들면 종속변수로써 카테고리 데이터인 고객 등급을 정의하고, 독립변수로는 부동산 보유 정보, 대출 정보 등을 정의할 수 있다. 이후 기계가 과거 종속변수와 독립변수 간의 데이터를 학습하여 [그림 1-15]와 같이 기존 고객 정보를 활용하여 기계가 학습한 후 미래에 신규 고객이 가입하면 가입 시 특성 정보를 입력하면 고객의 등급을 기계가 알아서 부여할 수 있다. (예: Suppoer Vector Machine)

데이터의 집단을 분류 시 최적의 분류 선을 생성 한 후 미래 데이터에 대해서 기존에 학습한 내용을 바탕으로 예측

데이터 탐색

	고객 ID	주식	부동산	대출	고객등급
미래	C0001	1200	1500	0	
과거	C0001	1000	1200	0	VIP
	C0002	500	600	100	DIA
	C0003	200	100	100	NORMAL
	C0004	500	2000	0	VIP
	C0005	100	50	50	NORMAL
	C0006	100	100	30	NORMAL
	C0007	700	600	0	DIA

모델 설계

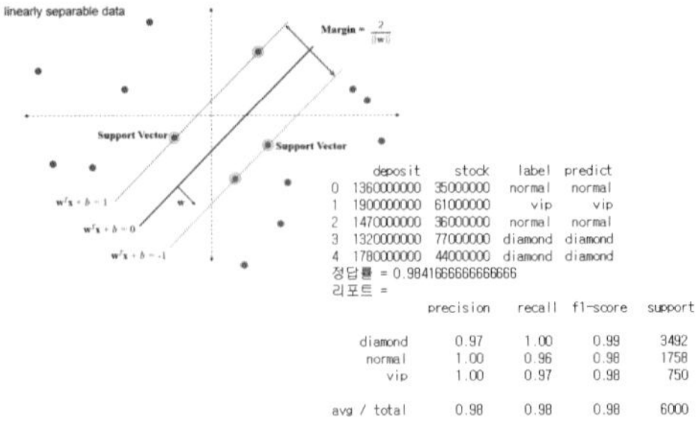

[그림 1-15] 지도학습 (분류방식) 예시

3) 비지도학습

통계적 방식 외에 기계를 시켜서 문제를 해결하는 머신러닝 방법 중 비지도학습을 알아본다. 비지도학습은 데이터에 종속변수인 정답지가 없고 일반 특성 데이터들만 존재하는 경우이다. 지도학습의 경우에는 종속변수인 정답지를 기계에 알려주고 지도를 한다면, 비지도학습의 경우에는 지도할 정답이 없는 경우이다. 그중 분류 라벨과 같은 답이 주어지지 않은 상황에서 데이터의 특성 값만을 활용하여, 주어진 데이터를 가장 잘 설명하는 방식인 클러스터링을 알아본다. 예를 들어 교수가 학생들을 3개조로 구성 시 단순히 성적순으로 학생들을 분류하는 게 아니라 주소, 선호 옷 색상, 선호 음식 등의 여러 특성 데이터를 사용하여 최상의 팀워크를 발휘할 수 있도록 유사한 성향을 가진 학생들을 3개의 클러스터로 분류하여 팀을 구성할 수 있다. [그림 1-16]과 같이 기계에 특성 데이터만 입력하면 유사성이 높은 데이터끼리 분류하여 빨간색 클러스터는 0, 초록색 클러스터는 1, 파란색 클러스터는 2라는 클러스터 결과를 출력한다. (예: kmeans clustering)

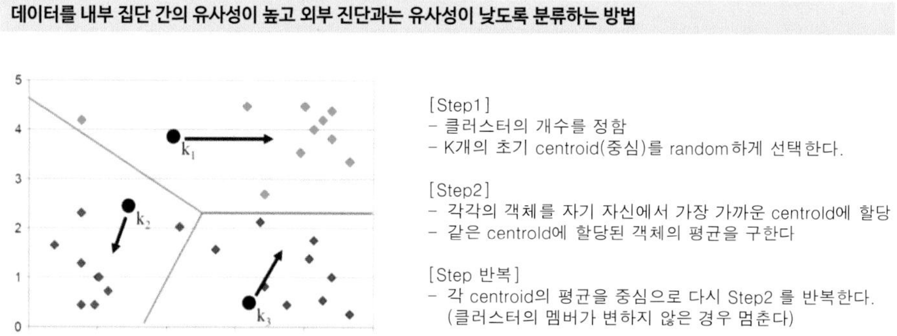

[그림 1-16] 비지도학습 예시

3.1.5 검증 및 테스트

분석 모델 개발 시 모델을 단순히 코드로만 개발하지 않고 모델의 방향을 도식화하여 다른 사람과 공유할 수 있도록 분석모델 정의서를 작성해야 한다. 분석 모델이 최소 단위로 처음부터 끝까지 실행 가능한 시점이 되면 분석모델의 신뢰도를 확인하기 위하여 실제값과 예측값을 비교하여 모델의 정확도를 확인해야 한다. 데이터의 정확도는 기업에서 따르는 별도 지표가 있을 수 있으며, 공식적으로 사용 가능한 MAE(Mean Absolute Error), MAPE(Mean Absolute Percentage Error) 등이 있다. 정확도 지표는 머신러닝 단원에서 상세하게 다루도록 한다.

Mean squared error	MSE	=	$\frac{1}{n}\sum_{t=1}^{n} e_t^2$
Root mean squared error	RMSE	=	$\sqrt{\frac{1}{n}\sum_{t=1}^{n} e_t^2}$
Mean absolute error	MAE	=	$\frac{1}{n}\sum_{t=1}^{n} \lvert e_t \rvert$
Mean absolute percentage error	MAPE	=	$\frac{100\%}{n}\sum_{t=1}^{n} \left\lvert \frac{e_t}{y_t} \right\rvert$

[그림 1-17] 정확도 지표

3.1.6 분석모델 튜닝 및 이후 프로세스

검증 및 테스트를 통해 모델의 안정성 및 신뢰성을 높이기 위하여 분석모델 및 튜닝 작업이 진행되며 안정화 단계 시 모델을 실 환경에 배포한다. 모델이 배포된 후에는 지속적으로 모델을 유지 관리하면서 모델을 고도화하고 장애가 발생하지 않도록 관리한다.

[표 1-3] 엔지니어의 역할

순서	대상	역할
1	데이터 탐색	분석 작업을 위한 필요 데이터를 정의하고 실제 데이터의 존재 유/무 확인
2	연동 데이터 정의	저장된 데이터의 시스템 이름, 저장 타입(RDB, FILE), 용량, 획득 주기 등을 검토하고 문서화한다.
3	데이터 정제	비정상 데이터 정제 (또는 유효 데이터라 하더라도 데이터를 사용할 수 있도록 가공)
4	분석모델 적용	데이터 분석을 통해 새로운 가치를 찾거나 문제를 해결하기 위한 최적의 분석모델을 적용한다.
5	검증 및 테스트	분석모델의 정확도를 검증하여 분석모델의 개선점을 도출한다.
6	분석모델 튜닝	검증 및 테스트 단계에서 도출된 개선점 항목을 분석모델에 반영하고 테스트한다.
7	배포	분석모델이 자동으로 수행되도록 시스템화한다.
8	유지 보수	분석모델에 대해서 지속 관리하고 개선한다.

BIGDATA & Artificial Intelligence

04 파이썬 개발 환경 구축

학습 내용

1. 파이썬을 왜 배워야 하는지 이해한다.
2. 파이썬 개발환경을 구축한다.
3. 대화하듯이 코딩하는 방법을 실습한다.

4.1 파이썬을 왜 배워야 할까요?

파이썬은 빅데이터 및 인공지능 분야 입문 시 접근하기 쉽고 구글에서 제공하는 Tensorflow 와 같이 어려운 로직을 모두 코딩을 통해 만들지 않아도 이미 만들어진 라이브러리(함수모음)가 다양하여 필요한 영역에 바로 자신의 생각을 적용하여 개발할 수 있는 장점을 갖고 있다. 또한, 데이터 분석가가 선호하는 언어이며 구직/구인 사이트에서 많이 찾는 기술언어이다.

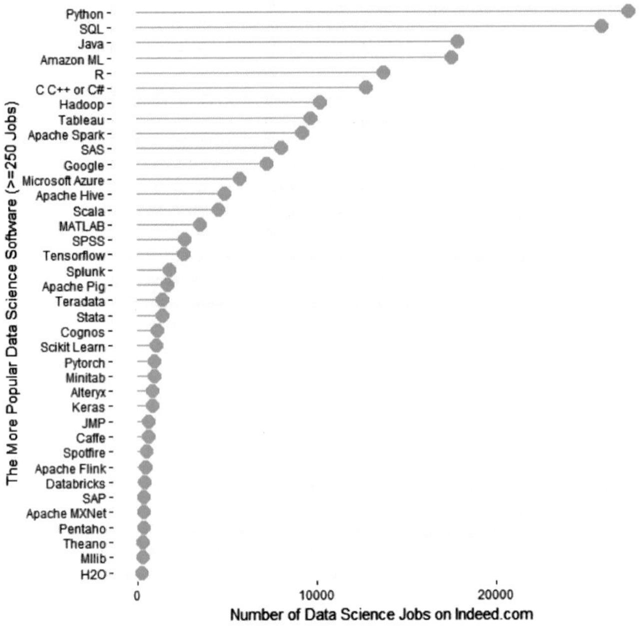

[그림 1-18] 데이터 분석가 소요 기술(Indeed)

4.2 개발환경 구축

파이썬 개발환경 설치는 윈도우에 아나콘다를 설치하면서 시작하는 것을 권장한다. 아나콘다는 수학과 과학 분야에서 사용되는 여러 라이브러리들을 묶어 놓은 파이썬 배포 판으로 파이썬 설치 후 추가로 확장해서 설치해야 하는 시각화(Matplotlib), 데이터 조작(Pandas), 배열 계산(Numpy) 등의 다양한 라이브러리를 미리 포함하고 있다. 또한, 아나콘다 설치 후 Jupyter 환경에서 개발하면 컴퓨터와 대화하듯이 로직을 작성하고 결과를 바로 확인할 수 있다.

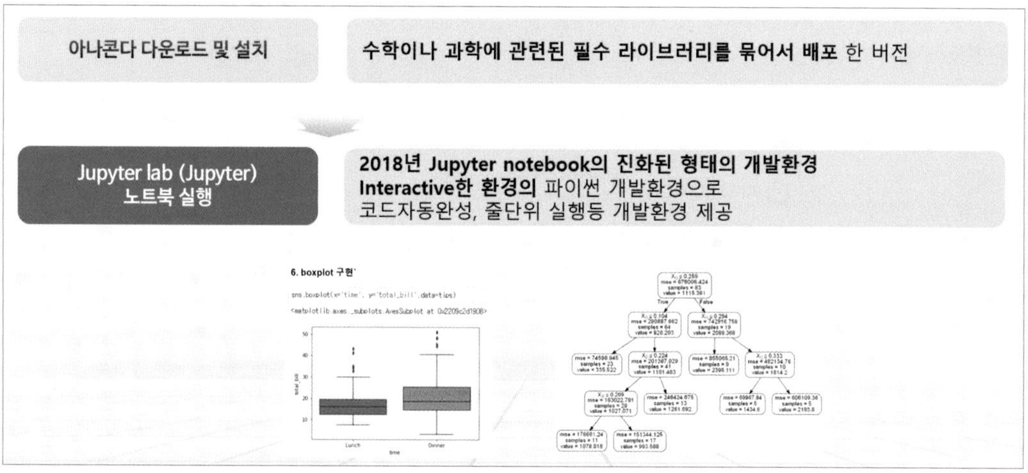

[그림 1-19] 파이썬 개발환경 설치

4.2.1 아나콘다 다운로드 및 설치

아나콘다 다운로드 공식 사이트 (https://www.anaconda.com/distribution/)에 접속 후 자신의 운영체제에 맞는 파일을 다운로드 받는다. 윈도우즈 운영체제 2020년도 2월 버전으로 다운로드받는다. 책 작성 시점에서는 최신 버전이지만 모든 설치 화면들은 새로운 버전 출시에 따라 달라질 수 있다.

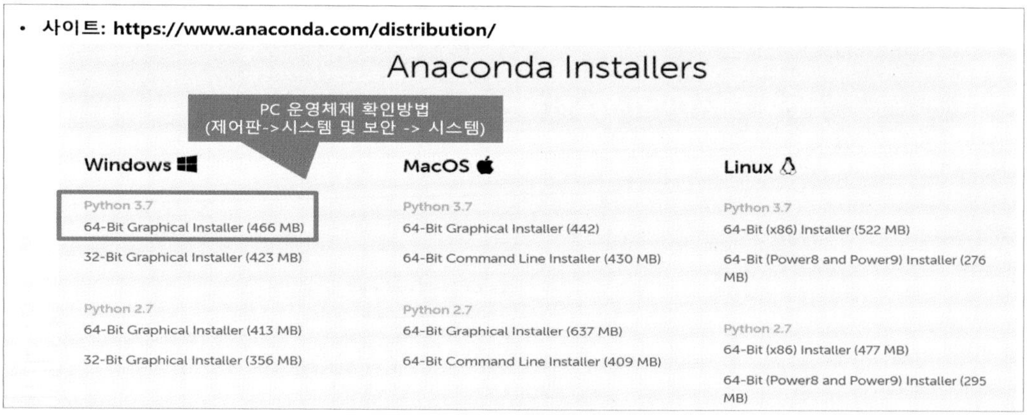

[그림 1-20] 아나콘다 다운로드 예시

다운로드받은 파일을 실행 후 설치는 간단하다. 단, 중간에 고급 설정 선택 창에서 상단의 체크박스 옵션(환경변수 자동 설정, 주요 실행 파일을 어디서든 실행할 수 있음)을 체크한다.

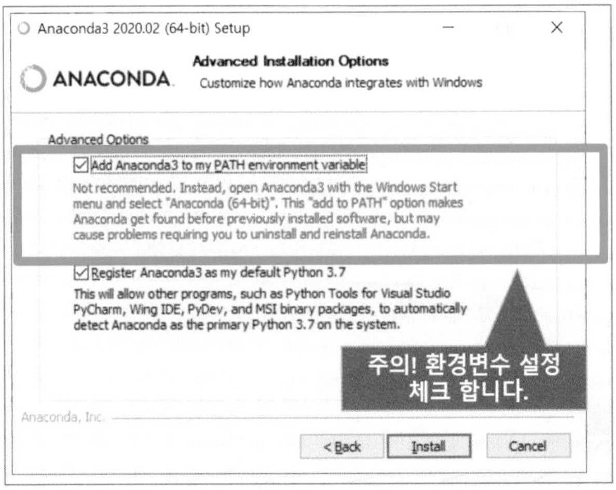

[그림 1-21] 아나콘다 설치 시 주의사항

책에서 향후 다루는 웹크롤링 및 아나콘다 설치 후 개발환경을 웹 브라우저상에서 진행하기 위하여 크롬 브라우저를 설치한다. 설치 후 기본 브라우저로 크롬을 설정하는데 설정하는 방법은 [그림 1-22]와 같이 구글에서 "크롬 기본 브라우저 설정"으로 검색 시 자세하게 안내되어 있어 쉽게 스스로 설정할 수 있다.

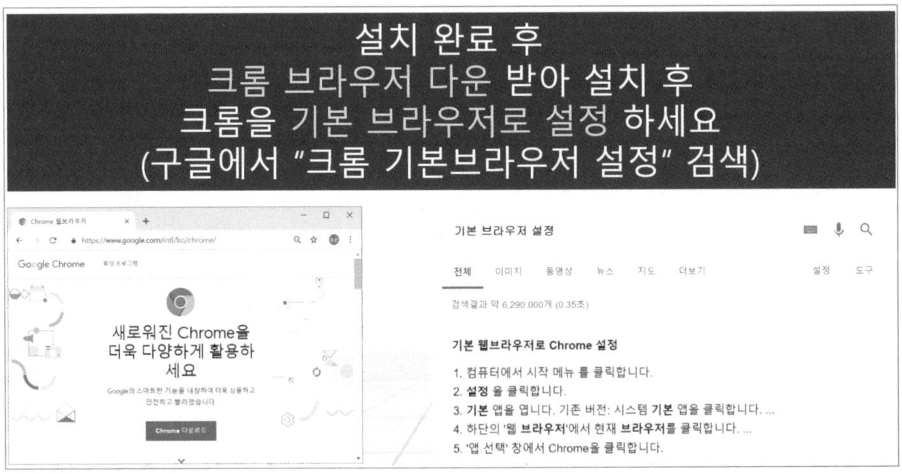

[그림 1-22] 웹 브라우저 설정

4.2.2 Jupyter lab 실행

파이썬 코드를 컴퓨터와 대화하듯이 작성할 수 있는 프로그램을 실행해 보도록 한다.

Jupyter lab 실행을 위해서는 윈도우즈 검색창에 "명령"이라는 단어를 검색 후 명령 프롬프트를 실행한다. 이후 실행된 창 화면에서 jupyter lab이라고 입력 후 엔터를 치면 프로그램이 실행되면서 기본 브라우저로 설정했던 크롬 브라우저가 실행된다.

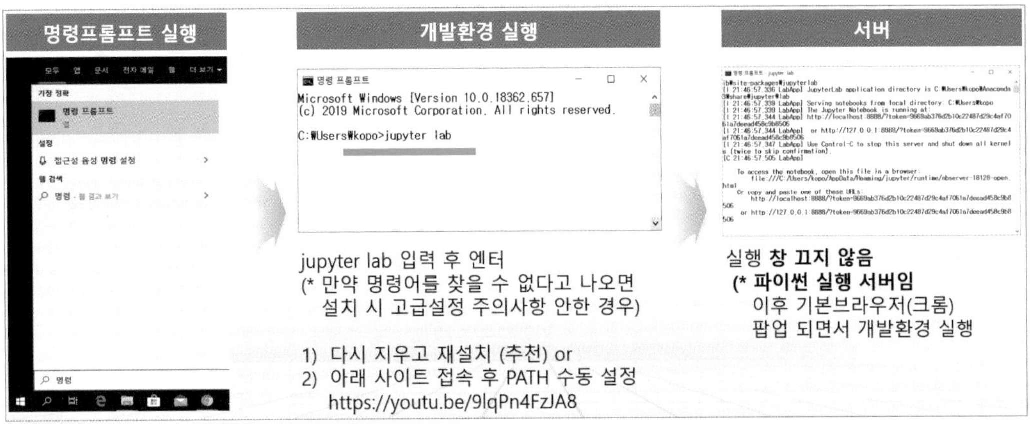

[그림 1-23] Jupyter lab 실행 방법

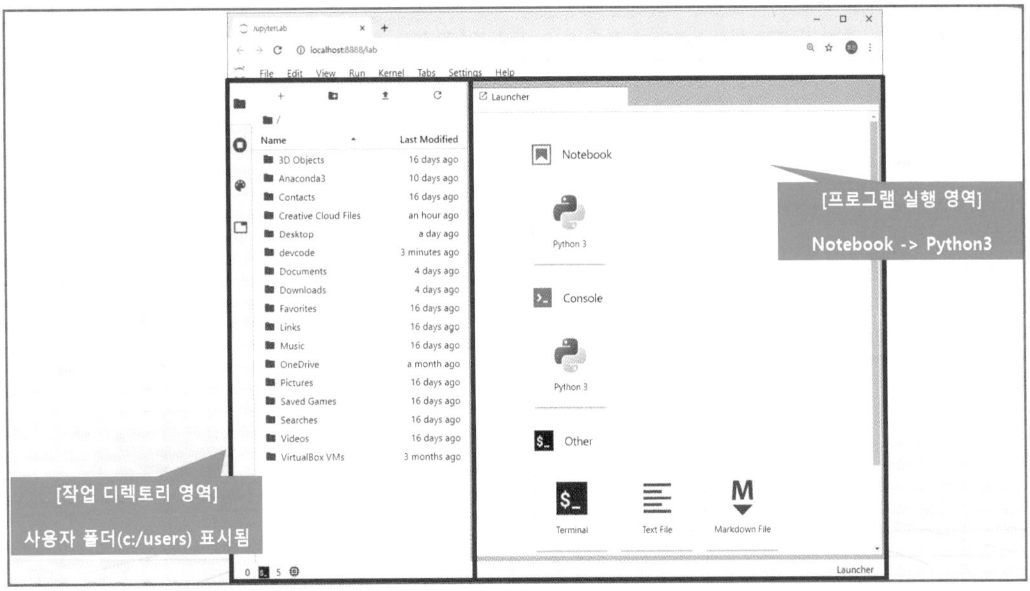

[그림 1-24] Jupyter lab 화면 구성

4.2.3 샘플 코드 실행

좌측 작업 디렉터리 영역의 빈 곳에 우 클릭 후 새로운 폴더("pywork")를 생성한다. 이후 생성한 폴더를 더블클릭한다. 이후 프로그램 실행 영역에서 Notebook -> Python 3를 클릭하여 신규 파일을 생성한 후 이름을 "practice.ipynb"로 변경한다.

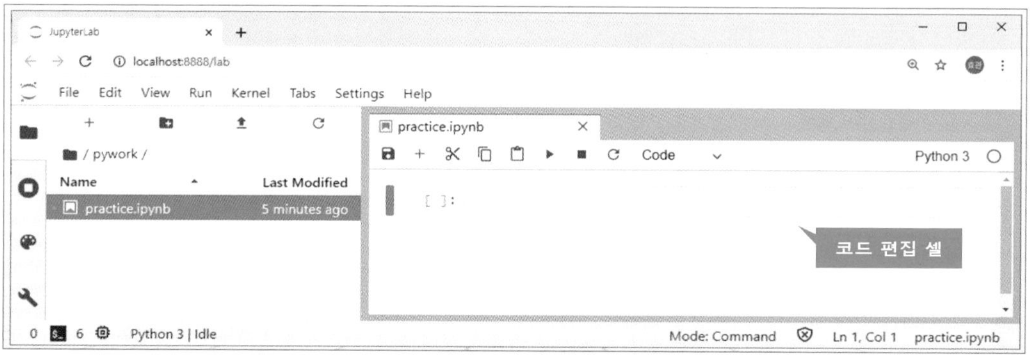

[그림 1-25] 파이썬 프로그램 시작 화면

다음 코드를 작성 후 실행 버튼을 클릭하여 결과가 정상적으로 표시되는지 확인한다.

```
a=30
b=5
a+b
```

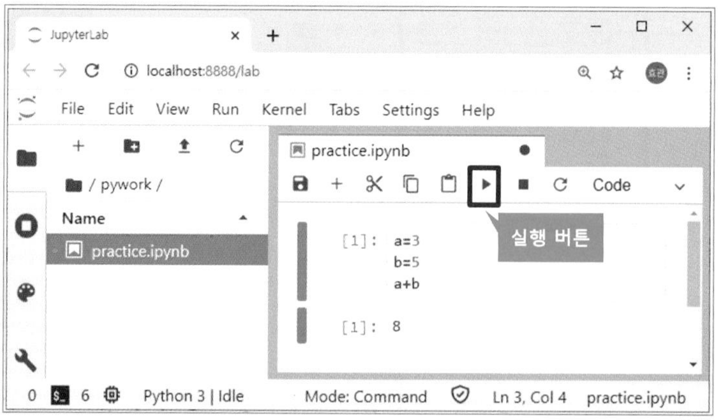

[그림 1-26] 파이썬 프로그램 실행 화면

4.2.4 마크다운 활용하기

Jupyter lab의 가장 큰 장점은 컴퓨터와 대화하듯이 코드를 작성하고 실행 버튼을 클릭하면 컴퓨터가 답변하는 대화 형태의 코딩 방법이다. 코드를 개발하기보다는 컴퓨터에게 질의하면서 코드를 완성한다고 보면 된다. 이제 Jupyter lab에서 Notebook이라는 카테고리 이름이 왜 붙었는지 알아보도록 하겠다. 마크다운(Markdown)이란 텍스트 기반의 마크업 언어로 코드를 대단원 중단원 등의 문단으로 정리하며 개발할 수 있다.

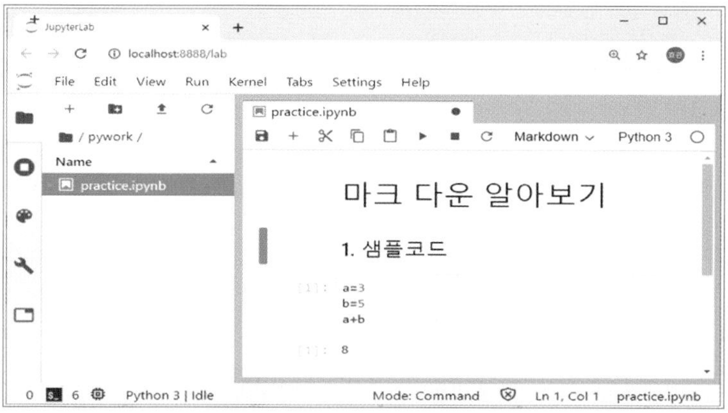

[그림 1-27] 마크다운 예시 화면

먼저 마크다운을 활용하기 위해서는 작성 중인 코드 셀의 속성을 변경해야 한다. 실행한 상태에서 "+" 버튼을 눌러 셀을 하나 더 추가한 후, 셀 속성변경 셀렉트 바의 마크다운(Markdown)을 선택한다. 그럼 현재 선택된 셀만 속성이 변경된다.

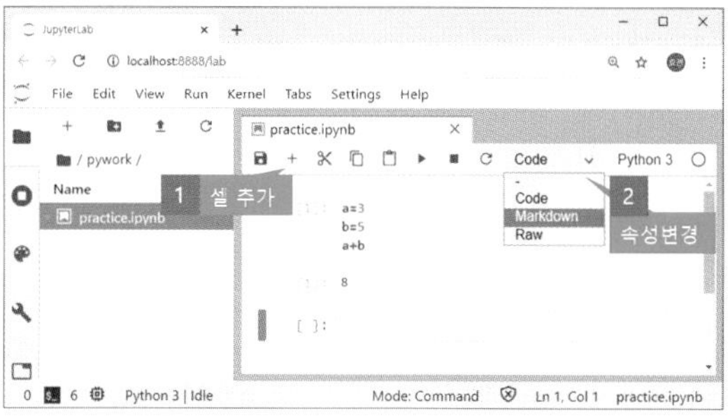

[그림 1-28] 셀 속성 변경

이후 다음과 같은 방식으로 제목을 설정 가능하다. (# 개수가 많아질수록 글씨 작아짐)

```
# This is a H1
## This is a H2
### This is a H3
#### This is a H4
##### This is a H5
###### This is a H6
```

마크다운(Markdown) 상태에서 실행 버튼을 클릭하면 다음과 같이 제목 형태가 시연된다.

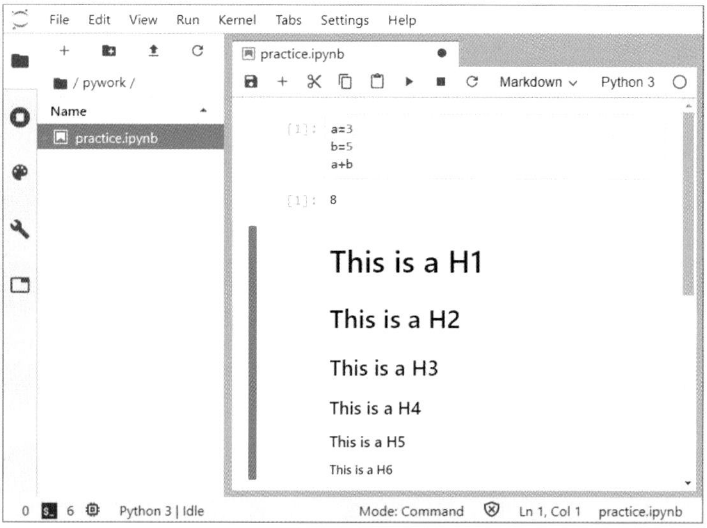

[그림 1-29] 마크다운 실행 예시

이 외에도 다양한 형태로 마크다운이 가능하지만 고급 기능은 구글링을 통해 찾아보고 개발코드의 가독성을 높이기 위해 마크다운으로 코드를 단락화하여 작성하는 방법을 짚고 넘어간다.

4.2.5 기타 유용한 기능

코드 작성 시 코드 셀은 편집(Edit)/명령(Command) 모드로 설정할 수 있다. 코드를 작성 중인 경우를 편집 모드 코드 작성 중 ESC 키를 누르면 명령 모드로 변경된다. 각 모드별로 코드 작성을 빠르게 도와주는 단축키를 알아두면 편리하다.

[표 1-4] 주요 단축키

모드	단축키	설명
명령 (Command)	a	위에 셀 추가하기
	b	아래에 셀 추가하기
	d+d	셀 삭제하기
	shift + l	셀 줄번호 표시하기
	shift + m	셀 합치기 (shift로 셀 다중 선택 후)
	Enter / Esc	모드 전환 (편집모드 / 명령모드)
	y / m	셀속성 전환 (코드 / 마크다운)
편집 (Edit)	Ctrl + Enter / Shift + Enter	코드 실행 (일반 실행 / 실행 후 아래 셀로 이동)
	shift + tab	설명 또는 함수사용 방법 표시
	tab	자동코드완성 및 사용가능 함수목록 표시
	Ctrl + /	코드 주석 처리
	Ctrl + Shift + "-"	셀 나누기 (나눌 부분을 엔터로 구분 후 실행)

이 외에도 셀 선택 후 Enable Scrolling for output을 통해 스크롤링을 만들 수도 있다. 여기서 제시하는 부분은 개발자가 꼭 알아야 하는 부분이니 꼭 실습을 해보도록 한다.

4.2.6 예제 코드 및 데이터셋 적용

앞으로 진행하는 예제 코드 및 실습을 위해 꼭 진행해야 하는 단계이다. 코드를 다른 형태로 변형해 보면서 직접 실습해야 하지만 사소한 오타로 인하여 시간이 소모되는 것을 방지하고 실습할 데이터가 필요하기 때문에 다운받은 후 진행한다.

다운받을 수 있는 주소는 github/hyokwan/python-lecture 또는 sparkkorea.com에서 다운받을 수 있다. sparkkorea.com 접속 후 우측 상단의 자료실 메뉴에서 도서 자료를 선택한다.

이후 예제 코드 및 데이터셋 폴더에서 데이터를 다운로드 받는다.

[그림 1-30] 예제 코드 및 데이터셋 다운로드

다음 단계는 다운로드 받은 코드를 이동시킬 작업 폴더를 확인해야 한다. 초기 설치 시 사용자 기준 설치를 선택하였기 때문에 jupyter lab을 처음 실행한다면 C드라이브 하단의 사용자 폴더가 기본 위치로 설정된다. 코드가 실제로 생성된 위치는 파이썬 파일을 하나 생성한 후 pwd(print working directory)를 실행하면 현재 위치를 확인 가능하다.

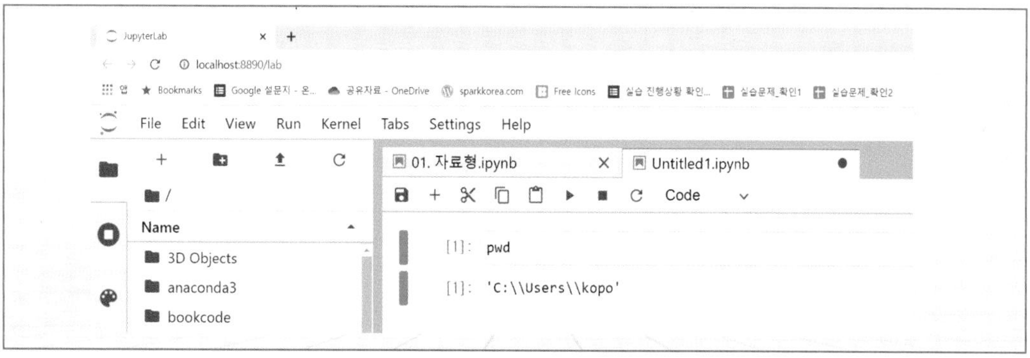

[그림 1-31] 작업 폴더 확인

현재 폴더 위치를 확인한 후 다운로드받은 자료를 저장할 폴더를 생성한다.(예:prccode) 폴더 생성은 내 컴퓨터(내 PC)에서 그냥 생성하면 된다. 이후 다운로드받은 자료를 생성한 폴더 내 복사한다.

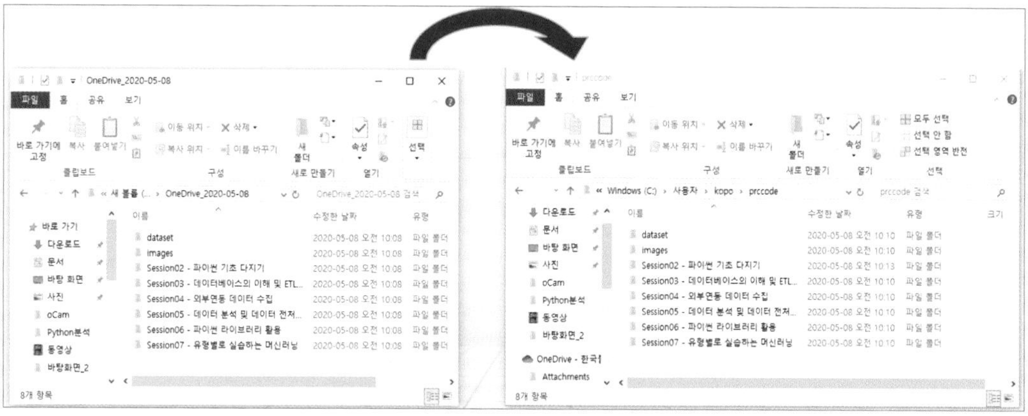

[그림 1-32] 자료 복사

jupyter lab에서 생성한 폴더가 자동으로 시연되었는지 확인 후 폴더 내로 진입 후 파이썬 기초 다지기 내 '01. 자료형.ipynb'를 더블클릭하여 확인한다.

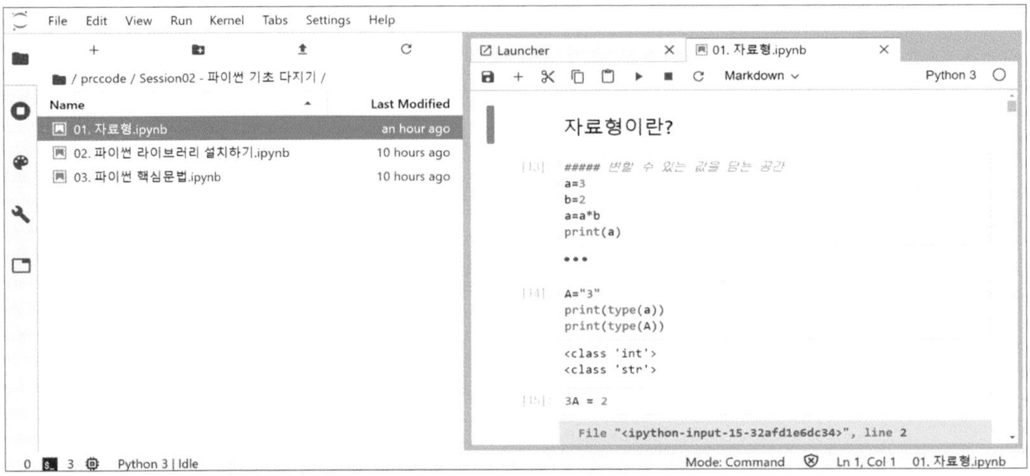

[그림 1-33] **예제 코드 확인**

각 단원별 예제 코드를 확인할 수 있다. 하지만 단순히 코드를 눈으로만 보고 실행하지 말고 코드는 꼭 직접 손으로 변경하면서 개발하는 습관을 갖추도록 한다. 데이터셋(dataset, images 폴더 내 자료)은 실습을 위해서 필요 요소이기 때문에 반드시 다운로드 후 진행한다.

기억합시다

대단원	소단원	핵심 포인트
빅데이터 개요 및 파이썬 프로그래밍	빅데이터 기술	빅데이터의 5V 개념과 미래를 선도할 기술 10가지를 이해한다.
	빅데이터 분석 사례	빅데이터를 활용한 유통, 마케팅, 보안 사례들을 통해 어떻게 적용해가고 있는지를 이해한다.
	빅데이터 분석 방법	빅데이터 전문가가 되기 위한 프로세스 및 분석 방법을 이해한다.
	파이썬 개발환경 구축	파이썬을 활용한 데이터 분석 개발환경 구축을 실제로 구축한다.

단원 정리 문제

01. 다음 중 빅데이터 5V에 해당하지 않는 것은?

① Value
② Variety
③ Velocity
④ Victory
⑤ Volume

02. 다음은 데이터 분석을 위한 개발자의 역할이다. 알맞은 단계는?

보기

수요예측모델 개발을 위해 수집 가능한 데이터 목록을 정의한 다음 데이터별 데이터의 형태, 주기, 데이터 컬럼 내용, 크기 등을 정리하였다.

① 데이터 탐색
② 연동 데이터 정의
③ 데이터 정제
④ 분석모델 적용
⑤ 검증 및 테스트

03. 다음은 데이터 분석을 위한 개발자의 역할이다. 알맞은 단계는?

보기

수요예측모델을 개발한 후 예측값과 실제값을 정확도 지표인 MAE(Mean Average Error), RMSE(Root Mean Square Error), Accuracy를 계산하여 모델의 신뢰성을 확인 하였다.

① 데이터 탐색
② 연동 데이터 정의
③ 데이터 정제
④ 분석모델 적용
⑤ 검증 및 테스트

04. 파이썬의 Interactive한 개발환경인 Jupyter lab에서 현재 개발 중인 코드의 위치를 확인할 수 있는 명령어는?

① pwd
② jupyter lab
③ anaconda
④ cd/
⑤ conda

05. Jupyter lab 사용법 중 옳지 않은 것은?

① 셀 선택 후(명령 모드) 행 삭제 : d
② 셀 선택 후(명령 모드) 위에 행 추가 : a
③ 셀 선택 후(명령 모드) 아래 행 추가 : b
④ 셀 선택 후(명령 모드) 라인 표시 : shift + l
⑤ 셀 선택 후(편집 모드) 주석 처리 : Ctrl + c

06. Jupyter lab에서 코드 자동 완성 단축키로 이미 실행한 변수를 다시 치지 않고 앞의 한두 단어만 치고 이 키를 누르면 쉽게 코드를 작성할 수 있다. 이 키는 무엇일까요?

① Tab 2번
② Shift + tab
③ Tab
④ Ctrl + tab
⑤ Enter

PART II

파이썬 기초 다지기

단원 개요

[단원명]

파이썬 기초 다지기

[단원 소개]

- 파이썬 개발환경 구축 후 파이썬 프로그램 개발을 위한 기초를 다진다. 파이썬에서 사용하는 자료형과 핵심 문법을 알면 코드 작성 시 많은 노가다 작업을 피할 수 있다. 앞으로 코딩을 즐겁게 하기 위한 기본기를 다지는 단원이다.

[교육 대상]

- 데이터 분석가 / 인공지능 전문가
- 데이터 엔지니어

내용	학습 내용
자료형	- 값을 어떻게 저장하는지 실습한다. - 자주 사용하는 자료형 사용법을 실습한다.
파이썬 라이브러리 설치하기	- 라이브러리 개념을 이해한다. - 라이브러리 설치 방법을 실습한다.
파이썬 핵심 문법	- 반복 노가다 작업을 쉽게 해결하는 방법을 실습한다. - 조건에 따라 문제를 해결하는 방법을 실습한다. - 재사용 가능한 코드를 모듈화 하는 방법을 실습한다.

01 자료형

학습 내용

1. 값을 어떻게 저장하는지 실습한다.
2. 자주 사용하는 자료형 사용법을 실습한다.

어떤 프로그래밍 언어든 그 언어의 자료형을 알고 이해할 수 있다면 그 언어의 절반을 터득한 것이나 다름없다. 먼저 변수의 개념을 알아본다. 파이썬 프로그래밍에서 변수란 변하는 값을 저장하는 저장소이다. a=3, b=2, a=a*b라고 코딩 시 a라는 변수에는 3이라는 숫자가 담기고 결국 b변수와의 곱셈 결과로 b 변수에 6 값이 저장된다. 이와 같이 초기에 3값을 담고 있던 a 값이 추가 연산에 따라 다른 값으로 변경된 값을 저장하며 사용할 수 있다.

변수의 유형은 자료형이라고 한다. a=6이라고 정의하면 a에는 숫자형인 6이 담기고, A="6"이라고 정의하면 6이라는 문자가 담긴다. 숫자/문자 전부 6이라는 값이 담긴 것 같지만 숫자형과 문자형은 서로 다른 용도로 활용이 된다. 어떠한 차이가 있는지 각 자료형을 살펴보며 알아보겠다.

각 변수의 타입을 확인하기 위해서는 type(변수명) 실행 시 확인 가능하다.

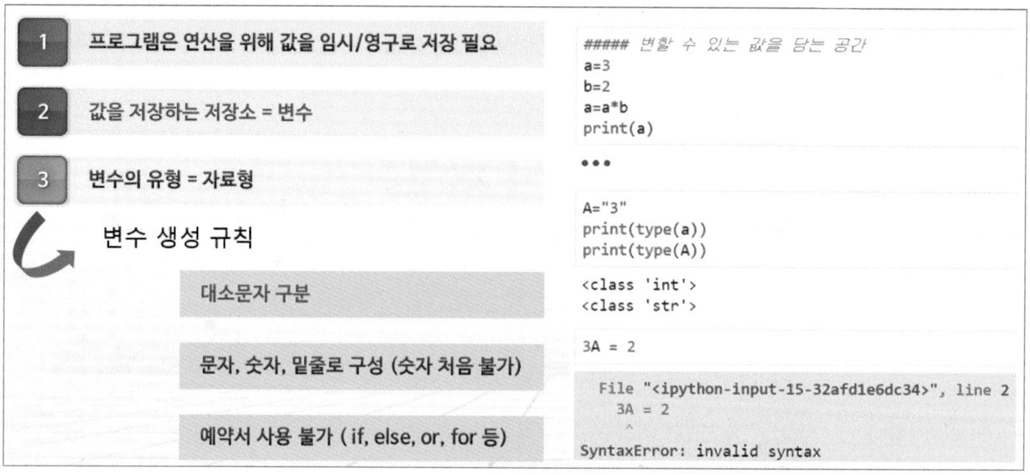

[그림 2-1] 변수 및 자료형의 이해

앞으로 파이썬 자료형 5가지를 다루도록 한다.

프로그래밍을 할 때 쓰이는 숫자, 문자열 등 모든 자료 형태

1	수(Number)	일반 숫자 정의	정수 (Int) / 100	실수 (float) / 12.345
2	문자열 (String)	홑 따옴표 / 쌍따옴표로 정의	"Python is my favorite"	
3	리스트 (List)	업데이트 가능한 집합	[1, 2, 3, 4, 5]	
4	튜플 (Tuple)	업데이트 불가능한 집합	(1, 2, 3, 4, 5)	
5	딕셔너리 (Dictionary)	Key-Value 정의	{"product_name" : "led", "product_price" : 100}	

[그림 2-2] 파이썬 자료형의 종류

1.1 수(Number)

숫자로 이루어진 파이썬의 자료형이다. 파이썬에서 자주 사용하는 정수/실수에 대한 사용 방법을 익힌다.

예시				
항목	숫자 예시	코드 예시	설명	비고
정수	123, -345, 0	integer_value = 123	양/음의정수, 0	-
실수	1234.45, -1234.5	float_value = 123.456	소수점이 포함된 숫자	

[그림 2-3] 수 자료형

다음 코드를 작성하고 사칙연산을 실습해 본다. 수는 변수의 더하기, 빼기, 곱하기 등 수 연산을 위하여 존재한다.

```
integer_value = 123
float_value = 12.456

# 1. 더하기 연산
sumation = integer_value+float_value
print(sumation)

# 2. 곱하기 연산
multiple = integer_value*float_value
print(multiple)

# 3. 나누기 연산
division = integer_value/float_value
print(division)
```

기초편
II. 파이썬 기초 다지기

```
# 4. 제곱 연산
integer_value2 = int(float_value)
exponential = integer_value2**2
print(exponential)

# 5. 나머지 연산
mod = integer_value%int(float_value)
print(mod)
```

1.2 문자열(String)

문자, 단어 등으로 구성된 문자들의 집합인 자료형이다. 문자열은 특히 비정상 데이터가 많이 발생하는 부분으로 데이터 정제 시 필수적으로 사용되는 자료형이다. 문자열은 상황에 따라 홑따옴표, 쌍따옴표를 통해 구성 가능하며 일반적으로 쌍따옴표를 많이 활용한다.

예시			
생성방법	결과 예시	코드 예시	비고
홑따옴표로 활용	This is 'String' value	aType = "This is 'String' value"	활용 추천
쌍따옴표로 활용	This is "String" value	bType = 'This is "String" value'	
쌍따옴표 연속 3개 활용	This is 'String" value	cType = """This is 'String' value"""	전부 다 가능 (길어짐)

[그림 2-4] 문자열 자료형

1.2.1 기본 연산

다음 코드를 작성하고 문자열 기본 연산을 실습해 본다.

```
#문자열 더하기
head = "smart"
tail = "analytics"
fullString = head+" "+tail ---------------------- ①
print(fullString)

#문자열 곱하기
print("*"*20) ---------------------------------- ②

#문자열 인덱싱 0부터 시작
yearweek = "201801"
print(yearweek[0])      #첫번째 문자열 ---------- ③
print(yearweek[0:4])    #0~4번째 전 문자열
print(yearweek[4:])     #4번째부터 끝까지
print(yearweek[-2])     #끝에서 두 번째 문자열
print(yearweek[-2:])    #끝에서 두 번째부터 마지막까지 인덱스
```


① 문자열끼리 더하기 연산을 하면 서로 문자를 합친다. (예: "2"+"3" = "23") 숫자여도 붙는다는 점을 기억해야 한다.

② 문자열 대상 곱하기 연산은 곱한 만큼 반복해서 합친다.

③ 문자열 인덱스 경우 yearweek = "201801" 기준 맨 앞부터 0으로 시작한다. yearweek[0]은 결국 첫 번째 문자열인 2를 나타낸다. 만약 연속된 문자를 추출하고 싶다면 ":" 기호를 구분하여 앞에는 시작 뒤에는 끝 인덱스를 표현하여 추출할 수 있다. yearweek[0 : 4] 경우 0~3 인덱스 2018을 추출한다. 주의할 점은 마지막 인덱스인 4는 포함하지 않는다. 만약 [: 4]와 같이 앞에 시작 인덱스를 쓰지 않으면 맨 앞 인덱스부터 3인덱스 까지 추출한다.

추가로 다음 추가 예시를 통해 인덱스에 대해서는 정확히 이해하고 넘어간다.

yearweek = “201801”

인덱스	[0]	[1]	[2]	[3]	[4]	[5]
	2	0	1	8	0	1
인덱스	[-6]	[-5]	[-4]	[-3]	[-2]	[-1]

예시	결과	비고
yearweek[3]	8	3번째 인덱스 문자 추출
yearweek[0:4]	2018	[0~3] 인덱스 문자 추출 * [0:4], 4는 포함되지 않음
yearweek[-1]	1	마지막 인덱스 문자 추출 * 음수 인덱스는 -1부터 시작
yearweek[-2:]	01	-2부터 끝까지 문자 추출
yearweek[:-2]	2018	처음부터 -2 전 인덱스 문자 추출

[그림 2-5] 문자열 인덱스 이해

1.2.2 자주 사용되는 연산

다음 코드를 작성하고 문자열 함수 사용 실습을 해본다.

```
#문자열 개수 세기 (count)
yearweek = "2017W28" ------------------------ ①
print(yearweek.count("W"))

#문자열 위치 확인 (index)
print(yearweek.index("W")) ----------------- ②
delimeter=yearweek.index("W")
newYearweek = yearweek[:delimeter]+yearweek[delimeter+1:]
print(newYearweek)

# 대소문자 구별 함수 (upper/lower)
letters = "LeD_tv" -------------------------- ③
print(letters.upper())
print(letters.lower())

# 문자 치환 (replace)
```

```
repLetters = "2017W28" ---------------------- ④
print(repLetters.replace("W","_"))

# 문자 분리 (split)
yearweek_list = yearweek.split("W") --------- ⑤
print(yearweek_list)
```

① "2017W28" 문자열 선언 후 count(W) 함수를 쓰면 문자열 내 포함된 W 개수를 세어 1을 리턴한다.

② W가 있는 인덱스 정보를 알기 위해서는 index 함수를 사용하면 4값을 리턴받는다. W의 위치 정보를 활용하여 newYearweek은 "W"를 제외한 201728로 재정의할 수 있다.

③ 문자열은 upper/lower 함수를 사용하여 모두 소문자(lower) 또는 대문자(upper)로 변경 가능하다. 데이터 전처리 시 일반적으로 대문자로 통일한 후 작업 처리하는 경우에 사용된다.

④ 문자열에서는 replace 함수를 활용하여 특정 문자를 다른 문자로 치환 가능하다 "W"를 "_"로 변경하여 "2017_28"로 값이 변경된다.

⑤ 문자열에서 특정 구분자로 원하는 정보를 추출하기 위해서 split 함수를 사용한다. "2017W28"에서 W로 분리시키면 "2017"과 "28"이 향후 배우는 리스트 형태로 변경되어 ["2017","28"] 리스트에서 인덱스를 활용하여 값을 가져올 수 있다. 자세한 내용은 리스트에서 학습한다.

1.2.3 자료형 변환

자료형은 상황에 따라 다른 자료형으로의 변환이 필요하다. 예를 들어 2020년도 52주차에 대한 정보를 2020W52라고 선언 후 2주 전 202050을 계산하려면 다음 프로세스로 풀어낼 수 있다.

1. "2020W52" 문자열에서 "W"를 공백으로 치환한다.
2. 문자를 숫자 형태로 형변환한다.
3. 숫자형에서 단순하게 2를 뺀다.

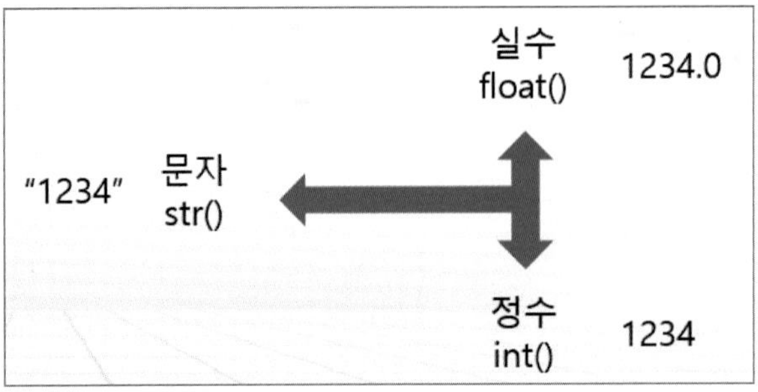

[그림 2-6] **형변환 캐스팅**

자료형 변환 방법은 캐스팅을 통해 다음과 같이 실습 가능하다.

```
#문자 → 수(정수)
strValue = "1234"
cvIntValue = int(strValue) ------------------- ①
print(type(cvIntValue))

#문자 → 수(실수)
strValue = "1234"
cvFloatValue = float(strValue) --------------- ②
print(type(cvFloatValue))

#숫자 → 문자
numberValue = 1234
cvStrValue = str(numberValue) ---------------- ③
print(type(cvStrValue))
```

① 문자열을 정의한 후 int(변수명) 형태로 캐스팅하면 기존 문자열이 숫자형으로 변경되어 1234 정숫값을 갖는다. 단, 실습 코드에서는 숫자로 변경 가능한 문자이기 때문에 에러가 발생하지 않지만 "1234A"와 같은 문자인 경우 에러를 발생한다.

② 문자열을 정의한 후 float(변수명) 형태로 캐스팅하면 기본 문자열이 실수형으로 변경되어 1234.0 값을 갖는다. 에러는 int 캐스팅과 동일하다.

③ 숫자 선언 후 문자로 변경 시에는 str(변수명)로 변환이 가능하다.

1.3 리스트(List)

리스트는 수, 문자 등의 집합 형태를 표현할 수 있는 자료형이다. 또한, 리스트 내 값은 변경 가능하다. 예를 들어 TV 목록 내 UN42LEDTV, UN32LEDTV, UN55LEDTV 등이 존재할 경우 각 문자형태의 모델명을 리스트 자료형을 사용하면 모델 집합으로 표현 가능하다. 상품/가격 정보 등 변경 가능한 집합데이터를 다룰 때 사용되는 자료형이다.

예시

생성 방법	결과 예시	코드 예시
빈 리스트 생성	empty	emptyList = []
가격 집합 리스트 생성	[120,130,150,200,170]	pricelist = [120,130,150,200,170]
복합 리스트 생성	[SEC, 120, 130, [201712,201713]]	secInfo = ["SEC",120,130,[201712,201713]]

[그림 2-7] 리스트 자료형

1.3.1 기본 연산

다음 코드를 작성하고 리스트 기본 연산을 실습해 본다.

```
#리스트 연산
stockName = ["SEC"] ---------------------------------- ①
priceList = [120,130]
dateList = [201712,201713]

secinfo = stockName+priceList+[dateList]
print(secinfo)

#리스트 인덱싱
```

```
secinfo=["SEC",120,130,[201712,201713]] ------------- ②
print(secinfo[1])
print(secinfo[3])
print(secinfo[3][0])
print(secinfo[0:3])
print(secinfo[-4])      # 끝에서 4번째 인덱스
```

① 리스트의 선언은 대괄호를 써서 리스트 내 각 아이템을 콤마로 구분하여 선언한다. "+" 기호를 사용하여 리스트 2개를 더하면 리스트가 합쳐진다. 합칠 때 리스트로 묶어서 더하는 경우 리스트 안에 리스트가 들어간다.

② 리스트 내 아이템 선택은 ","를 기준으로 인덱스 접근이 가능하다. ["SEC", 120, 130, [201712, 201713]] 리스트 내에는 큰 단위로 콤마가 3개 있다. 첫 번째는 "SEC", 두 번째는 120, 세 번째는 130, 네 번째는 [201712, 201713] 리스트다. 리스트의 인덱스는 문자열과 같아 0부터 인덱스가 시작한다. 결국 마지막 아이템 추출을 위해 secinfo[3] 입력 시 리스트 값을 입력받고 이어서 secinfo[3][0] 쓰면 마지막 아이템 내에서 첫 번째 아이템인 "201712" 값을 추출한다. 다음 그림은 리스트 인덱스 사용의 이해를 위한 예제 자료이다.

scoreList = [70, 80, 60, 50, 90, 50]

인덱스	[0]	[1]	[2]	[3]	[4]	[5]
	70	80	60	50	90	50
인덱스	[-6]	[-5]	[-4]	[-3]	[-2]	[-1]

예시	결과	비고
scoreList[3]	50	3번째 리스트 값 추출
scoreList[0:4]	[70, 80, 60]	[0~3] 리스트 추출 * [0:4], 4는 포함되지 않음
scoreList[-1]	50	마지막 인덱스 리스트 추출 * 음수 인덱스는 -1부터 시작
scoreList[-2:]	[90, 50]	-2부터 끝까지 리스트 추출
scoreList[:-2]	[70, 80, 60, 50]	처음부터 -2 전 인덱스 리스트 추출

[그림 2-8] 리스트 인덱스 이해

1.3.2 리스트 값 수정

리스트는 추가, 삭제 등의 수정 작업이 가능하다.

```
#리스트 값 업데이트 하기
updateList = [120,130,140,150]
print(updateList)
updateList[2] = 180 --------------------------- ①
print(updateList)

#리스트 값 삭제하기
updateList.remove(130) ------------------------ ②
del updateList[2] ----------------------------- ③
print(updateList)

#리스트 구간 데이터 삭제하기 구간 (1 이후 인덱스 삭제)
updateList[ 1 : ] = [] --- (4)
```

① 리스트에서 특정 인덱스 위치에 값을 정의하면 기존 값이 변경된다. [120, 130, 140, 150]에서 2 인덱스는 140 값이 있었기 때문에 140이 180으로 값이 변경되어 [120, 130, 140, 150] 이 된다.

② 이후 remove 함수를 사용하면 리스트에서 입력한 값을 찾아 삭제 가능하다. 결국 130을 삭제하여 [120, 140, 150]이 된다.

③ del은 리스트에서 인덱스로 값을 삭제 가능하다. 인덱스 2인 마지막 150이 삭제되어 [120, 140]만 남는다.

④ 구간 삭제는 특정 인덱스 범위를 []로 삭제 가능하다 1 이후 인덱스가 삭제되어 [120]만 남는다.

기초편

II. 파이썬 기초 다지기

1.3.3 자주 사용되는 연산

리스트 내 아이템을 활용한 함수 사용법을 알아본다.

```
functionList = [120, 130, 140, 150]

#리스트에 아이템 추가하기
functionList.append(100) ------------------------ ①
functionList.insert(3, 100)
functionList.extend( [11, 12] )
print(functionList)

#리스트 정렬하기
functionList.sort(reverse = False) --------------- ②
print(functionList)

#값으로 인덱스 가져오기
print(functionList.index(150)) ------------------- ③

#리스트 자주 사용하는 함수
print(len(functionList)) ------------------------- ④
print(min(functionList))
print(max(functionList))
print(sum(functionList))

#리스트에 아이템 개수 세기
functionList = [120,130,140,150,120]
functionList.count(120) -------------------------- ⑤
```

① 리스트에서 아이템 추가하는 방법은 맨 마지막에 아이템을 추가하는 append 방법과 특정 인덱스 위치에 값을 추가하는 방법 등이 있다. 먼저 100을 append 함수를 사용하여 추가하여 [120, 130, 140, 150, 100]이 된다. 이후 3번째 인덱스 자리에 100을 추가하여 [120, 130, 140, 100, 150, 100]으로 리스트가 변경된다. 여러 값을 맨 마지막에 추

가 시에는 extend 함수로 추가 가능하다. [120, 130, 140, 100, 150, 100, 11, 12]

② 리스트 정렬은 sort( )를 쓰면 기본 오름차순 정렬이 가능하다. 단 내림차순 변경 시 reverse=True로 정의해야 한다. [150, 140, 130, 120, 100, 100, 12, 11]

③ 150 값의 인덱스 위치 0을 리턴한다.

④ 이외에 리스트 내 아이템의 개수, 최소값, 최대값, 합계를 리턴하는 함수들이 있다.

⑤ 마지막으로 count 함수를 쓰면 원하는 값의 개수가 몇 개인지 알 수 있다. 본 예시에서는 120이 2개 있으므로 2를 리턴한다.

1.4 튜플(Tuple)

튜플(Tuple)은 리스트와 유사하게 수, 문자 등의 집합 모음을 표현할 수 있는 자료이다. 다만 리스트는 값의 생성, 삭제 수정이 가능하지만 튜플은 그 값을 변경할 수 없다. 자료형 중 딕셔너리를 배울 때 사전상의 내용은 변경이 불가능한 데이터 집합을 정의해야 하는 경우가 발생한다.

예시		
생성 방법	결과 예시	코드 예시
빈 튜플 생성	()	emptyTuple = ()
시간 정보 생성	(1,2,3,4,5,6)	timeTuple = (1,2,3,4,5,6)

[그림 2-9] 튜플 자료형

간단하게 튜플 생성 및 튜플 내 데이터 접근 연산 실습을 한다.

```
#튜플 인덱싱
timeTuple = (1,2,3,4,5,6) ---------------------- ①

print(timeTuple[1]) ---------------------------- ②
```

```
print(timeTuple[3])
print(timeTuple[0:3])

# 튜플 길이
len(timeTuple) ---------------------------------- ③
```

① 튜플은 괄호( )로 아이템을 정의한다.

② 리스트와 동일하게 인덱스로 값을 정의할 수 있다.

③ 단, 리스트와 값이 값을 변경하는 함수가 존재하지 않고 길이를 리턴하는 함수 len( )을 사용 가능하다. 튜플은 자주 사용되지는 않지만 분석 시 지표 값과 같이 고정된 값을 가져오는 용도로 사용된다.

1.5 딕셔너리(Dictionary)

딕셔너리는(Key, Value) 형태로 특정 연도의 주식 명을 키로 요청하면 주가 총액을 value 형태로 불러 올 수 있는 자료형이다.

예시	
생성 방법	코드 예시
딕셔너리 생성	dic = {"name":"sec","id":"300000","address":"suwon"} print(dic['name'])
딕셔너리 활용	dic.keys() dic.values() 가능 또한 list(dic.keys()) 로 형변환 가능

[그림 2-10] 딕셔너리 자료형

기본 딕셔너리 데이터 수정 실습을 한다.

```
dic = {"name":"sec", "id":"300000", "address":"suwon" } ---------- ①
print(dic)
```

```
print(dic["name"])

# dictionary key value 추가/변경
dic["name"] = "sec2" ------------------------------------------ ②
dic["stock"] = "yes"
print(dic)
print(dic["stock"])

# dictionary 아이템 삭제하기
dic.pop("name") ---------------------------------------------- ③
print(dic)
```

① 딕셔너리는 중괄호 {}로 정의하면 안에는 key:value 형태로 여러 개의 아이템을 선언 가능하다. name 키에 sec 값을 정의하고 다른 키에 각 값을 정의했다.

② 딕셔너리에서 값 변경 시에는 대괄호로 키를 접근하여 값을 할당하면 변경된다.

③ 키 삭제 방법은 pop 함수를 사용하여 삭제 대상 키를 입력하면 된다. 딕셔너리는 key, value 형태로 향후 배우는 행과 열이 있는 데이터 프레임에서 컬럼명을 key로 컬럼에 속해 있는 리스트 값을 value로 선언하여 데이터 프레임 생성 시에도 사용한다.

또한, 딕셔너리는 데이터 분석 중 과거 LEDTV 제품이 주차별로(1년은 52~53주차로 구성) 지표 값을 생성한 후 미래 예측 시 참조 값으로 딕셔너리 형태를 사용 가능하다. key를 변경 불가능한 튜플로 선언하고 값은 주차별 효과로 정의한 후 딕셔너리 형태로 생성하면 예측 모델 구현 시 주차별 효과를 저장한 딕셔너리 자료를 활용하여 지표를 반영할 수 있다. 과거 한국에서 LEDTV가 1주차에 2.5배 정도 더 팔렸다는 지표를 활용하여 미래 예측 시 1주차에는 2.5배 정도 판매 상승 효과를 부여해야 한다는 특성 값을 활용할 수 있다.

```
dic = { ("한국", "LEDTV", "01"): 2.5,
        ("한국", "LEDTV", "02"): 1.2}

dic["미국","LEDTV","01"]
```


기초편 II. 파이썬 기초 다지기

02 파이썬 라이브러리 설치하기

학습 내용
1. 라이브러리의 개념을 이해한다.
2. 라이브러리 설치 방법을 실습한다.

파이썬이 빅데이터, 인공지능 영역에서 다른 프로그래밍 언어에 자리를 뺏기지 않는 이유는 파이썬의 수학 및 통계 라이브러리가 다른 언어에 비해 잘 갖추어져 있기 때문이다. Numpy는 이제 텐서플로우 연산에서 표준 API로 활용되고 있고, Pandas를 활용하여 스프레드 시트 형태의 데이터를 자유자재로 처리 가능하다. 또한, Matplotlib 라이브러리를 통해 처리 결과를 보기 쉽게 시각화할 수 있다. 이외에도 머신러닝을 위한 Scikit-learn, 딥러닝을 위한 Tensorflow, Pytorch 등 다양한 라이브러리가 있다. 본 단원에서는 파이썬 주요 라이브러리를 설치하고 사용하는 방법을 실습한다. 자세한 활용법은 "라이브러리 활용" 단원에서 다룬다.

라이브러리를 제대로 활용해야 개발 생산성이 높아지고 노가다를 피할 수 있다!

1	Numpy	고성능 수학 연산
2	Pandas	스프레드 시트 데이터 처리
3	Matplotlib	기본 시각화

[그림 2-11] 파이썬 라이브러리 활용

2.1 넘파이(Numpy)

Numpy 라이브러리는 다차원 배열(수 집합) 연산을 빠르게 수행할 수 있는 라이브러리이다. 선형대수 계산, 난수 발생기 등 다양한 수학 연산 기능을 제공한다.

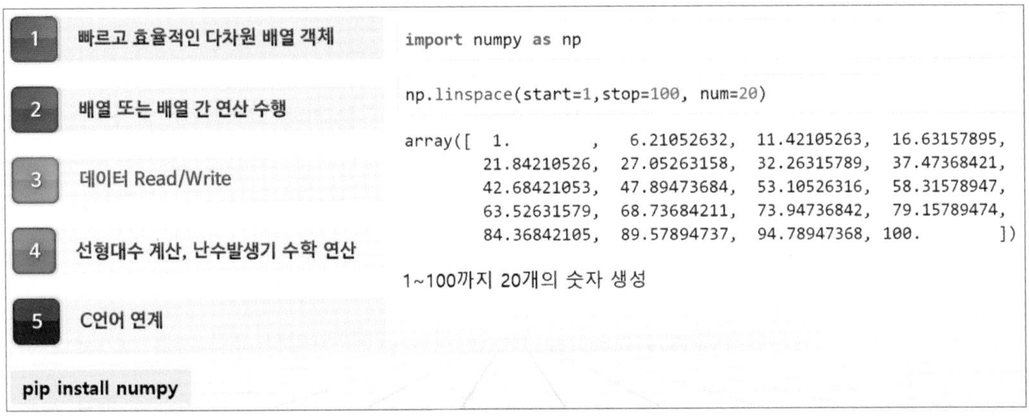

[그림 2-12] Numpy 라이브러리

아나콘다를 설치하였기 때문에 수학 연산 관련 라이브러리는 이미 포함되어 있다. 라이브러리 관리는 명령 프롬프트를 실행한 다음 pip(package installer for python) 명령어를 통해 수행 가능하다. (예: pip install numpy) 가장 많이 다루는 명령어는 (show: 확인, uninstall: 삭제, install: 설치, list: 전체 목록 확인) 이다.

```
pip show numpy                # 설치된 numpy 정보 확인
pip uninstall numpy           # numpy 라이브러리 삭제
pip install numpy             # numpy 라이브러리 설치
pip install numpy==version    # 특정 버전의 라이브러리 설치
pip list                      # 설치된 라이브러리 전체목록 확인
```

Numpy 라이브러리 설치 후 실습 코드를 작성해 본다.

```
import numpy as np ------------------------------------ ①
np.linspace(start=1, stop=100, num=20) ---------------- ②
```

짧은 코드이지만

① import numpy라고 쓰면 numpy 라이브러리를 등록한다는 뜻이다. 이후 numpy에서 제공하는 기능들을 보려면 numpy. 까지 입력하고 탭 버튼을 누르면 관련 함수 목록들이 표시된다. 다만 코드마다 numpy라는 긴 단어가 들어가면 코드의 가독성이 떨어지기 때문에 import numpy as np라고 np라는 별칭을 줄 수 있다. 이후 numpy.linspace를 np.linspace와 같이 간결하게 작성 가능하다.

② linspace 함수를 활용하여 1에서 100까지 20개의 값을 동일한 간격으로 생성하였다. 함수에서 어떤 기능이 제공되는지 처음에는 모르기 때문에 linspace(까지만 작성한 후 shift + tab 버튼을 누르면 함수에 대한 설명 방법이 자세하게 표시된다.

```
명령 프롬프트

C:\Users\kopo>pip show numpy
Name: numpy
Version: 1.16.5
Summary: NumPy is the fundamental package for array computing with Python.
Home-page: https://www.numpy.org
Author: Travis E. Oliphant et al.
Author-email: None
License: BSD
Location: c:\users\kopo\anaconda3\lib\site-packages
Requires:
Required-by: tensorflow-gpu, tensorboard, tables, statsmodels, seaborn, scikit-learn, PyWave
lets, pytest-doctestplus, pytest-arraydiff, patsy, pandas, opt-einsum, opencv-python, nvidia
-smi, numexpr, numba, mnist, mkl-random, mkl-fft, matplotlib, Keras, Keras-Preprocessing, Ke
ras-Applications, imgaug, imageio, h5py, Bottleneck, bokeh, bkcharts, astropy

C:\Users\kopo>pip uninstall numpy
Uninstalling numpy-1.16.5:
  Would remove:
    c:\users\kopo\anaconda3\lib\site-packages\numpy
    c:\users\kopo\anaconda3\lib\site-packages\numpy-1.16.5-py3.7.egg-info
    c:\users\kopo\anaconda3\scripts\f2py-script.py
    c:\users\kopo\anaconda3\scripts\f2py.exe
Proceed (y/n)? y
  Successfully uninstalled numpy-1.16.5

C:\Users\kopo>pip install numpy==1.16.5
```

[그림 2-13] pip 활용 예시

2.2 판다스(Pandas)

Pandas 라이브러리는 데이터 분석 시 가장 많이 다루는 라이브러리로 일반적으로 행과 열이 있는 스프레드시트(엑셀) 자료 처리 시 활용된다.

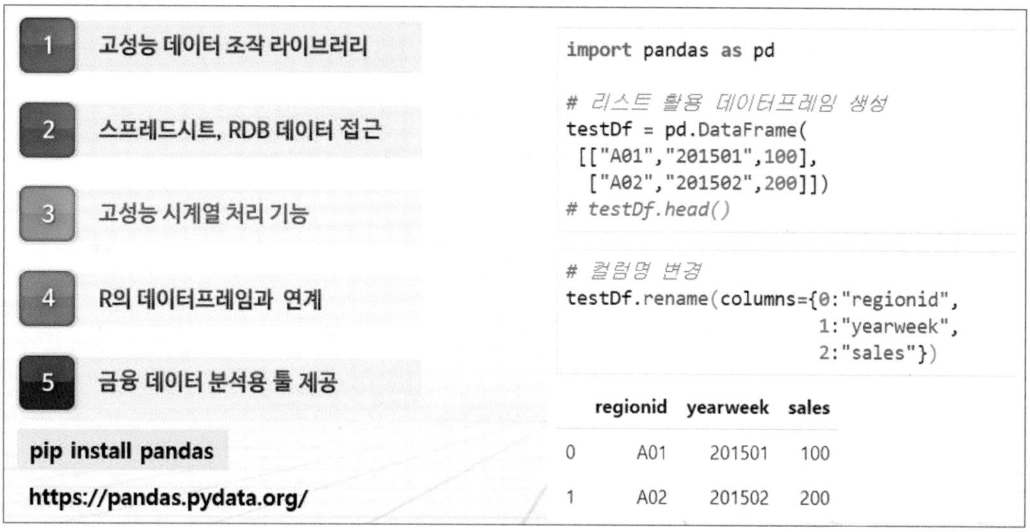

[그림 2-14] Pandas 활용 예시

자료형에서 배운 리스트 및 딕셔너리를 활용하여 데이터 프레임 생성하는 방법을 알아본다.

2.2.1 리스트 활용 데이터 프레임 생성

```
import pandas as pd
# 리스트 생성
test = [10,100,1000,10000] ---------------------- ①
# 데이터프레임 변환
testDf = pd.DataFrame(test) --------------------- ②
```

```
testDf.columns=["test"] ------------------------ ③
testDf
```

① 샘플 리스트를 선언한다.

② pd.DataFrame 함수를 사용하여 리스트 자료형을 스프레드 시트 형태의 자료로 변경 가능하다. 기본 컬럼명 0으로 리스트가 데이터 프레임으로 변환된다.

③ 컬럼명을 리스트 형태로 재정의한다.

여러 개의 리스트로 데이터 프레임 생성하는 간단한 방법을 실습한다.

```
import pandas as pd
# 리스트 생성
yearweek = [202001,202002,202003,202004]
qty = [10,100,1000,10000]
# 데이터프레임 변환
selloutdf = pd.DataFrame( zip(yearweek,qty) ) -------------- ①
selloutdf.columns=["yearweek","qty"] ------------------------ ②
selloutdf
```

① 리스트를 zip 함수를 써서 좌우로 붙이고 데이터 프레임으로 생성하면 2개의 컬럼 값이 존재하는 데이터 프레임이 생성된다.

② 컬럼명을 재정의한다.

	yearweek	qty
0	202001	10
1	202002	100
2	202003	1000
3	202004	10000

[그림 2-15] 실행 결과

2.2.2 딕셔너리 활용 데이터 프레임 생성

```
# 데이터 프레임 라이브러리 활용
import pandas as pd

# 딕셔너리를 활용한 데이터 프레임 생성
data = {"name": ["A고객","B고객","C고객","D고객"], ---------- ①
        "age": [27,40,33,29],
        "stock_age": [2,10,5,1]}
dataFrame = pd.DataFrame(data) ----------------------------- ②
# 데이터 프레임 : 스프레드 시트 형태의 자료 구조
dataFrame
```


① 키, 값 형태로 딕셔너리를 생성한다.

② pd.DataFrame으로 딕셔너리를 변환하면 키는 컬럼명으로 값은 데이터 값으로 생성된다.

	name	age	stock_age
0	A고객	27	2
1	B고객	40	10
2	C고객	33	5
3	D고객	29	1

[그림 2-16] 실행 결과

Artificial Intelligence
BIGDATA &

03 파이썬 핵심 문법

학습 내용
1. 반복 노가다 작업을 쉽게 해결하는 방법을 실습한다.
2. 조건에 따라 문제를 해결하는 방법을 실습한다.
3. 재사용 가능한 코드를 모듈화하는 방법을 실습한다.

파이썬에서 사용되는 자료형에 대해서 익혔다면, 다음 단계는 다양한 처리를 수행하기 위한 문법 구조를 이해해야 한다. 예를 들어 “LEDTV_UN4200f”과 같은 제품명 데이터가 계속 누적되는데 오류로 인해서 ”UN4200f“ 접두어 ”LEDTV_“가 누락되어 누적되는 상황이 발생하여 모든 데이터에 접두어를 붙여야 한다. 반복문을 아는 개발자라면 당연히 쉽게 풀 수 있지만 배우지 않은 개발자라면 어려운 일이다. 본 단원을 통해 개발자가 해결하는 다양한 방법을 꼭 익혀 보도록 한다.

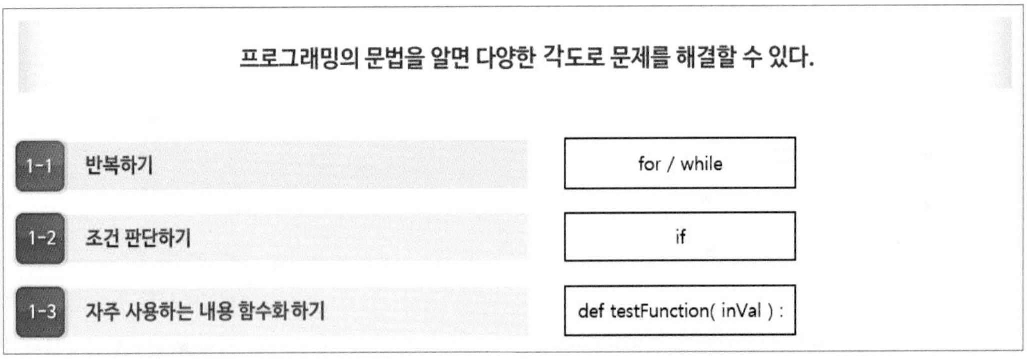

[그림 2-17] Python 핵심 문법

3.1 반복하기

데이터를 처리할 때 단순히 10개 정도의 데이터에 접두어 "LEDTV_"가 빠졌다고 하면 자료형에서 배운 문자열 합치는 연산을 통해 "LEDTV_" + 기존 모델명으로 데이터를 처리할 수 있다. 10개 모델이기 때문에 10줄을 코딩하면 해결할 수 있지만, 데이터가 10만 건 이상인 경우는 학습한 내용만으로는 코드가 너무 길어 구현이 어려워진다.

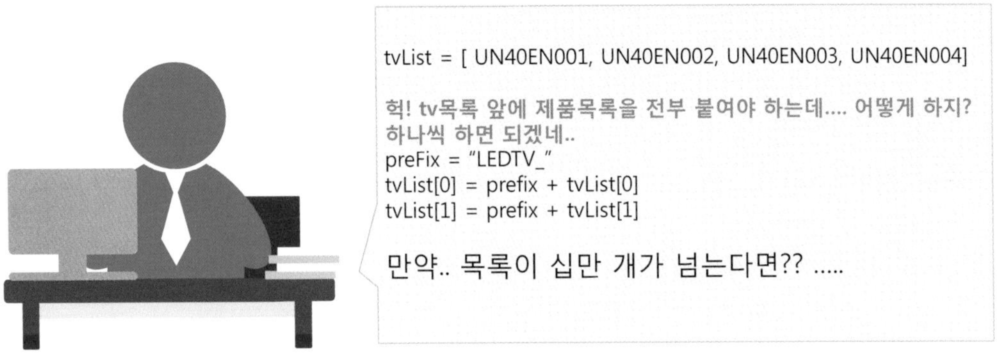

[그림 2-18] 반복문 필요성

당연히 답은 존재한다. 반복문을 통해 쉽게 해결할 수 있다. 반복문(for, whilie)이다. 먼저 반복문의 프로세스를 도표로 이해해 보자.

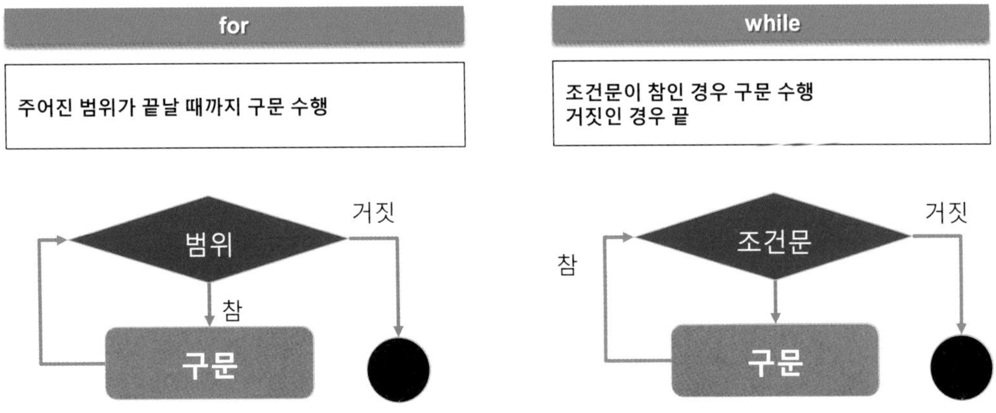

[그림 2-19] 반복문 프로세스

for문은 먼저 범위가 주어지고 범위가 끝날 때까지 특정 구문(로직)을 처리한다. whilie문은 특정 조건이 주어지고 해당 조건이 참인 경우에만 구문(로직)을 처리하고 거짓인 경우 반복 처리를 종료한다.

4개의 모델을 예시로 실습해 보자. 실습하기 전 한 줄에 많은 코드가 담기면 가독성이 떨어지기 때문에 긴 코드를 나누는 작성하여 코드 가독성을 높이는 방법을 소개한다. 코드 마지막에 백슬러시("\")를 작성한 후 다음 줄에 코드를 작성할 경우 2개의 줄은 한 줄로 컴퓨터가 이해한다.

```
tvList = [ "UN40EN001", "UN40EN002",\
          "UN40EN003", "UN40EN004" ] ------------------------ ①

preFix = "LEDTV_" -------------------------------------------- ②
### range(0,4) 마지막 숫자 범위 포함 안 함 (0,1,2,3)
### list(range(0,4,1))
for i in range(0, 4, 1): ------------------------------------- ③
    tvList[i] = preFix + tvList[i] ---------------------------- ④
```

위 코드를 보면 먼저

① 4개의 문자열 집합을 리스트로 선언한 후

② 접두어를 별도 변수로 선언하였다.

③ for문은 형태를 잘 알아 두어야 한다. for i in range(0, 4, 1): 는 범위가 된다. i를 0에서 시작하여 4 전까지 스텝 1씩 증가 시킨다는 의미이다. for문 범위 선언 후 마지막에는 ":"는 꼭 작성해야 한다. 컴퓨터가 ":" 이후를 구문(로직)으로 인식한다.

④ for 범위에 대한 로직 부분으로 반복 범위에 해당하는 로직은 "탭 들여쓰기"를 한 후 작성해야 한다. 파이썬은 "탭 들여쓰기"를 써 주어야지만 for문의 로직으로 판단한다. 반복문의 실행 구문을 표로 이해해 보자.

[표 2-1] for문 실행 순서

순서	반복 i 값	구문(로직)	설명
1	i = 0	tvList[0] = preFix + tvList[0]	리스트 첫 번째 인덱스 값에 접두어 포함 업데이트
2	i = 1	tvList[1] = preFix + tvList[1]	리스트 첫 번째 인덱스 값에 접두어 포함 업데이트
3	i = 2	tvList[2] = preFix + tvList[2]	리스트 첫 번째 인덱스 값에 접두어 포함 업데이트
4	i = 3	tvList[3] = preFix + tvList[3]	리스트 첫 번째 인덱스 값에 접두어 포함 업데이트
5	i = 4	범위 (0~3) 밖이라 실행 안 됨	

i=0일 때 tvList[0] = preFix + tvList[0] 로직이 실행되어 리스트의 첫 번째 값("UN40EN001")에 preFix("LEDTV_")를 넣어서 업데이트하고, i=1일 때 tvList[1] = preFix + tvList[1]이 실행되어 리스트의 두 번째 값을 업데이트한다. 동일 패턴으로 i값이 2, 3일 때 리스트의 모든 값을 업데이트한 후 반복문은 종료된다. 만약 센스가 있는 개발자라면 여기서 for i in range(0, len(tvList), 1)이 더 효율적인 방법이라고 생각할 것이다. 리스트의 길이가 가변적이더라도 리스트의 길이를 알 수 있는 len( ) 함수를 응용하면 해결할 수 있다. range 함수의 마지막 입력변수 1은 기본 값이기 때문에 반복하면서 1씩 증가 시에는 빼도 상관없다. (for i in range(0, len(tvList)))

다음으로 while 문을 살펴보겠다.

```
tvList = [ "UN40EN001", "UN40EN002",\
           "UN40EN003", "UN40EN004" ] ---------------------- ①

preFix = "LEDTV_" ------------------------------------------ ②

i=0 ------------------------------------------------------- ③
listLength = len(tvList) ---------------------------------- ④

while( i < listLength ): ---------------------------------- ⑤
    tvList[i] = preFix + tvList[i] ------------------------ ⑥
    i = i+1
```

위 코드를 보면 먼저

① 4개의 문자열 집합을 리스트로 선언한 후

② 추가할 접두어를 변수에 선언한다.

③ 반복시킬 i 변수를 0으로 초기화한다.

④ while문 범위에 사용될 리스트 길이를 정의한다.

⑤ while 조건문 범위 선언부로 i 값이 리스트의 길이보다 작아질 때까지 반복하도록 선언하고, 마지막에 ":"를 작성하여 구문(로직) 선언과 구문 부분을 분리한다.

⑥ for문과 동일하게 while문과 로직을 구분하기 위해 "탭 들여쓰기"를 넣고 로직을 작성한다. 단 i 값을 수동으로 1 증가시켜 준다. for문에서는 range의 스탭이 자동으로 1씩 증가시켜 주었지만 while문에서는 별도로 명시해야 한다. for문과의 차이를 보면 반복시킬 변수 I값을 초기화하고 구문(로직)에서 i값을 증가시켜 주는 부분이다. 로직의 자유도는 높을 수 있지만 초보 개발자들이 i값 증가 로직을 빼먹을 경우 i 값이 증가하지 않아 구문이 무한 반복되는 현상에 빠질 수 있다. 무한 반복에 빠진 경우 kernel restart 아이콘을 누르면 노트북이 재시작되어 풀린다.

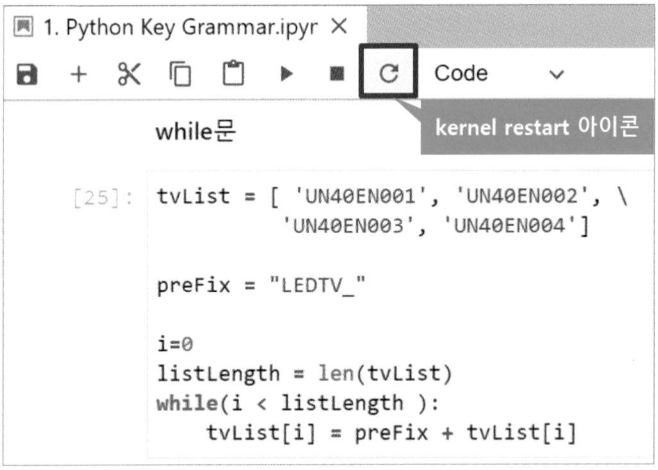

[그림 2-20] 무한 반복 탈출 방법

3.2 조건 판단하기

데이터를 처리할 때 단순하게 10개 정도의 데이터에 접두어 "LEDTV_"가 빠졌다고 하면 배운 반복문(for, while)을 활용하여 해결할 수 있다. 하지만 접두어가 빠진 자료와 빠지지 않은 자료가 혼재해 있을 경우에는 어떻게 해결할 수 있을까? 이번 파트에서는 조건을 판단하는 문법을 활용하여 접두어가 없는 경우에만 접두어를 삽입하는 로직을 학습하겠다.

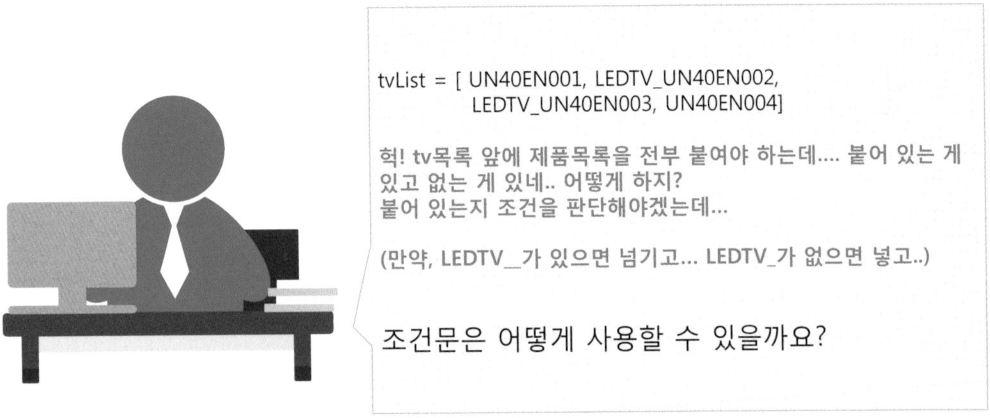

[그림 2-21] 조건 판단하기 필요성

먼저 조건 판단하기 프로세스를 도표로 이해해 보자.

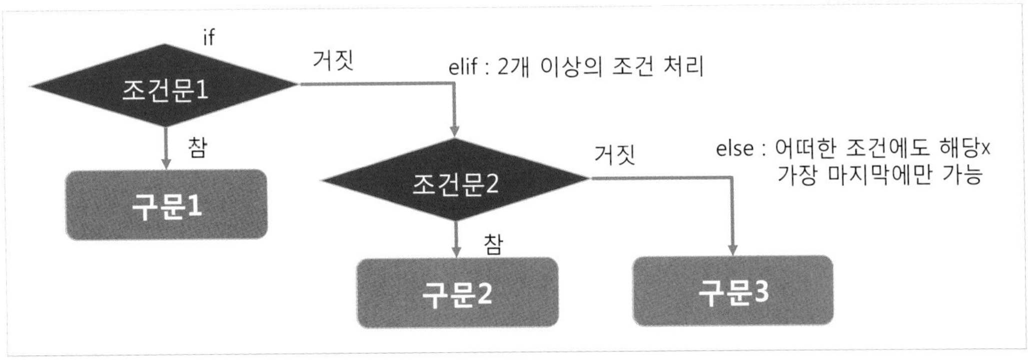

[그림 2-22] 조건 판단하기 프로세스

"접두어가 붙지 않으면 붙이고, 붙어 있으면 넘긴다."라는 상황에서 코딩 시에 조건을 판단하여 해당 조건에 맞는 로직을 처리하기 위하여 if문이 활용된다.

먼저 조건문을 이해하기 위해서는 비교 연산자의 이해가 필요하다. 과거 학교에서 배운 크다 작다 라고 하는 비교문이 어렴풋이 상기될 것이다.

비교 연산자	내용	예시 (x=5, y=2 경우)
x > y	x가 y보다 크다	x > y (참)
x < y	x가 y보다 작다	x > y (거짓)
x >= y	x가 y보다 크거나 같다	x >= y (참)
x <= y	x가 y보다 작거나 같다	x <= y (거짓)
x == y	x가 y와 같다	x == y (거짓)
x != y	x가 y와 같지 않다	x != y (참)

다음 예제를 살펴보자.

```
testModel = "UN40EN001" ----------------------------- ①
preFix = "LEDTV_"

if testModel.count(preFix) == 0: -------------------- ②
    testModel = preFix + testModel ------------------ ③
else: ----------------------------------------------- ④
    pass -------------------------------------------- ⑤
```

① 접두어가 붙지 않은 문자열과 공통 접두어를 선언한다.

② 조건문 testModel.count(preFix) == 0은 count함수(문자열 세기)를 활용하여 testModel.count(preFix)는 0인 값과 0을 비교(0==0) 하였기 때문에 조건문은 참이다. 조건문의 마지막은 ":"를 반드시 입력한다.

③ 조건문이 참인 경우 수행하는 구문(로직)이다. 반복문과 동일하게 "탭 들여쓰기"로 시작하여 접두어를 붙이는 로직을 수행한다.

④ else는 if문과 같이 사용되는 파이썬의 키워드이다. if 조건문이 참이 아닌 경우

⑤ pass 아무런 로직을 수행하지 않는다는 키워드이다.

if 조건문은 단순하게 사용하면 아래와 같은 구조로 수행된다.

```
if [조건문]:
    [조건문 참인 경우 실행]
else:
    [조건문 불일치 시 실행]
```

하지만 만약에 조건이 여러 종류인 경우는 어떻게 될까?

예를 들어 접두어("LEDTV_")가 2개 이상인 경우, 1개인 경우 마지막으로 존재하지 않는 경우를 프로그램으로 해결하기 위해서는 다중 조건문을 활용해야 한다.

```
if [조건문1]:
    [조건문1 참인 경우 실행]
elif [조건문2]:
    [조건문2 참인 경우 실행]
elif [조건문3]:
    [조건문3 참인 경우 실행]
......
else:
    [조건문 불일치 시 실행]
```

다음 실습코드를 살펴보자.

```
testModel = "LEDTV_LEDTV_UN40EN001" ------------------ ①
preFix = "LEDTV_"

if testModel.count(preFix) > 2: ---------------------- ②
    testModel.replace(preFix,"")
    testModel = preFix + testModel
elif testModel.count(preFix) == 1:
```

```
    pass
else:
    testModel = preFix + testModel

testModel
```

① 테스트 모델 내 접두어 ("LEDTV_")가 2개 있다.

② 이 경우 ② 로직을 살펴보면 2개 이상인 경우 replace 함수를 활용하여 모든 접두어를 제거하고 한 개만 붙이고, 1개만 있는 경우 패스하고, 이 외에는 한 개만 붙이는 로직으로 프로그램을 구현할 수 있다.

3.3 자주 사용하는 내용 함수화하기

데이터를 화면에 깔끔하게 표시하기 위하여 계산 결과를 소수점 둘째 자리, 또는 셋째 자리로 변경하는 경우가 발생한다. 전체 개발 코드 중간 중간에 계속 반복되는 프로세스가 있는 경우 특정 프로세스 로직을 재사용하기 위하여 반복되는 로직을 함수화하는 방법을 알아보도록 한다.

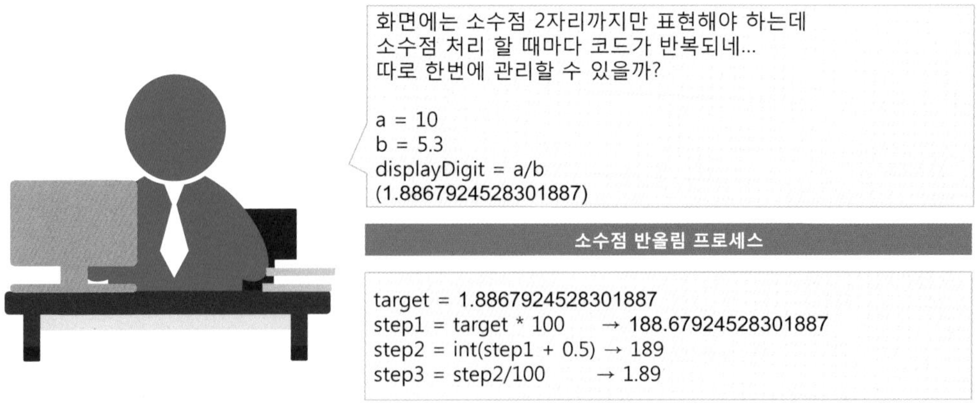

[그림 2-23] 함수의 필요성

다음 예제를 살펴보자.

```
# 소수점 2자리 표현 대상 값 정의 (화면 #1)
target = 1.8867924528301887 ------------------------ ①
# 값에 100을 곱함
step1 = target * 100 -------------------------------- ②
# 반올림 효과 적용
step2 = int(step1 + 0.5) ---------------------------- ③
# 다시 원래 숫자로 변경
step3 = step2/100 ----------------------------------- ④

......

소수점 2자리 표현 대상 값 #2 (화면 #2)
target2 = 1.284211

# 같은 처리를 반복해야 함!
```

다음 코드를 보면

① 화면에 표시할 자료가 계산되었다. (예: 10/5.3 = 1.8867924528301887) 하지만 소수점 단위가 너무 길어 값을 소수점 2째 자리로 표현해야 한다.

② 소수점 부분까지 정수로 표현하기 위해서 100을 곱해 준다. (188.6792...)

③ 반올림 효과를 위해 0.5를 더한 다음 int 형변환을 하면 소수점 이하 부분은 버림 처리가 된다.

④ 마지막으로 표현할 전체 수에 대해서 100을 나누어 주면 1.89로 반올림 처리가 완성된다.

만약 전체 개발 코드상에 한 번만 사용이 된다면 상관없지만 다양한 화면에 계속 값을 만들어 낸다고 생가하면 똑같은 프로세스의 코드를 뭔가 노가다 하듯이 계속 개발해야 한다는 것을 느낄 것이다. 어떻게 해결할 수 있을까? 파이썬에서 함수를 활용하면 해결할 수 있다.

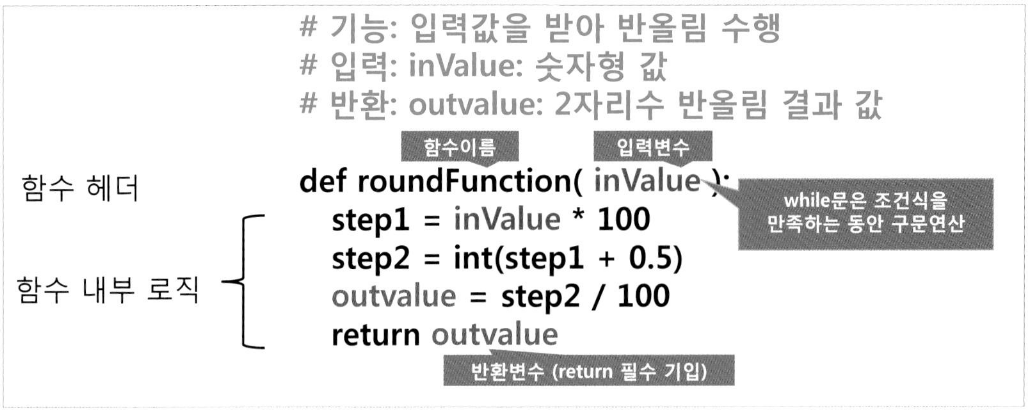

[그림 2-24] 함수 구조

위 그림과 같이 반복되는 프로세스를 함수로 정의한다면 더 이상의 노가다는 필요 없게 된다. 다음 예제를 살펴보자.

```
# 기능: 입력값을 받아 반올림 수행
def roundFunction( inValue ): --------------------- ①
    step1 = inValue * 100 ------------------------- ②
    step2 = int(step1 + 0.5)
    outvalue = step2 / 100
    return outvalue ------------------------------- ③
# 활용편
a = 10 -------------------------------------------- ④
b = 5.3
c = 1.7
displayDigitOne = a/b
displayDigitTwo = a/c
answer1 = roundFunction(displayDigitOne) ---------- ⑤
answer2 = roundFunction(displayDigitTwo)
```

① 함수 정의는 def로 시작하여 함수 명을 적어서 표현한다. 함수에 들어오는 변수는 inValue로 정의한다. inValue 변수는 함수에서만 활용 가능한 변수이며, 함수가 정의된

내부 지역에서만 활용 가능하다고 하여 지역변수라고 부른다. 함수 외부에서 선언된 변수는 전역변수로 어디에서나 사용 가능하다.

② 함수에 1개의 입력으로 들어온 inValue 값을 반올림 처리를 통해 결과값을 생성한다.

③ 함수에서 최종적으로 반환하는 값에 대해서는 return이라는 키워드를 활용하여 반환해야 한다.

④ 실제 테스트를 위해 화면에 표시할 2개의 소수점 포함 변수를 생성한다.

⑤ 활용 시에는 함수의 이름을 적고 함수에 입력할 변숫값 한 개(함수 선언 시 1개의 입력변수 선언함)를 넘기면 소수점 2자릿수로 반올림한 값이 반환되어 answer1, answer2 변수에 담긴다.

추가로 짚고 넘어가야 하는 부분이 지역변수와 전역변수 개념이다. 지역변수는 함수 내부에서만 사용되는 변수이며, 함수 외부에서 선언된 변수는 전역변수로 어디에서나 사용 가능하다. 다음 그림을 통해서 지역변수를 외부에서 사용 시 에러가 발생하며, 전역변수를 함수 내에서 변경하여도 외부에서는 변경되지 않음을 확인할 수 있다. 실제 코드를 작성한 후 실습을 해본다.

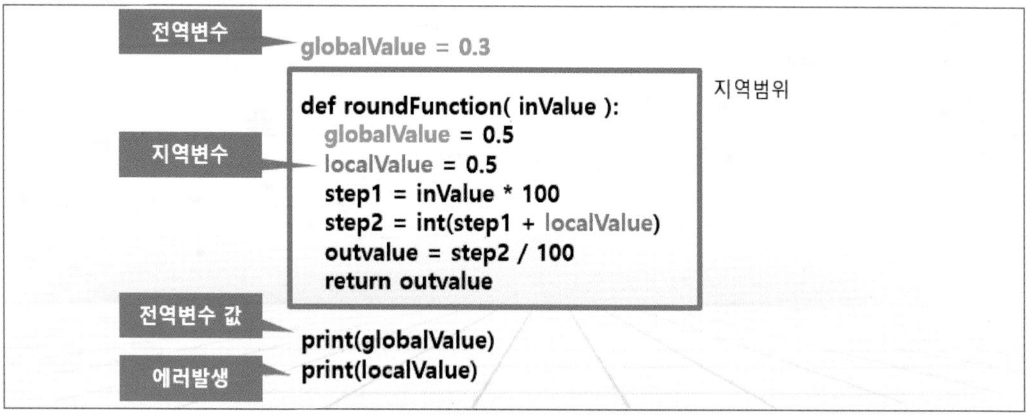

[그림 2-25] 지역/전역변수 이해

다음으로 함수에 입력변수를 여러 개 사용하는 방법을 학습하겠다. 단순히 한 개의 변수로 동작하는 경우에는 입력변수를 한 개만 정의하지만, 2개 이상 시에는 2개 이상을 그냥 정의하면 된다. 입력변수가 많아지면 함수는 다양한 기능을 추가적으로 실행할 수 있다.

다음 예제를 살펴보자.

```
# 기능: 입력값을 받아 반올림 수행
def roundFunction( inValue, option ):  ---------------- ①
    stdVal = 0.5
    if(option==0):    # round -------------------------- ②
        stdVal = 0.5
    elif(option==1):  #ceil
        stdVal = 1
    elif(option==2):  #floor
        stdVal = 0
    else:
        pass
    step1 = inValue * 100
    step2 = int(step1 + stdVal)
    outvalue = step2 / 100
    return outvalue

# 활용편
a = 1.725
for i in range(0,3): ---------------------------------- ③
    print(roundFunction(a,i))
```

코드 내에서

① 함수 헤더에 2개의 입력변수를 정의하였다.

② option 이라는 신규 입력 변수는 로직 내부에서 반올림(round), 올림(ceil), 내림(floor) 처리를 할 수 있도록 구현하였다.

③ 활용 편에서는 다양한 옵션을 for문을 활용하여 결과를 추출하였다.

```
# 활용편
a = 1.725

for i in range(0,3):
    print(roundFunction(a,i))
```

```
1.73
1.73
1.72
```

[그림 2-26] **소수점 처리 실행 결과**

이제 자주 사용되는 함수를 별도 파일로 분리하는 방법을 다루도록 하겠다. 자주 사용하는 함수를 별도 파일로 분리한다면 메인 개발 코드는 더 간결해지고 가독성이 높아진다. 예를 들어 수요 예측하는 데이터 분석가는 미래 일자, 주차, 월 등을 계산해야 하기 때문에 커스터마이징된 주차 계산 함수를 별도로 다음과 같이 관리할 수 있다. 당연히 모듈은 고도화되고 데이터 분석가는 프로젝트를 다양하게 경험하면서 고도화된 함수를 활용하여 효율적으로 개발해 나갈 수 있다. 이렇게 다양한 함수를 별도 파일로 분리하는 것이 모듈화이다.

```
def 현재날짜():
    return 현재날짜

def 미래날짜계산(날짜, 일수):
    ...
    return 날짜기준 미래날짜

def 과거날짜계산(날짜, 일수):
    ...
    return 날짜기준 과거일짜

def 날짜연주차변환(날짜):
    ...
    return 연주차
```

모듈을 만드는 방법은 간단하다. 좌측 상단의 "+" 아이콘(New Launcher)을 클릭하여 Other 카테고리의 TextFile을 생성 후 이름 바꾸기(rename) 기능을 활용하여 mathgroup.py 파일로 파일명을 변경한다. 이후 다음 코드를 작성 후 저장한다.

```
def roundFunction( inValue ):
    step1 = inValue * 100
    step2 = int(step1 + 0.5)
    outvalue = step2 / 100
    return outvalue

def floorFunction( inValue ):
    step1 = inValue * 100
    step2 = int(step1)
    outvalue = step2 / 100
    return outvalue
```

모듈 파일 외에 기존에 작성하던 코드에서 모듈 내 함수를 호출하려면 작성하던 jupyter notebook 파일에서 외부 모듈 내 함수 호출 시에는 다음과 같이 작성해야 한다.

```
import mathgroup --------------------------------- ①
mathgroup.roundFunction(1.22423) ---------------- ②
```

① 모듈의 파일 이름을 import로 불러온다.

② 이후 내장된 함수를 호출하면 된다. 여기서 기억해야 하는 내용은 외부 모듈로 분리시켰을 경우 확장자 명은 .py (파이썬 기본 실행 확장자) 여야만 한다. 또한, import로 불러올 시 파일명이 긴 경우 불러올 때 mathgroup에 별칭을 부여하여 코드를 간결하게 변경 가능하다. 예를 들어 import mathgroup as mathg라고 mathg라는 별칭을 부여하면 이후부터는 전체 fullname을 다 사용하지 않아도 된다.

```
import mathgroup
print(mathgroup.roundFunction(1.22423))

import mathgroup as mathg
print(mathg.roundFunction(1.22423))
```

```
1.22
1.22
```

[그림 2-27] 모듈 활용 결과

3.4 추가 제어 로직

제어문에서 활용할 수 있는 추가 제어 로직을 다루도록 하겠다. 제품 모델을 탐색하는 반복문을 실행하다가 사용자가 원하는 특정 제품을 찾는 경우 더 이상 반복문을 실행하지 않고 탈출할 수 있다. 이 경우 전체 반복문을 실행하지 않아도 되기 때문에 처리 속도에서 이득을 볼 수 있다. 반대로 특정 모델은 예외 상황이기 때문에 로직을 처리하지 않고 다음 모델로 넘어가게 할 수도 있다. 이 경우 특정 모델을 제외한 전체 모델에 대해서 로직 적용 시 유용하게 활용 가능하다.

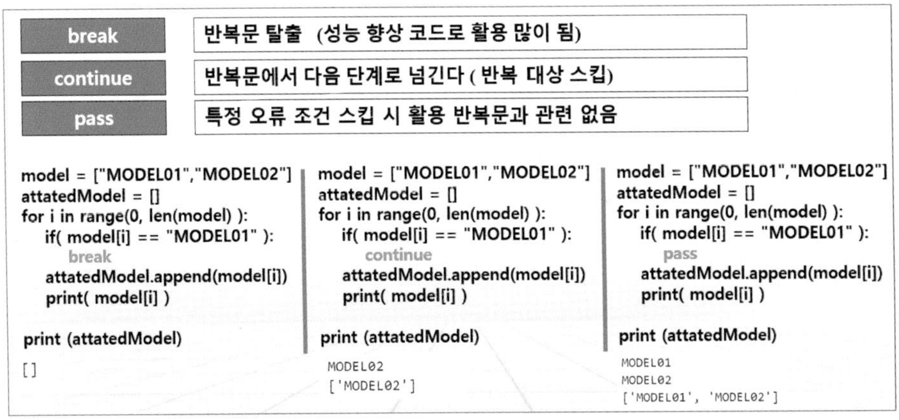

[그림 2-28] 제어 로직

다음 예제를 살펴보자.

```
tvList = ["LEDTV_UN40EN001", "LEDTV_UN40EN002", "LEDTV_UN40EN003"]
mobileList = ["G3_MO001", "G3_MO002", "G3_MO003"]
speakerList = [TTBL_SP001", "BL_SP002", "BL_SP003"]
productList = [tvList, mobileList, speakerList]
```

먼저 tv, mobile, speaker 각 제품 리스트를 생성하고 상위 레벨의 제품군 리스트 안에 각 제품 리스트를 담는다. 여기서 특정 제품("G3_MO002")만 제외하고 모든 제품 리스트를 출력하려고 한다.

```
# 제품군 loop
for i in range (0, len(productList)): -------------------------------- ①
    productlength = productList[i] ----------------------------------- ②
    # 제품 내 모델 loop
    for j in range (0, len(productlength)): ------------------------- ③
        if  (productList[i][j].split("_")[0] == "G3") & \ ---------- ④
            (productList[i][j].split("_")[1] == "MO002"):
                break ----------------------------------------------- ⑤
        print(productList[i][j])
```

제품군의 리스트에는 총 3개(tv, mobile, speaker)가 담겨 있기 때문에

① 첫 번째 for문에서는 3번의 반복문을 구동한다.

② 반복문 첫 번째 구동 시 제품군의 첫 번째는 tv 모델 목록(tvList)이다. tvList에는 3개의 모델(LEDTV_UN40EN001~003)이 담겨 있다.

③ 모델을 전부 출력하기 위하여 반복문을 수행한다.

④ 단 "G3"이면서 "MO002" 모델을 식별 시

⑤ break를 통해 탈출한다.

TV에는 해당 사항이 없기 때문에 TV 목록 3개를 전부 출력하고 ① 반복문의 2번째 반복문이 구동된다. 반복문 두 번째 구동 시 제품군의 두 번째는 mobile 모델 목록(mobileList)이다. mobileList에는 3개의 모델(G3_MO001~003)이 담겨 있다. ③ 모델을 출력하기 위하여 반복

문을 수행하고 ④ 로직에서 "G3_MO002" 모델 반복 시 break문을 만나서 상위 반복문을 탈출한다. 여기서 중요한 점은 모든 반복문을 탈출하는 게 아니기 때문에 최상위 반복문 3번째 speaker 로직 반복문은 수행되어 스피커 목록을 모두 출력한다.

```
# 제품군 Loop
for i in range (0, len(productList)):
    productlength = len(productList[i])
    # 제품 내 모델 Loop
    for j in range (0, productlength):
        if  (productList[i][j].split("_")[0] == "G3") &\
            (productList[i][j].split("_")[1] == "MO002"):
            break
        print(productList[i][j])

LEDTV_UN40EN001
LEDTV_UN40EN002
LEDTV_UN40EN003
G3_MO001
BL_SP001
BL_SP002
BL_SP003
```

[그림 2-29] break 활용 실습

break 대신 continue를 적용한다면 모바일의 "G3_MO002" 모델만 제외한 모든 목록을 출력할 수 있다. 만약 PASS를 적용하면 단순히 로직을 PASS하고 G3_MO002까지도 출력하는 결과를 낸다.

```
# 제품군 Loop
for i in range (0, len(productList)):
    productlength = len(productList[i])
    # 제품 내 모델 Loop
    for j in range (0, productlength):
        if  (productList[i][j].split("_")[0] == "G3") &\
            (productList[i][j].split("_")[1] == "MO002"):
            continue
        print(productList[i][j])

LEDTV_UN40EN001
LEDTV_UN40EN002
LEDTV_UN40EN003
G3_MO001
G3_MO003
BL_SP001
BL_SP002
BL_SP003
```

[그림 2-30] continue 활용 실습

```
# 제품군 Loop
for i in range (0, len(productList)):
    productlength = len(productList[i])
    # 제품 내 모델 Loop
    for j in range (0, productlength):
        if  (productList[i][j].split("_")[0] == "G3") &\
            (productList[i][j].split("_")[1] == "MO002"):
            pass
        print(productList[i][j])
```

```
LEDTV_UN40EN001
LEDTV_UN40EN002
LEDTV_UN40EN003
G3_MO001
G3_MO002
G3_MO003
BL_SP001
BL_SP002
BL_SP003
```

[그림 2-31] pass 활용 실습

3.5 예외 처리

개발 코드를 실행하다 보면 에러가 발생해서 코드가 정지해 버리는 경우가 있다. 예를 들어 폴더 내 이미지를 전부 읽다가 깨진 이미지가 있으면 에러 발생 후 코드가 정지해 버리는 경우다. 데이터가 많다 보면 당연히 발생 가능한 예외 상황이 있는데 이걸 전부 반복문을 통해 처리하지 못한다. 이때 피할 수 있는 방법이 예외 처리 (try~ except)이다. 아래 상황은 현재 csv 데이터가 2개밖에 존재하지 않는데 0, 1, 2 시퀀스 전부를 읽어서 리스트에 넣으려고 하는 상황이다. 별도의 예외 처리가 없는 경우, 코드 실행 시 에러가 발생하고 실행코드는 정지한다.

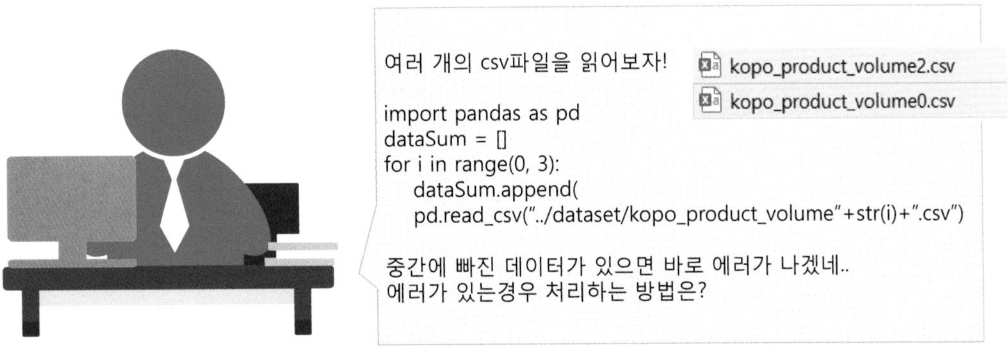

[그림 2-32] 예외 처리 필요성

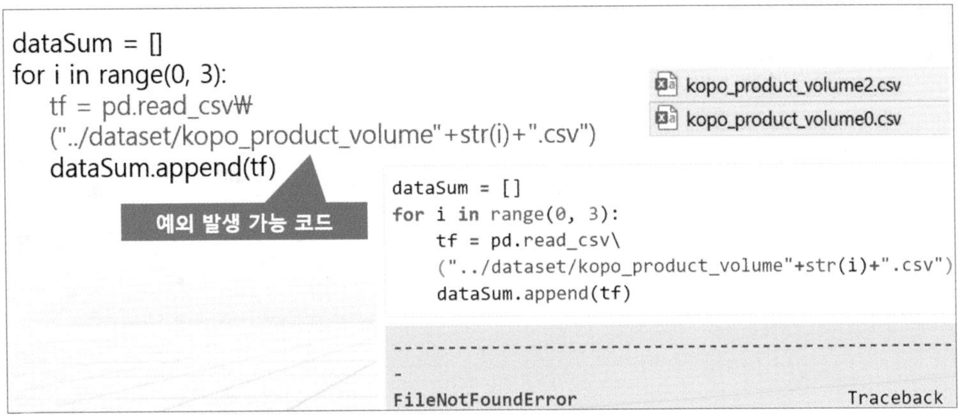

[그림 2-33] 예외 발생 상황

하지만 예외 처리가 있다면 상황이 달라진다. 예외 처리를 하면 처리 가능한 데이터는 처리하고 처리 못 하는 데이터는 예외 로그를 남긴다. 개발자들은 테스트 중에 배치성으로 매주 실행되어야 하는 프로그램에 예외 처리를 하지 않아 실행 중 코드가 죽어서 장애 상황이 발생하는 경우를 경험한다. 몇 번 경험을 통해 예외 처리를 경험하고 나서는 코드 작성 시 치밀하게 예외 처리를 하게 되고, 예외 처리를 통해 개발 코드가 실행 시 장애 나는 상황을 최소화시킨다.

다음은 예외 처리의 기본 형태이다.

```
try:
    [예외가 발생 가능한 로직]
except 예외종류 as e:
    [예외 발생시 로직]
```

코드를 통해 실습해 본다.

```
dataSum = [] ------------------------------------------ ①
for i in range(0, 3): -------------------------------- ②
    try: --------------------------------------------- ③
        tf = pd.read_csv \
        ("../dataset/kopo_product_volume"+str(i)+".csv")
        dataSum.append(tf)
    except Exception as e: --------------------------- ④
        print(e)

print(len(dataSum)) ---------------------------------- ⑤
```

① 데이터를 담을 리스트를 선언한다.

② 반복문을 통해서 테스트로 0, 1, 2로 끝나는 데이터 파일을 읽으려고 한다.

③ try문을 사용하여 예외 상황이 발생 가능한 코드 부분을 감싼다. 이 경우 read.csv 파일을 반복문을 통해 읽다가 파일이 존재하지 않는 경우 예외가 발생할 수 있다.

④ 예외가 발생할 경우 except 로직을 들어가서 에러 메시지가 Exception e에 대입되어 오류 메시지를 출력한다. 반복문 수행 중 에러가 발생하는 예외 상황을 제외하고 전부 수행됨을 확인 가능하다.

⑤ 마지막으로 리스트에 담긴 전체 파일 개수를 출력한다.

코드를 실행해 보면 에러로 인해서 정지되지 않고 프로그램은 정상 수행된다. 다만 파일 3개 중 한 개가 존재하지 않아 2개의 데이터만 리스트에 저장된다.

```
dataSum = []
for i in range(0, 3):
    try:
        tf = pd.read_csv\
        ("../dataset/kopo_product_volume"+str(i)+".csv")
        dataSum.append(tf)
    except Exception as e:
        print(e)
print(len(dataSum))
```

```
[Errno 2] File b'../dataset/kopo_product_volume1.csv' does not exist:
b'../dataset/kopo_product_volume1.csv'
2
```

[그림 2-34] 예외 처리 시 상황

기억합시다

대단원	소단원	핵심 포인트
파이썬 기초 다지기	자료형	변수의 이해 및 파이썬의 5가지 자료형 (수, 문자, 리스트, 튜플, 딕셔너리) 특징 이해
	라이브러리 활용하기	코드 개발의 생산성 향상을 위한 라이브러리 활용법 이해
	핵심 문법	파이썬의 핵심 문법 (반복문, 조건문, 함수화) 이해

단원 정리 문제

01. 다음은 a 변수에 3.2 값을 대입하였다. 이후 a 자료형을 확인하기 위한 명령어는?

보기

```
a = 3.2
a
```

① round(a)
② type(a)
③ pwd(a)
④ data(a)
⑤ print(a)

02. 다음 중 자료형의 매핑이 잘못된 것을 모두 고르시오.

① 숫자 : 3 -> int
② 숫자 : 2.2 -> float
③ 문자 : "korea_fighting" -> list
④ 리스트 : (1,2,3,4) -> list
⑤ 딕셔너리 : { "regionid" : "salesid", "sales" : "pattern" }

03. 다음과 같이 변수를 선언한 후 10과 3을 더해서 13이 출력되기 위한 올바른 방법은?

보기

```
stringValue = "10"
intValue = 3
```

① answer = stringValue + intValue
② answer = stringValue + str(intValue)
③ answer = int(stringValue) + intValue
④ answer = str(stringValue) + str(intValue)
⑤ answer = float(stringValue) + float(intValue)

04. 숫자와 소수점 자릿수 2개의 입력변수를 받아서 숫자에 대해서 명시된 소수점 자릿수에서 반올림한 결과를 반환하는 함수를 생성하시오.

보기

```
def roundFunction(inValue, option):
    〈로직 구현〉
    outValue = inValue
return outValue


#활용
inputValue = 12.2225
roundFunction(inputValue, 3)
=> 12.223
```

05. 제공된 dataset 폴더 내 "kopo_customerdata.csv" 데이터를 작성 중인 코드와 같은 폴더에 저장한 후 kopo_cu "보기" 코드를 활용하여 불러온 후 "TOTAL_AMOUNT" 최소, 최대값을 한 개씩만 뺀 평균을 소수점 2째 자리까지 표시하시오. (반올림)

보기

```
import pandas as pd


customerData = pd.read_csv("./kopo_customerdata.csv")
customerTotalList = customerData["TOTAL_AMOUNT"].tolist()
```

06. 학생들 시험 점수를 보기와 같이 리스트에 저장한 후 평균 점수를 구하는 문제를 for문 활용하여 작성하시오.

보기

```
scoreList = [70,60,55,75,95,90,80,80,85,100]
```

PART Ⅲ

데이터베이스 이해 및 ETL 실습

단원 개요

[단원명]

데이터베이스 이해 및 ETL 실습

[단원 소개]

- 파이썬 기초 기술을 익힌 후 데이터 분석을 위한 첫 번째 단계인 데이터 수집 부분을 다룬다. 일반적인 스프레드 형식이나 웹상의 데이터 수집 방법 외에 기업에서 데이터 저장소로 많이 사용하는 데이터베이스를 직접 구축하고 자료를 수집하는 방법을 다룬다.

[교육 대상]

- 데이터 분석가 / 인공지능 전문가
- 데이터 엔지니어

내용	학습 내용
데이터베이스 이해	- 데이터베이스 개념을 이해한다. - 데이터베이스 구성 요소 및 장점을 이해한다.
데이터베이스 개발환경 구축	- 오픈소스 데이터베이스 개발환경을 구축한다.
데이터 수집 및 저장	- 파일 데이터 수집/저장 방법을 실습한다. - 데이터베이스 데이터 수집/저장 방법을 실습한다.

01 데이터베이스 이해

학습 내용
1. 데이터베이스의 개념을 이해한다.
2. 데이터베이스 구성 요소 및 장점을 이해한다.

일상생활 속에는 다양한 데이터가 존재한다. 병원에 가거나 온라인 쇼핑몰을 들어가서 물건을 사는 등의 모든 활동에는 데이터가 생기고 그 데이터는 대부분 업체가 운영하는 데이터베이스 내에 저장된다.

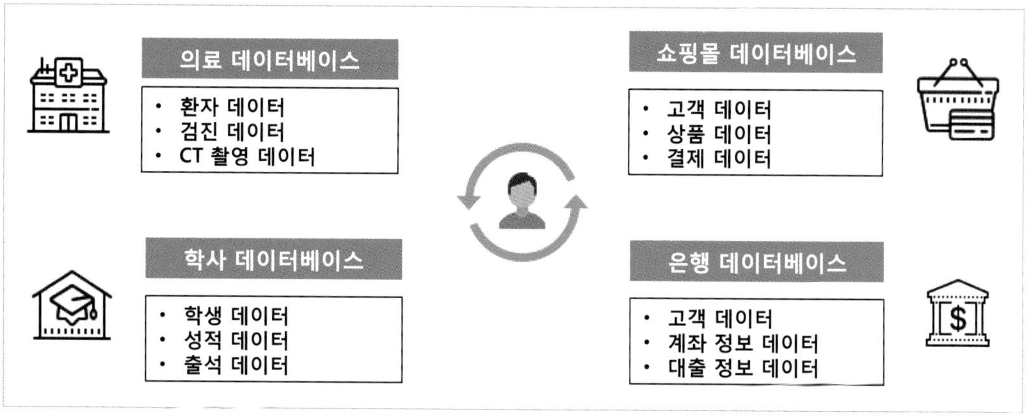

[그림 3-1] 생활 속의 데이터베이스

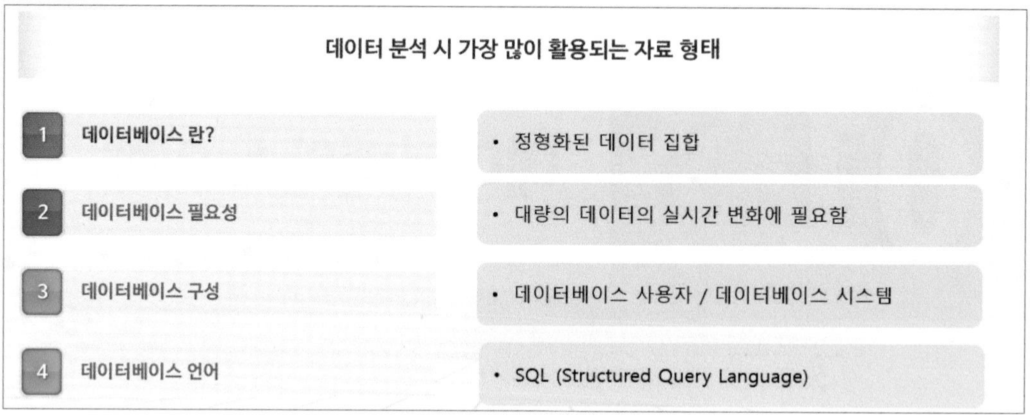

[그림 3-2] 데이터베이스 이해

1.1 데이터베이스 란?

데이터베이스란 일반적으로 컴퓨터 시스템 내 전자 방식으로 데이터를 저장 및 보존하는 시스템을 의미한다. 데이터베이스의 가장 큰 특징은 실시간으로 데이터에 접근이 가능하고 계속적인 데이터의 변화(생성, 삭제, 수정) 작업을 수행할 수 있다. 또한, 데이터를 접속하는 사용자가 질의를 통해 데이터를 조회할 수 있다

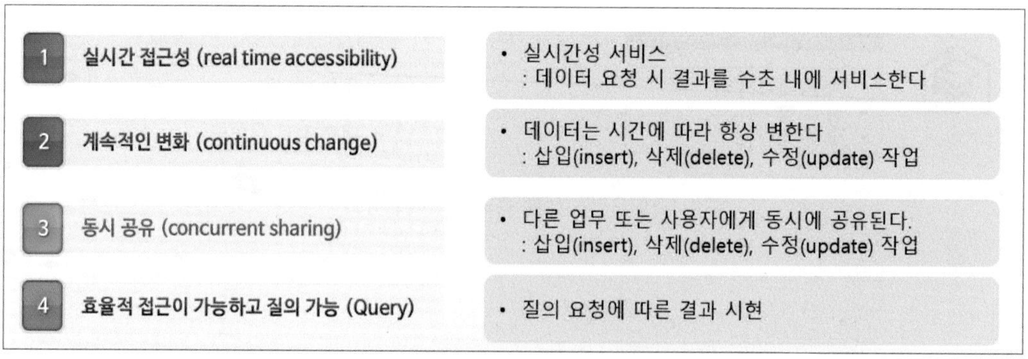

[그림 3-3] 데이터베이스 특징

그중 가장 많이 사용되는 관계형 데이터베이스는 2차원 테이블로 표현되며 각 테이블은 칼럼(column)과 행(record)으로 구성된다.

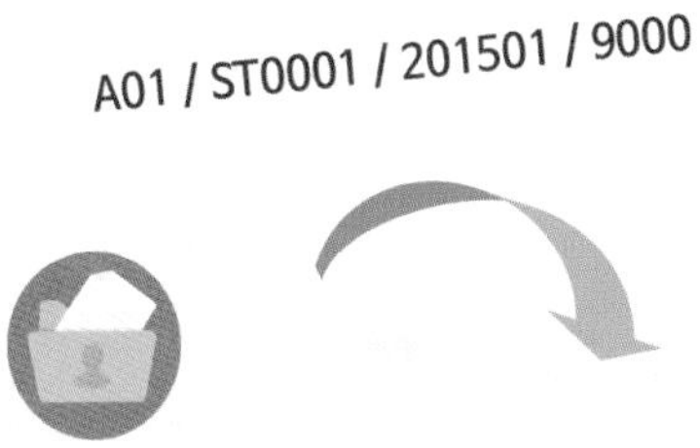

지역번호	상품번호	주차	물량	행사번호
A01	ST0001	201501	9000	EV0001
A01	ST0001	201502	10000	EV0002
A01	ST0001	201503	15000	EV0003
A01	ST0001	201504	18000	-

[그림 3-4] 테이블 예시

또한, 테이블은 다양한 다른 테이블과 관계를 가지고 있다. 하나의 테이블에 모든 데이터를 저장하는 게 아니라 데이터를 세분화하여 각 테이블끼리 관계를 형성하여 데이터를 관리한다.

지역정보

지역번호	지역명
A01	서울
A02	대전

상품정보

상품번호	상품명	평균이익률	출시일
ST0001	IT-SERVICE	0.10	201430
ST0002	FINANCE	0.15	201441

행사정보

행사번호	행사기간	할인
EV0001	7	0.3
EV0002	5	0.2

상품실적

지역번호	상품번호	주차	물량	행사번호
A01	ST0001	201501	9000	EV0001
A01	ST0001	201502	10000	EV0002
A01	ST0001	201503	15000	EV0003

[그림 3-5] 데이터베이스 예시

1.2 데이터베이스 구성 및 언어

데이터베이스 구성 요소는 데이터베이스를 사용하는 사용자와 데이터가 저장 및 관리되는 데이터베이스 시스템으로 구성된다. 데이터베이스 사용자에서 SQL 사용자는 데이터를 생성, 조회, 수정 및 삭제 작업을 SQL(Structured Query Language)을 활용하여 수행하며 관리자는 데이터베이스 시스템이 정상적으로 운영되도록 관리하는 관리자이다.

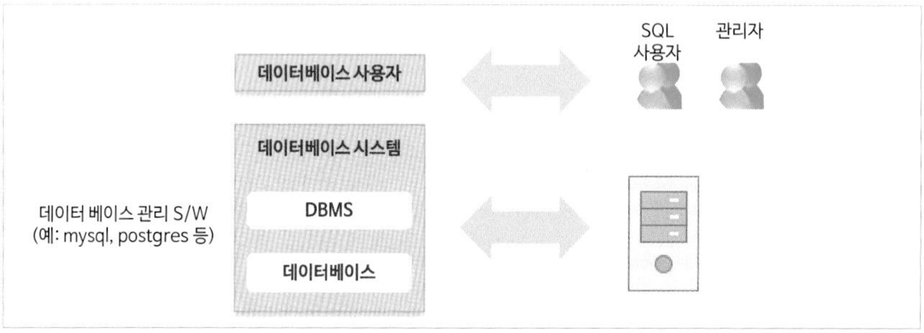

[그림 3-6] 데이터베이스 구성

데이터베이스를 생성, 조회, 수정 및 삭제하기 위한 명령어는 일반적으로 엑셀에 저장된 데이터를 조회 시 더블클릭하고 수정하는 것과 다르게 표준 질의어인 SQL(Structured Query Language)을 사용해야 한다.

데이터베이스를 위한 표준 질의어

```
SELECT    DATE, STOCK_NAME, PRICE
FROM      STOCK_MGMT
WHERE     DATE > 201703
AND       STOCK_NAME = 'A_TELECOM'
```

DATE	STOCK_NAME	PRICE
201704	A_TELECOM	9,000
201705	A_TELECOM	6,000

테이블명: STOCK_MGMT

DATE	STOCK_NAME	PRICE	PLUS_ ARTICLE	MINUS_ ARTICLE
201701	A_TELECOM	14,000	2	1
201702	A_TELECOM	13,000	1	1
201703	A_TELECOM	10,000	1	2
201704	A_TELECOM	9,000	0	2
201705	A_TELECOM	6,000	0	3

SQL: Structured Query Language

[그림 3-7] 데이터베이스 언어

02 데이터베이스 개발환경 구축

BIGDATA & Artificial Intelligence

학습 내용 | 1. 오픈소스 데이터베이스 개발환경을 구축한다.

데이터베이스를 직접 자신의 PC 환경에 빠르게 구축해 본다. 다양한 종류의 데이터베이스 SW가 있지만 실습으로 postgreSQL을 설치한다. 오픈소스라서 별도 비용 없이 데이터베이스를 구축할 수 있다. 설치 파일은 sparkkorea.com 자료실 탭에서 도서 자료실 링크 접근 시 다운로드 가능하다.

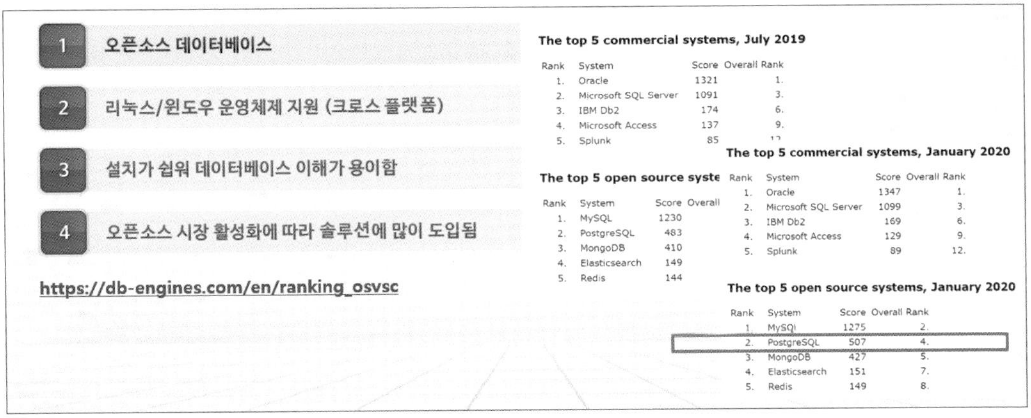

[그림 3-8] postgreSQL 특징

2.1 PostgreSQL DB 설치

데이터베이스 구성에서 살펴봤듯이 실제 데이터가 저장되는 데이터베이스 시스템과 데이터베이스 사용자 프로그램을 설치한다. 일반적으로 서로 다른 PC에 데이터베이스 시스템과 사용자 프로그램을 별도로 설치하지만 실습을 위해 하나의 PC에 전부 설치한다.

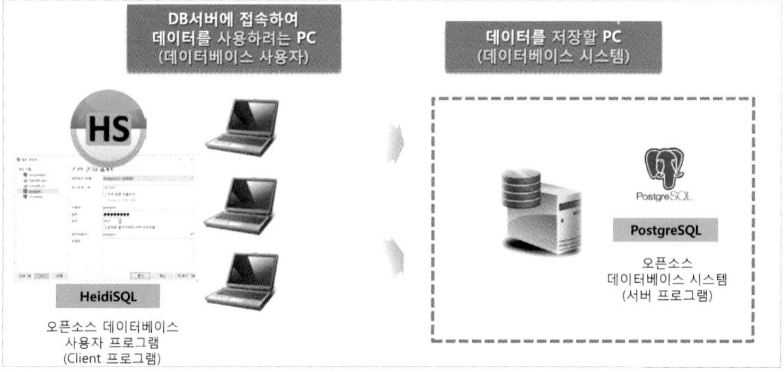

[그림 3-9] 데이터베이스 설치

먼저 데이터베이스 PostgreSQL(postgresql-10.12-1-windows-x64.exe)을 실행한다. 설치 폴더 설정은 기본 설정을 유지한다. 설치화면 이미지 해상도가 낮지만 이미지 하단의 액션을 따라하면 쉽게 설치 가능하다.

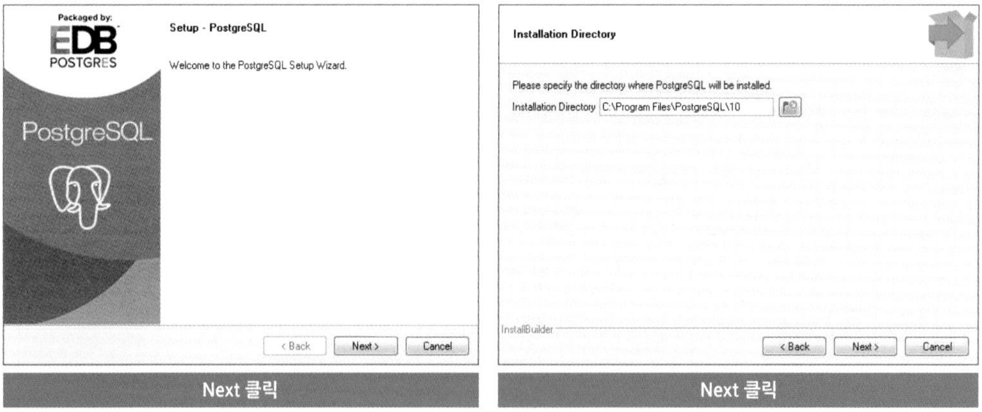

[그림 3-10] PostgreSQL 데이터베이스 시스템 설치 #1

다음으로 postgreSQL 서버와 Command Line Tools를 선택하여 설치한다.

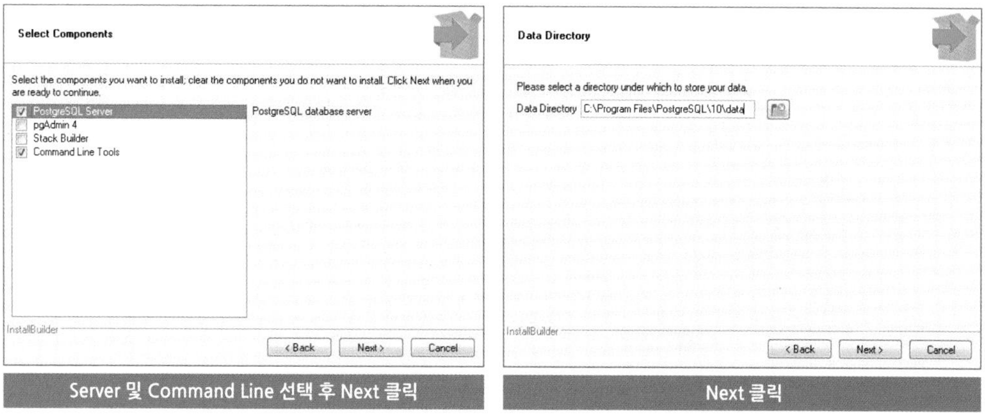

[그림 3-11] PostgreSQL 데이터베이스 시스템 설치 #2

다음으로 비밀번호는 기억하기 쉽게 "postgres"로 설정하고, 데이터베이스가 PC에서 사용할 포트(기본 PostgreSQL 포트: 5432)를 기본 설정으로 놔둔다. 포트번호는 데이터베이스와 같이 서비스 기동 시 컴퓨터에서 할당받는 주소이며, 다른 서비스가 사용하는 포트와 중복되지 않아야 한다.

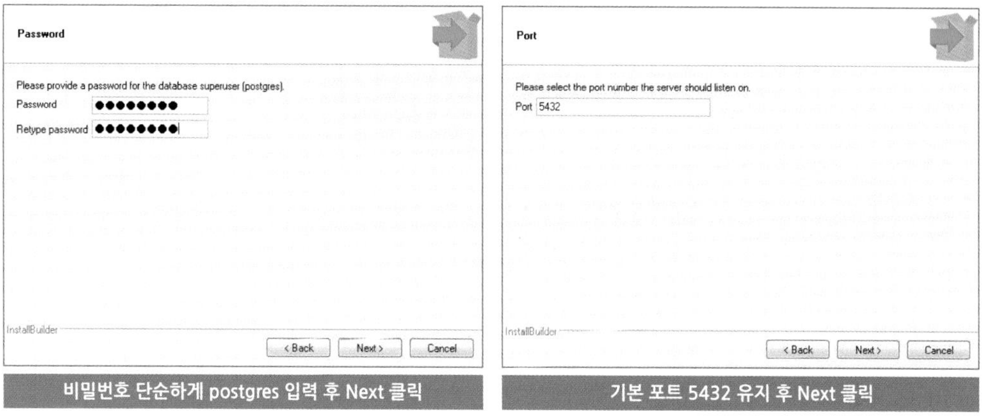

[그림 3-12] PostgreSQL 데이터베이스 시스템 설치 #3

다음으로 데이터베이스가 언어 설정 등의 locale 값은 기본값으로 두고 설치를 진행한다.

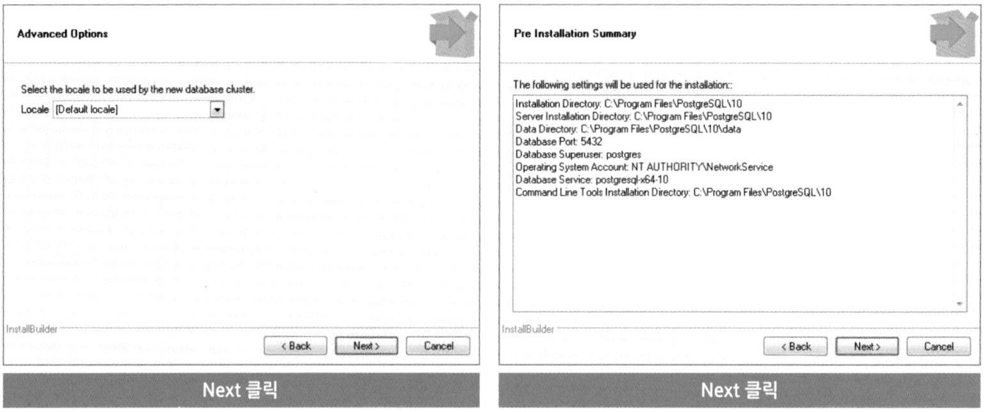

[그림 3-13] PostgreSQL 데이터베이스 시스템 설치 #4

설치가 진행되고 완료 버튼을 누르면 설치 프로세스는 끝난다.

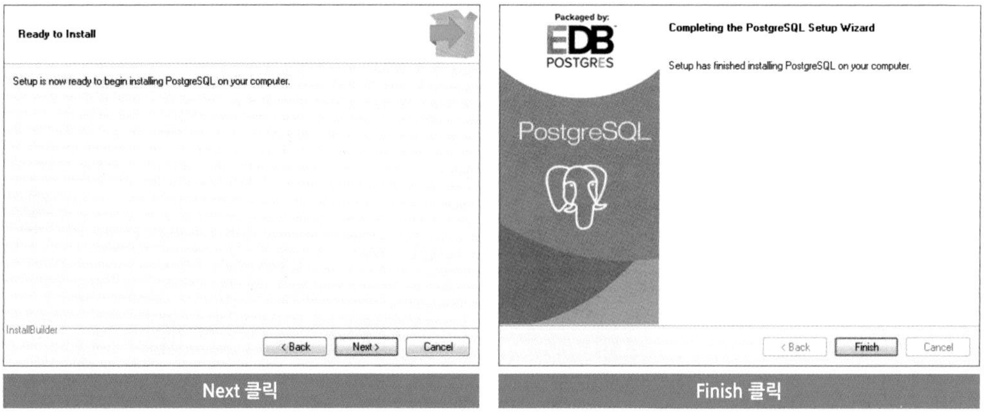

[그림 3-14] PostgreSQL 데이터베이스 시스템 설치#5

다음은 설치된 데이터베이스에 접속하여 데이터를 생성, 조회 등의 표준 질의어(SQL)를 수행할 사용자 프로그램(HeidiSQL_10.2.0.5599_Setup.exe)을 설치한다.

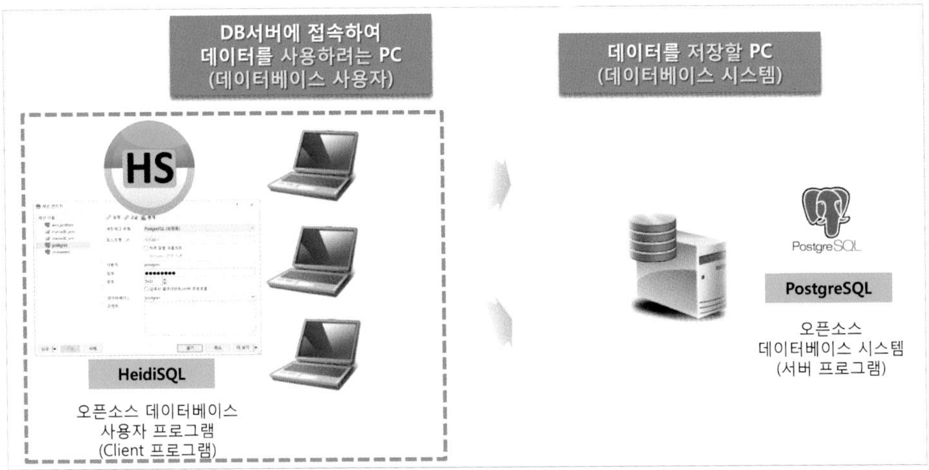

[그림 3-15] PostgreSQL 사용자 프로그램 설치

사용자 프로그램은 별다른 설정 변경 없이 Next 선택하면 설치가 완료된다. 설치 완료 후 실행하면 다음과 같은 창이 팝업된다. 이후 좌측 하단의 "신규" 버튼을 클릭한 후, 세션을 생성하여 네트워크 유형 "PostgreSQL(TCP/IP)", 호스트명: 127.0.0.1(PC 본인IP), 사용자: postgres, 비밀번호: postgres, 포트: 5432, 데이터베이스: postgres 입력 후 열기 버튼을 누르면 본인 PC에 설치한 postgres 폴더에 접속 가능하다. 접속 후 public 버튼을 클릭하면 설치한 서버의 공용 데이터베이스에 접속한다.

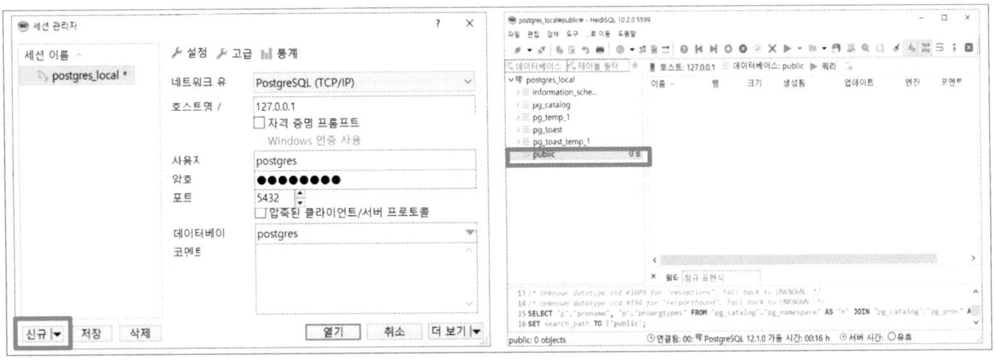

[그림 3-16] PostgreSQL 사용자 프로그램 실행

쿼리 탭을 클릭하면 SQL(Structured Query Language)를 활용하여 테이블의 구조를 생성 가능하다. 칼럼은 지역 정보(regionid, 문자열), 상품군(productgroup, 문자열), 연주차 정보(yearweek, 문자열), 판매량(volume, 수)을 정의한다.

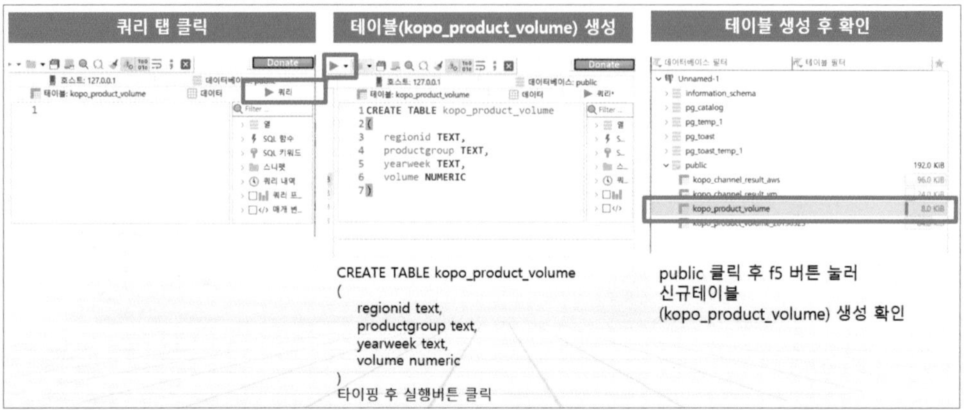

[그림 3-17] PostgreSQL 사용자 프로그램 실행

다음 쿼리를 실행 후 좌측 상단의 삼각형 모양의 실행 버튼을 클릭하면 테이블 구조가 생성되고 좌측 데이터베이스 트리의 public 선택 후 F5 버튼 눌러 새로 고침 시 kopo_product_volume 테이블이 생성됨을 확인할 수 있다.

```
CREATE TABLE kopo_product_volume
(
    regionid text,
    productgroup text,
    yearweek text,
    volume numeric
)
```

테이블 구조만 생성되었기 때문에 데이터를 입력하도록 하겠다. 메뉴 "도구 -> CSV 파일 가져오기" 실행 후 dataset 폴더 내 kopo_product_volume.csv 파일을 선택한다. 이외 필드를 감싸는 구분자는 공백, 무시할 첫 1줄, 데이터베이스("public") 테이블 kopo_product_volume 칼럼 모두를 선택한 후 가져오기 버튼을 클릭하여 실행한다.

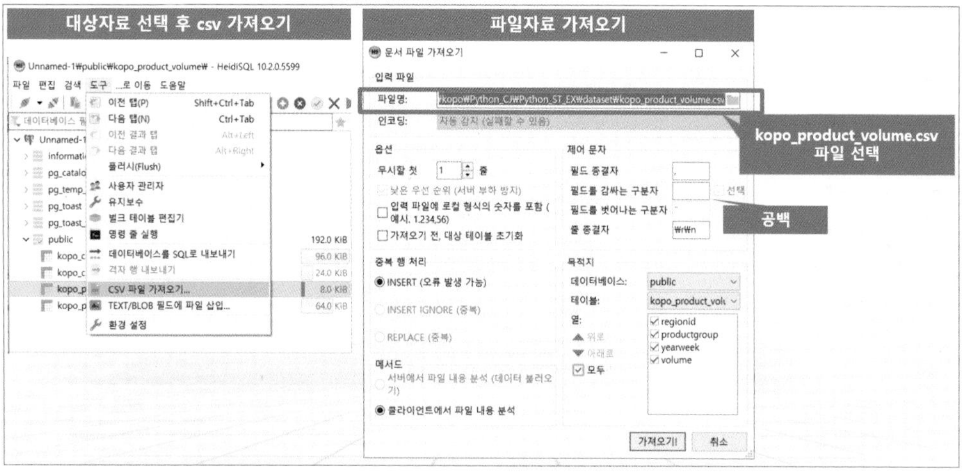

[그림 3-18] PostgreSQL 사용자 프로그램 실행

데이터가 정상적으로 입력되었는지 쿼리 탭을 실행시킨 후 다음 SQL(Structured Query Language)을 실행한 후 데이터가 조회되는지 확인한다.

```
SELECT * FROM kopo_product_volume
```

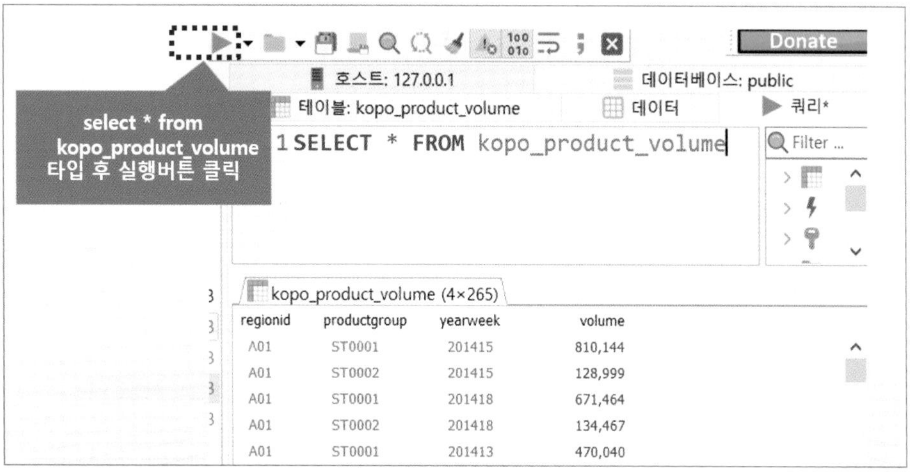

[그림 3-19] 데이터 조회

kopo_product_volume 테이블은 각 지역별로 특정 상품이 과거 특정 연주차 단위로 판매량을 집계한 자료이다.

지역/상품별 판매 실적 정보를 저장하는 자료

kopo_product_volume (4×265)

regionid	productgroup	yearweek	volume
A01	ST0001	201415	810,144
A01	ST0002	201415	128,999
A01	ST0001	201418	671,464
A01	ST0002	201418	134,467
A01	ST0001	201413	470,040

Column Name	Column Type	Column description	키	길이	NULL 허용	비고
regionid	문자	지역 아이디	1		N	한국, 미국
productgroup	문자	상품 아이디	1		N	TV, HMR
yearweek	문자	연주차 정보	1		N	201926
volume	숫자	판매 정보				2000

[그림 3-20] 테스트 데이터 예시

03 데이터 수집 및 저장

학습 내용

1. 파일 데이터 수집/저장 방법을 실습한다.
2. 데이터베이스 데이터 수집/저장 방법을 실습한다.

데이터베이스 구축까지 완료되면 데이터 분석을 위한 준비는 갖추어진 것이다. 분석가가 파일 시스템(스프레드시트), 데이터베이스(PostgreSQL 등) 및 외부 데이터를 자유롭게 다룰 수 있다면 분석할 재료가 많아 자유로운 로직 설계가 가능하다. 물론 나중에 배울 외부 데이터(웹 데이터)도 수집할 수 있다면 더 풍부해진다. 파이썬에서 필요 데이터를 수집한 후 처리한 결과를 데이터베이스 시스템 등에 저장하는 것이 일반적인 데이터 처리 프로세스이다.

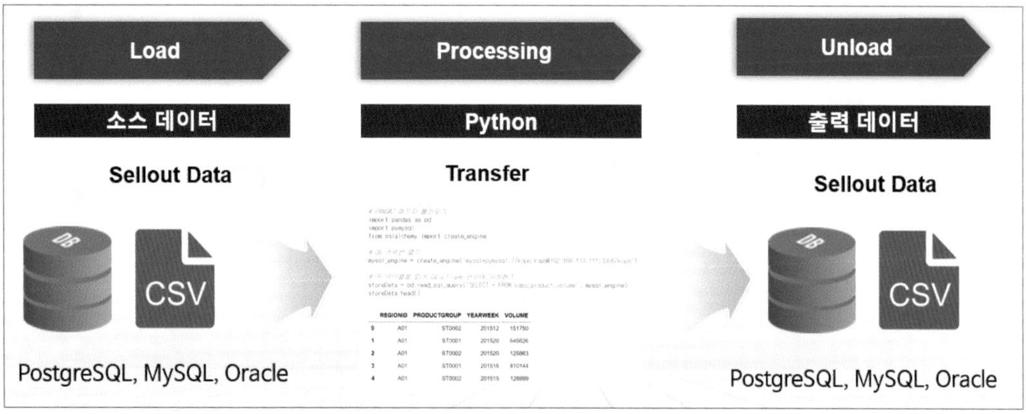

[그림 3-21] 데이터 처리 기본 프로세스

앞으로 활용도가 높은 파일 시스템(csv)과 데이터베이스 실습 방법을 알아보도록 한다.

다양한 데이터 소스를 불러오는 방법을 알면 다양한 각도의 분석이 가능하다

1 파일 데이터 수집 및 저장

2 데이터베이스 데이터 수집 및 저장(postgreSQL)

[그림 3-22] 데이터 수집 및 저장 실습 내용

3.1 파일 데이터 수집 및 저장

파이썬을 활용하여 익숙한 파일 데이터의 수집 및 저장 프로세스를 진행한다.

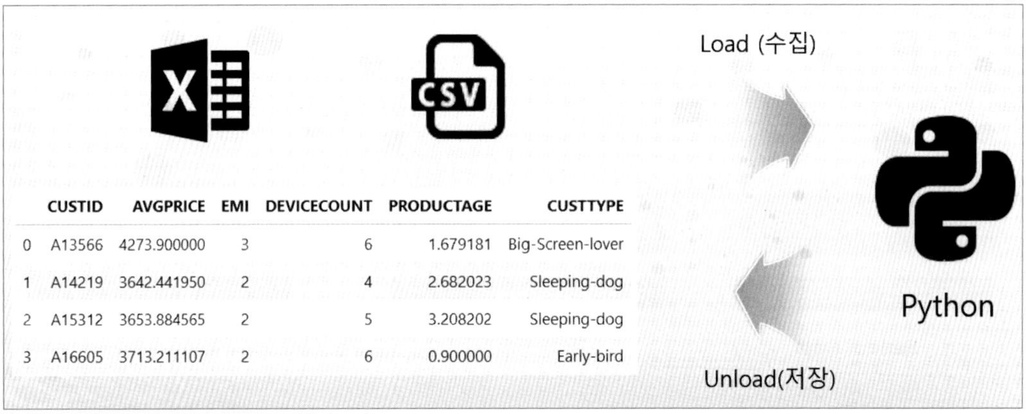

	CUSTID	AVGPRICE	EMI	DEVICECOUNT	PRODUCTAGE	CUSTTYPE
0	A13566	4273.900000	3	6	1.679181	Big-Screen-lover
1	A14219	3642.441950	2	4	2.682023	Sleeping-dog
2	A15312	3653.884565	2	5	3.208202	Sleeping-dog
3	A16605	3713.211107	2	6	0.900000	Early-bird

[그림 3-23] 파일 데이터 수집 및 저장

먼저 실습할 데이터에 대해서 살펴보겠다. 고객의 장비 구매 관련 데이터로 고객 아이디는 중복을 허용하지 않으며 상품 구매 시 평균 사용하는 금액, 무이자 할부 이용 횟수(건수), 구매한 장비 이력, 평균적으로 장비 구매 후 이용 기간, 고객의 유형(얼리어댑터 등)으로 구성되어 있다.

기업 고객
구매 데이터

	CUSTID	AVGPRICE	EMI	DEVICECOUNT	PRODUCTAGE	CUSTTYPE
0	A13566	4273.900000	3	6	1.679181	Big-Screen-lover
1	A14219	3642.441950	2	4	2.682023	Sleeping-dog
2	A15312	3653.884565	2	5	3.208202	Sleeping-dog
3	A16605	3713.211107	2	6	0.900000	Early-bird

Column Name	Column Type	Column description	키	길이	NULL 허용	비고
CUSTID	문자	고객 아이디	1		N	
AVGPRICE	숫자	평균 구매 가격				
EMI	숫자	무이자 할부 이용 건수				
DEVICECOUNT	숫자	장비 보유 수				
PRODUCTAGE	숫자	평균 장비 이용기간				
CUSTTYPE	문자	고객 타입				

[그림 3-24] 고객 데이터 설명

파일 데이터를 수집하기 위해서는 먼저 데이터 접근 경로를 이해해야 한다. 데이터 접근 경로는 PC 내 데이터인 경우 상대 경로와 절대 경로로 구분할 수 있다. 상대 경로는 작업 중인 개발 코드를 기준으로 접근하려는 파일의 경로를 상대적으로 정의한다. 동일 경로에 있는 경우 "./"만 앞에 쓰면 바로 접근이 가능하다(예: "./aa.csv"). 만약 다른 폴더에 존재하는 경우 상위 폴더로 이동하기 위해서는 "../"로 이동할 수 있다. 절대 경로는 상대 경로와 다르게 파일이 위치하는 전체 경로를 정의한다.(예: "D:/devcode/Session13/aa.csv") 개발자는 개발한 코드 테스트가 끝나면 실 운영되는 PC(서버)에 코드를 이관해야 한다. 이때 절대 경로를 사용한 코드는 이관 PC(서버)의 폴더 구조가 다른 경우 코드를 변경해야 하는 상황이 발생하며 상대경로인 경우 별도의 수정 작업이 필요없다.

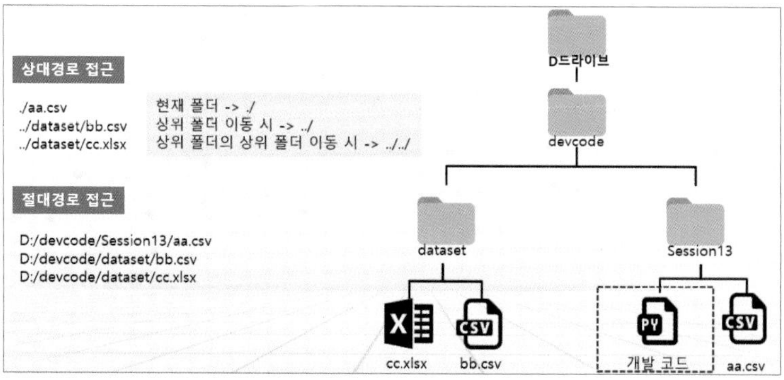

[그림 3-25] 파일 경로 접근의 이해

만약 접근하려는 파일이 사용하는 PC 내부에 있지 않고 웹상에 있는 경우 파일의 원격 URL 주소를 입력하면 접근 가능하다.

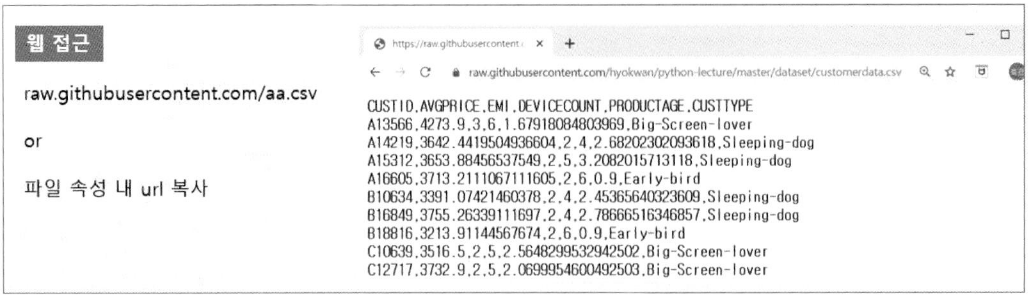

[그림 3-26] 원격 파일 경로의 이해

앞에서 배운 Pandas 라이브러리를 활용하면 스프레드시트 형태의 데이터(excel, csv 등)를 쉽게 읽고 수정 작업을 할 수 있다.

```
# 활용 라이브러리 (pandas)
import pandas as pd
```

데이터 불러오기

pd.read_csv(" 파일경로 ", 추가 옵션)
pd.read_excel(" 파일경로 ", 추가 옵션

순서	주요 옵션	내용	비고
1	sep	구분자	콤마: "," 탭: "₩t"
2	encoding	문자 -> bit 변환 방식	한글은 대부분 "ms949"
3	skiprows	무시할 행 개수	

* kopo_region_mst_hangul.csv 한글파일 불러오기

데이터 저장하기

pd.to_csv(" 저장경로 ", 추가 옵션)
pd.to_excel(" 저장경로", 추가 옵션)

순서	주요옵션	내용	비고
1	index	인덱스 컬럼 포함	일반적으로 False

[그림 3-27] 데이터 불러오기/저장하기

csv 파일 다루는 실습 코드는 다음과 같다.

```
# Pandas 라이브러리 불러오기
import pandas as pd --------------------------------------------------- ①
```

```
# CSV 파일을 읽어 Data Frame 변수에 저장하기
customerData = pd.read_csv("../dataset/customerdata.csv") --------------- ②

# 칼럼명 변경
customerData.columns = ["custid","avgprice","emi",\ --------------------- ③
                        "devicecount","productage","cstype"]

# CSV 파일로 저장
customerData.to_csv("../dataset/customerdata_out.csv", index=False) ----- ④
customerData.head() ----------------------------------------------------- ⑤
```

① pandas를 활용하기 위하여 라이브러리를 정의한 후 별칭을 pd로 정의하였다.

② 상대 경로를 활용하였으며 코드가 존재하는 폴더 기준 상위 폴더에서 dataset 폴더로 들어간 후 customerdata.csv 파일을 불러온다.

③ customerData의 칼럼을 재정의한다.

④ to_csv 함수를 활용하여 변경된 데이터를 csv 파일로 저장한다. 파이썬에서 기본적으로 생기는 인덱스 칼럼(좌측 번호컬럼)은 제거 후 저장한다.

⑤ 데이터프레임의 head 명령어를 사용하여 데이터의 상위 5줄을 표시한다.

excel 파일 실습 코드 csv 파일과 동일하기 때문에 별도 코드 설명은 생략한다.

```
# Pandas 라이브러리 불러오기
import pandas as pd

# CSV 파일을 읽어 Data Frame 변수에 저장하기
customerData = pd.read_excel("../dataset/customerdata.xlsx")

# 칼럼명 변경
customerData.columns = ["custid","avgprice","emi",\
                        "devicecount","productage","cstype"]
```

```
customerData.to_excel("../dataset/customerdata_out.xlsx", index=False)
customerData.head()
```

한글 문자열이 포함된 경우에는 일반적으로 MS 한글 인코딩 "ms949"를 활용하면 정상적으로 불러온다.

```
# Pandas 라이브러리 불러오기
import pandas as pd

# CSV 파일을 읽어올 때 encoding = "ms949" 옵션 정의
regionData = pd.read_csv("../dataset/kopo_region_mst_hangul.csv",
                         encoding="ms949")
regionData.head()
```

웹상에 존재하는 csv 또는 excel 데이터인 경우 파일 경로 대신 다운로드 URL 주소를 활용하면 데이터를 불러올 수 있다.

3.2 데이터베이스 데이터 수집 및 저장

파일 형식 외에 데이터베이스 시스템의 데이터 수집 및 저장하는 실습을 다룬다. 파이썬은 데이터 소스가 파일 형태이든 데이터베이스 시스템이든 파이썬의 데이터프레임 타입으로 변수에 저장한다. 상이한 데이터 소스를 동일한 타입의 변수로 변경한다. 스프레드시트의 데이터는 엑셀과 같은 편집기로 데이터베이스는 사용자 프로그램을 통해 수정 가능하지만 모두 다양한 소스 제어에는 불편한 작업이 필요하다. 파이썬은 그 불편한 작업을 편하게 불러와서 데이터 처리 작업을 수행할 수 있는 분석 언어인 것이다.

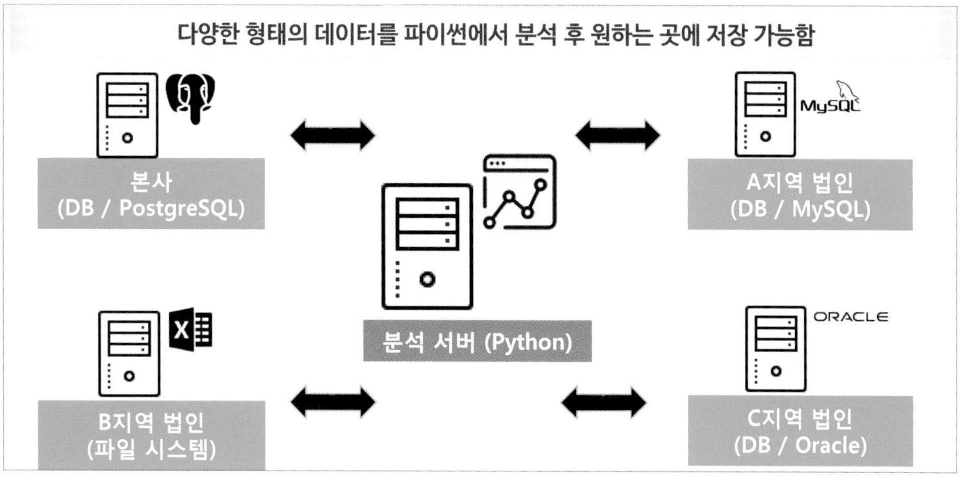

[그림 3-28] 파이썬 관점에서 바라본 데이터 소스

먼저 PC에 구축한 데이터베이스 정보를 확인한다. 분석가가 되면 다음 그림과 같은 목록을 받게 될 것이다. 개발자가 사용할 수 있는 모든 데이터 서버의 목록이다. (mariadb는 예시임)

순번	서버	서버종류	서버주소	포트번호	데이터베이스명	ID	PW
1	로컬 서버	postgreSQL	127.0.0.1	5432	postgres	postgres	postgres
2	로컬 서버	mariadb	127.0.0.1	3306	mysql	root	mariadb

127.0.0.1은 자신의 PC IP를 뜻함

[그림 3-29] 파이썬 관점에서 바라본 데이터 소스

실습할 데이터에 대해서 살펴보겠다. 지역/상품 연주차별 과거 판매 실적 정보이다. 과거 판매 실적 정보는 미래 판매량을 예측할 수 있는 가장 기본이 되는 정보이다.

지역/상품 연주차별 판매실적

	regionid	productgroup	yearweek	volume
0	A01	ST0001	201415	810144
1	A01	ST0002	201415	128999
2	A01	ST0001	201418	671464
3	A01	ST0002	201418	134467
4	A01	ST0001	201413	470040

Column Name	Column Type	Column description	키	길이	NULL 허용	비고
regionid	문자	지역정보	1		N	미국, 호주 등
productgroup	문자	상품군 정보	1		N	노트북, 펜 등
yearweek	문자	연주차 정보	1		N	2020년 42주차-〉 202042
volume	숫자	판매량 정보				판매량

[그림 3-30] 판매 실적 데이터 설명

먼저 파일 형태의 데이터를 다룰 수 있는 pandas 라이브러리, postgreSQL 접속을 위한 psycopg2 라이브러리, 데이터베이스 엔진 생성을 위한 sqlalchemy 라이브러리를 사용한다. 조직에 필요한 데이터를 저장 및 관리할 수 있다. 데이터베이스 접속 엔진 생성 후 pandas에서 제공하는 read_sql_query 함수를 사용하여 데이터를 불러올 수 있다. 데이터 저장 시 to_sql 함수를 사용하여 데이터베이스에 저장한다.

```
import pandas as pd                     # 활용 라이브러리 (pandas)
import psycopg2                         # PostgreSQL 접속을 위한 라이브러리
from sqlalchemy import create_engine    # 데이터 베이스 엔진 생성

engine = create_engine("postgresql://postgres:postgres@127.0.0.1:5432/postgres")
```

데이터 불러오기

pd.read_sql_query("조회쿼리", engine)

순서	주요 옵션	내용	비고
1	engine	DB 접속 엔진	create_engine 선언

데이터 저장하기

to_sql(name="테이블명")

순서	주요옵션	내용	비고
1	name	테이블 명	
2	con	engine	
3	if_exist	테이블 존재 시 처리	fail, replace, append
4	index	인덱스 컬럼	제거 시 False

[그림 3-31] 판매 실적 데이터 설명

csv 데이터를 불러와서 postgreSQL 접속 엔진을 생성한 후 데이터를 먼저 저장한다.

```
import psycopg2 ------------------------------------------------------------ ①
import pandas as pd
from sqlalchemy import create_engine

# csv 데이터 로딩 후 칼럼 소문자로 변환
selloutData = pd.read_csv("../dataset/kopo_product_volume.csv") -------- ②
selloutData.columns = ["regionid","productgroup","yearweek","volume"]

selloutData.head()

# 엔진 생성 ------------------------------------------------------------ ③
engine = create_engine('postgresql://postgres:postgres@127.0.0.1:5432/postgres')

# 데이터 저장 ---------------------------------------------------------- ④
resultname='kopo_product_volume'
selloutData.to_sql(name=resultname, con=engine, if_exists='replace')
```

① 라이브러리 선언 시 pandas 외에 postgreSQL 데이터베이스 연동 라이브러리인 psycopg2와 데이터베이스 접속을 위한 sqlAlchemy 설치가 필요하다. 명령 프롬프트에서 pip install psycopg2 실행 후 pip install sqlAlchemy를 설치한다. 이후 psycopg2 라이브러리를 불러오고 sqlAlchemy 라이브러리 하위에 포함된 create_engine을 선언한다. 라이브러리 내부 함수를 호출하기 위해서는 from 메인 라이브러리명 import 내부 라이브러리로 선언 가능하다.

② Pandas를 활용하여 판매 실적 데이터를 불러온 후 칼럼명을 소문자로 변경한다.

③ 데이터베이스 엔진을 생성한 후

④ 데이터를 저장한다.

데이터베이스에 저장한 후 read_sql_query 함수를 사용하여 데이터를 불러온다.

```
indata = pd.read_sql_query("select * from kopo_product_volume", engine) --- ①
engine.dispose() --------------------------------------------------------- ②
indata.head()
```

① 저장한 데이터를 다시 불러온다.

② postgresql 연결 상태를 해제한다.

```
indata = pd.read_sql_query("select * from kopo_product_volume", engine)
indata.head()
```

	regionid	productgroup	yearweek	volume
0	A01	ST0001	201415	810144
1	A01	ST0002	201415	128999
2	A01	ST0001	201418	671464
3	A01	ST0002	201418	134467
4	A01	ST0001	201413	470040

[그림 3-32] 데이터베이스 내 저장한 데이터 불러오기

기억합시다

대단원	소단원	핵심 포인트
데이터베이스의 이해	데이터베이스 이해	데이터베이스의 개념 이해
	데이터베이스 개발환경 구축	개인 PC 내 데이터베이스 시스템 및 사용자 소프트웨어 설치 방법 이해
	데이터 수집 및 저장	파일 및 데이터베이스 데이터 수집 및 저장 방법 이해

단원 정리 문제

01. 조직에 필요한 데이터 저장소인 데이터베이스의 특징이 아닌 것은?

① 팀원 간 실시간 데이터 접근성이 뛰어나다.

② 팀원 간 데이터를 동시에 공유할 수 있다.

③ 자신의 PC에 파일로 관리하여 자신만이 알 수 있다.

④ 계속적인 자료 변화에 대해서 관리가 가능하다.

⑤ 데이터베이스의 상태는 동적으로 항상 최신 데이터를 유지한다.

02. 데이터베이스와 대화하기 위한 언어(표준 질의어)를 무엇이라고 하나요?

① Java 프로그래밍
② 파이썬 프로그래밍
③ SQL(Structured Query Language)
④ C 프로그래밍
⑤ Jupyter lab

03. customerdata.csv 파일을 파이썬에서 불러온 후 데이터베이스(postgreSQL) 내 테이블명을 customerdata로 저장 후 파이썬에서 데이터베이스(postgreSQL) 내 customerdata 자료를 불러와서 변수에 저장하는 로직을 작성하시오.

PART IV

외부 연동 데이터 수집

단원 개요

[단원명]

외부 연동 데이터 수집

[단원 소개]

- 데이터 분석 시 회사 내부에서 접근할 수 있는데이터 (파일, 데이터베이스) 만으로는 한계가 있다. 외부에서 활용 가능한 포털 내 데이터 나 공개된 데이터를 수집하는 방법을 익히고 다양한 각도로 분석모델을 만들어가는 방법을 학습한다.

[교육 대상]

- 데이터 분석가 / 인공지능 전문가
- 데이터 엔지니어

내용	학습 내용
웹 크롤링 활용 데이터 수집	- 외부 데이터 수집의 필요성을 이해한다. - 웹 포털 내 존재하는 데이터 수집 방법을 실습한다. - 브라우저 자동화 라이브러리를 활용한 데이터 수집 자동화 방법을 실습한다.
공공데이터 포털 데이터 수집	- 공공데이터 포털을 이해한다. - 공개된 파일 형태의 자료 수집 방법을 실습한다. - API 형태로 공개한 JSON 포맷 데이터 수집 방법을 실습한다. - API 형태로 공개한 XML 포맷 데이터 수집 방법을 실습한다.

BIGDATA & Artificial Intelligence

01 웹 크롤링 활용 데이터 수집

학습 내용

1. 외부 데이터 수집의 필요성을 이해한다.
2. 웹 포털 내 존재하는 데이터 수집 방법을 실습한다.
3. 브라우저 자동화 라이브러리를 활용한 데이터 수집 자동화 방법을 실습한다.

기업에서는 새로운 가치를 얻기 위해 활용 가능한 데이터 목록을 정리한다. 일반적으로 사내 시스템을 통해 접근 가능하거나 파일로 정리되어 있는 회사 내부에서 구할수 있는 데이터를 내부 데이터라고 한다. 회사에서는 내부 데이터를 활용하여 회사 내 판매하는 제품의 수요 예측과 같은 분석모델을 만들고 실행주기를 설정하여(예: 매주 월요일 오전 6시 실행) 자동으로 미래 수요정보가 화면에 시현되도록 시스템화한다. 이후 시각화 솔루션 등과 연계하여 분석 결과를 화면에 표시하여 이해 당사자들 간 정보를 공유한다.

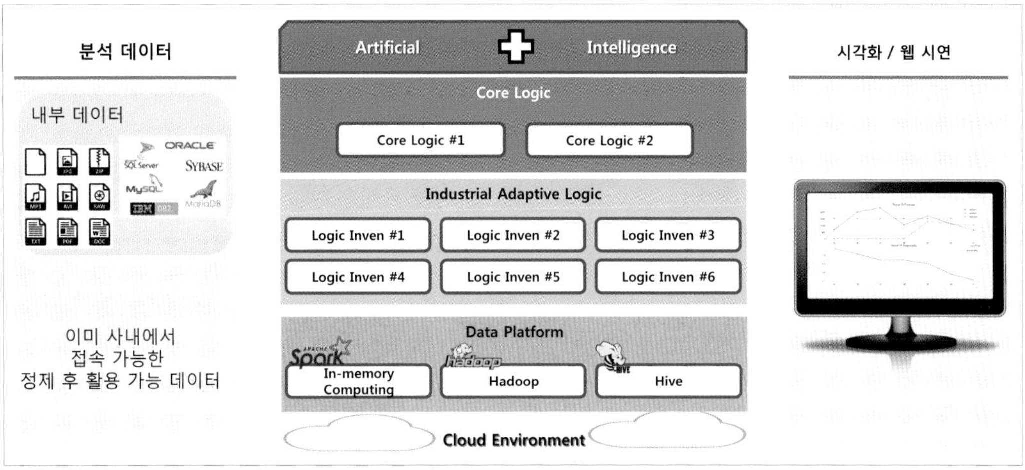

[그림 4-1] 데이터 분석 과정

하지만 내부 데이터만 활용하여 분석 시 분석모델 고도화에 한계가 있다는 것을 느끼게 된다. 필요 데이터가 내부에서 접근 가능하면 좋겠지만 그렇지 않은 경우에는 별도 수집 시스템을 수개월간 구축한 다음 추가 데이터를 적용하여 모델 고도화를 진행할 수 있다. 결국 분석모델 자체의 알고리즘 고도화는 가능하지만 새로운 데이터를 반영하기는 쉽지 않고, 양질의 새로운 데이터를 찾는 것도 쉽지 않다는 것을 경험하게 된다. 잘 정리된 새로운 데이터를 찾다 보면 특정 기업을 통해 비용을 지급하고 데이터를 구매할 수 도 있고, 웹상에 잘 정리된 데이터를 직접 수집하여 활용해야한다는 점을 알게 된다. 특히 최근에는 정부 주도하에 공공데이터 포털 등에서 양질의 데이터를 쉽게 구할 수도 있다.

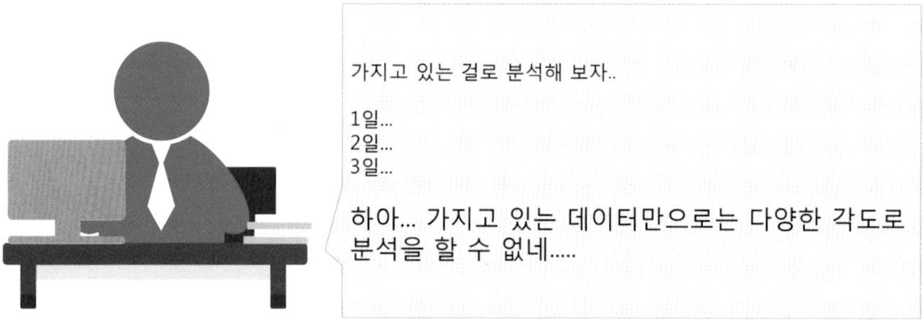

[그림 4-2] 내부 데이터만 활용한 분석 과정 한계

외부 데이터(공공데이터 포털, 웹 포털 등)는 회사 내에서 구하지 못하는 데이터를 뜻한다.

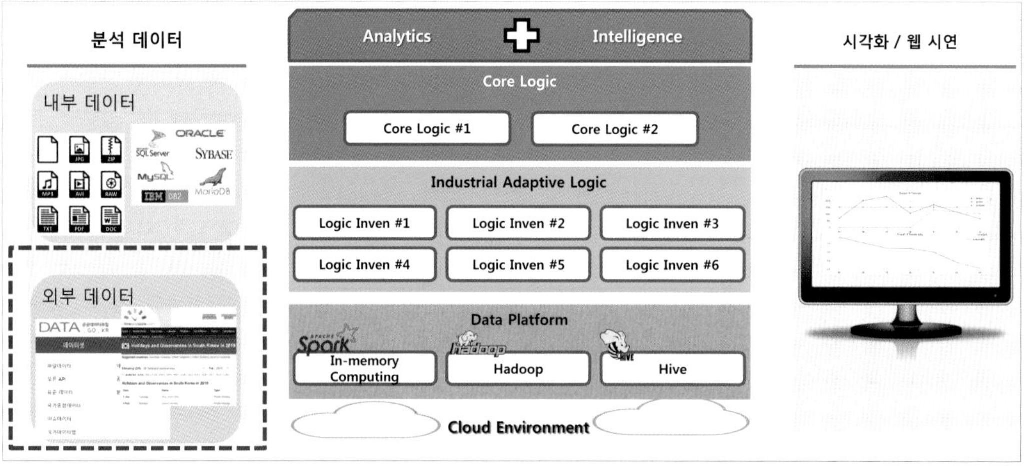

[그림 4-3] 내/외부 데이터 활용 구성도

분석가는 더 이상 "데이터가 없어 분석할 수 없습니다."라고 말하기 힘든 세상이 된 것이다. 당연히 시스템적으로 구축하여 풀어야 하는 문제는 당연히 있다. 하지만 시스템적으로 풀어내야 하는 문제는 시간이 걸려 해결하고, 외부 데이터 탐색을 통해 필요한 데이터가 있는지 탐색하는 작업도 병행해야 신속하게 문제를 해결할 수 있다.

[그림 4-4] 다양한 데이터 활용 방법

1.1 BeautifulSoup 및 웹페이지 이해

인터넷상의 페이지(문서, HTML 등)를 수집해서 분류하고 저장한 후 나중에 쉽게 찾아볼 수 있도록 하는 역할을 크롤링(Crawling)이라고 한다. 크롤링하는 프로그램을 크롤러(Crawler)라고 한다. 크롤링을 하기 위해서 파이썬 언어에는 BeautifulSoup 라이브러리를 통해 필요한 태그 정보를 추출할 수 있다.

BeautifulSoup 라이브러리는 파이썬 라이브러리 관리 사이트인 www.pypi.org(Python Package Index)에 접속하여 검색하면 간단한 개요 내용을 확인할 수 있다. 웹 페이지에 많이 활용되는 HTML, XML 등의 데이터 형태를 추출할 수 있는 중요한 라이브러리이다.

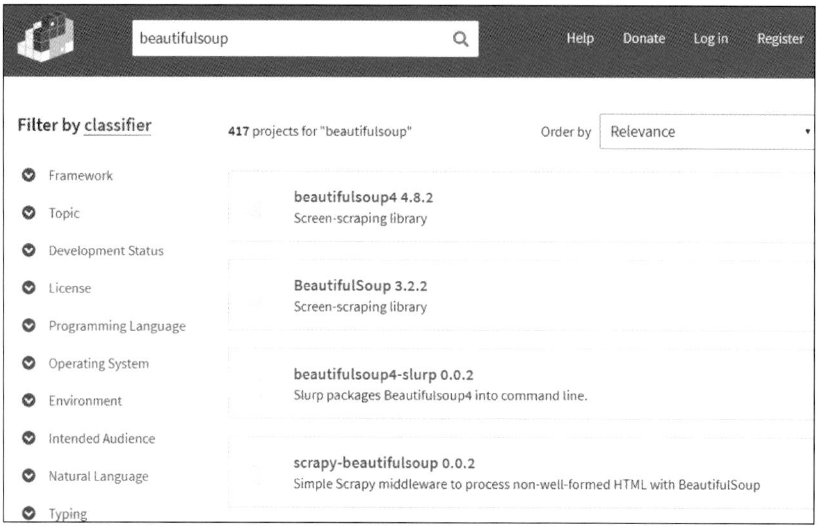

[그림 4-5] **파이썬 라이브러리 관리 사이트 예시**

먼저 웹 페이지의 문서 구조인 DOM(Document Object Model)을 이해한다. 예제 실습을 위해 www.sparkkorea.com/퀴즈 사이트를 접속한다. 화면 보이는 Spark 퀴즈 하단의 퀴즈 정보 타이틀과 링크 정보를 파이썬을 활용하여 수집하는 실습을 진행한다.

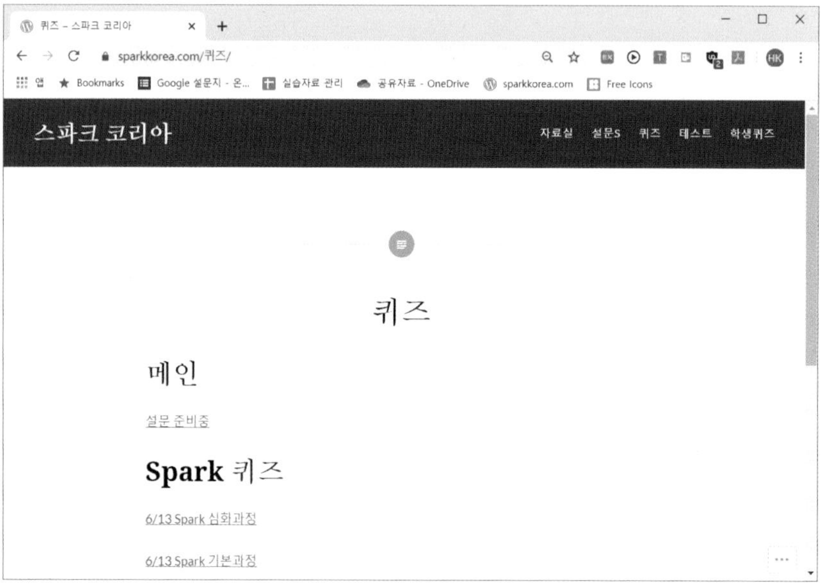

[그림 4-6] **크롤링 대상 실습 페이지**

데이터를 수집하려면 실제 웹페이지의 소스코드를 확인해야 한다. (크롬기준) 브라우저를 연 상태에서 F12 버튼을 누르면 [그림 4-7]과 같이 개발자 화면이 표시된다. 개발자 화면 탭 메뉴 중 Source를 누르고 페이지 트리에서 메인 페이지(index)를 선택하면 웹페이지 소스코드가 표시된다. 결국 페이지 내 수집하고자 하는 퀴즈 타이틀 정보와 링크 정보는 소스코드 내에서 확인이 가능하다. 그럼 소스코드가 어떤 구조로 이루어져 있는지 알아보겠다. 우리가 사용하는 웹브라우저는 소프트웨어로 사용자가 요청한 주소를 받아와서 표시해 준다. 일반적으로 HTML(Hyper Text Mark Language) 파일을 받아와 보여 준다.

브라우저는 사용자가 요청하여 받아온 HTML 파일을 추출하여 DOM(Document Object Model) 트리를 그리고, CSS(Cascading Style Sheets) 파일을 추출하여 이를 결합한 후 화면으로 그려 주게 된다. DOM(Document Object Model)은 HTML, XML 문서의 프로그래밍 인터페이스이다. 특정 웹페이지에 들어가기 위에서는 'www.sparkkorea.com/퀴즈'라는 HTTP URL을 브라우저 주소 입력창에 입력하여 접속한다. 네트워크상의 URL로 페이지를 띄우기 위한 요청을 보내면 해당 주소에서는 필요한 파일들을 브라우저에게 넘겨주고, 그 파일들이 HTML, CSS, JS이다. 이게 렌더링 작업을 거쳐 화면에 표시되게 된다. 그럼 HTML은 웹페이지를 위한 언어로, 특정 영역이 어떤 성질을 갖는지 미리 정해진 규칙에 따라 구조화된 요소들로 이루어진 마크업 언어이다. 마크업 언어는 태그(<>)를 이용하여 데이터 구조를 명명하는 언어이므로, 태그 안에 담기는 요소들에 따라 영역의 성질이 달라지고 각 영역들이 모여 구조화된 문서를 만든다. HTML 요소들은 W3C라는 웹 표준 기구에서 정한 가이드라인을 기반으로 구성되어 있어 서로 다른 브라우저에서는 표준에 맞게 해석하여 동일한 페이지를 화면에 보여 준다. 추출된 HTML 언어는 트리 구조를 갖는 객체로 표현되는데, 이를 DOM(Document Object Model)이라고 한다. DOM은 문서에 접근할 수 있는 API(Application Programming Interface)로 노드, 속성 및 메서드를 갖는 객체로 이루어져 스크립트나 CSS와 같은 언어들이 DOM 구조에 접근 가능하다.

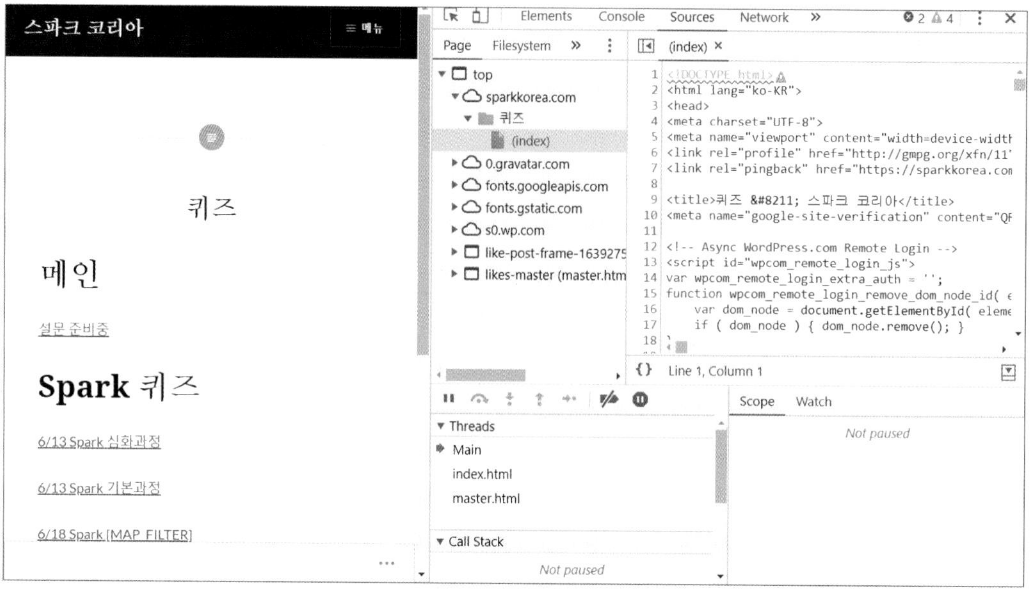

[그림 4-7] 웹 크롤링 실습 페이지 소스코드

소스코드를 보면 매우 긴 코드를 갖지만 크게 보면 다음 그림과 같이 HTML 태그 안에 head로 시작하여 head로 끝나는 부분에 페이지 제목 및 필요한 정보를 등록하는 head 태그가 존재하고 body 태그 안에는 웹페이지의 내용이 들어가 있다.

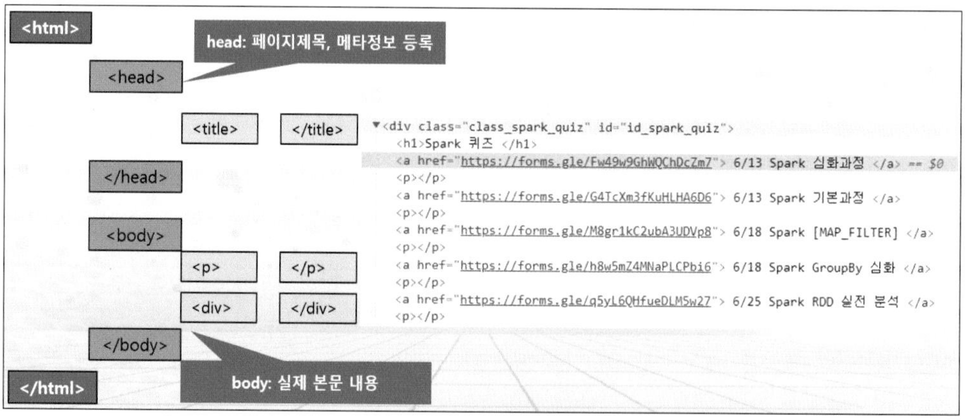

[그림 4-8] DOM 트리 구조

1.2 라이브러리 선언 및 HTML 소스 불러오기

웹페이지를 어느 정도 이해했다면 파이썬을 활용해서 소스코드를 불러오도록 한다. 먼저 파이썬에서 HTTP(Hypertext Transfer Protocol) 요청을 보내는 requests 라이브러리를 활용하여 소스코드를 가져오고, bs4(BeautifulSoup) 라이브러리를 활용하여 HTML을 추출한다. 실습을 통해 알아보자.

```
import requests, bs4 ------------------------------------------ ①
import pandas as pd

#웹페이지 html 소스 가져오기
resp = requests.get("https://sparkkorea.com/퀴즈/") ---------- ②
resp.encoding='utf-8'
html = resp.text
bs = bs4.BeautifulSoup(html, 'html.parser') ------------------ ③
bs
```

① 필요한 라이브러리(requests, bs4, pandas)를 선언한다.

② 크롤링 대상 웹페이지 소스코드를 가져와서 html 변수에 저장한다. 인코딩을 선언한 이유는 한글 깨짐을 방지하기 위하여 한글 인코딩(utf-8) 방식을 사용해서 코드를 읽어온다.

③ 소스코드를 BeautifulSoup의 html.parser 추출 방식을 사용하여 [그림 4-9]와 같이 아름답게 테그 정보를 불러온다.

```
import requests, bs4
import pandas as pd

#웹페이지 html 소스 가져오기
resp = requests.get("https://sparkkorea.com/퀴즈/")
resp.encoding='utf-8'
html = resp.text

bs = bs4.BeautifulSoup(html, 'html.parser')
bs
```

```
<!DOCTYPE html>

<html lang="ko-KR">
<head>
<meta charset="utf-8"/>
<meta content="width=device-width, initial-scale=1" name="viewport"/>
<link href="http://gmpg.org/xfn/11" rel="profile"/>
<link href="https://sparkkorea.com/xmlrpc.php" rel="pingback"/>
<title>퀴즈 - 스파크 코리아</title>
```

[그림 4-9] 웹페이지 크롤링 결과

파이썬의 requests, bs4 라이브러리를 사용하면 코드 몇 줄만으로 페이지 소스코드를 불러오는 게 가능하다. 다만 requests를 통해 받은 resp 변수에는 웹페이지가 정상적으로 접속이 된다면 200 코드를, 비정상 상황에는 404 등의 에러 메시지 코드를 담게 된다. 따라서 실제 구현 시에는 정상 코드를 받았을 경우에만 크롤링 작업을 하고 서버 다운 등의 이유로 페이지를 찾을 수 없는 경우에는 exception 처리를 진행해야 한다.

1.3 태그 정보 수집하기

소스코드를 불러온 후 코드 내 수집대상 정보가 어느 태그 안에 있는지 먼저 탐색해야 한다. 스파크 퀴즈 정보를 가져 오려면 "class_spark_quiz" 이름의 단락을 의미하는 〈div〉 태그를 먼저 찾아야 한다. 이후 단락 내부에 제목을 뜻하는 〈h1〉 태그와 다수의 〈a〉 태그로 퀴즈 링크 및 퀴즈명 정보가 존재한다는 것을 분석해야 한다. 하지만 소스코드가 너무 길면 내가 원하는 정보를 찾는데 시간이 오래 걸린다. 당연히 쉽게 찾는 방법이 있다. 크롬 브라우저 기준 웹 브라우저를 열고 찾고 싶은 부분(예: 6/13 Spark 심화과정)을 마우스로 우클릭 후 팝업되는 메뉴에서 검사를 실행하면 [그림 4-10]과 같이 자동으로 개발자 화면(F12)이 열리면서 검사를 요청했던 부분의 소스코드로 이동한다.

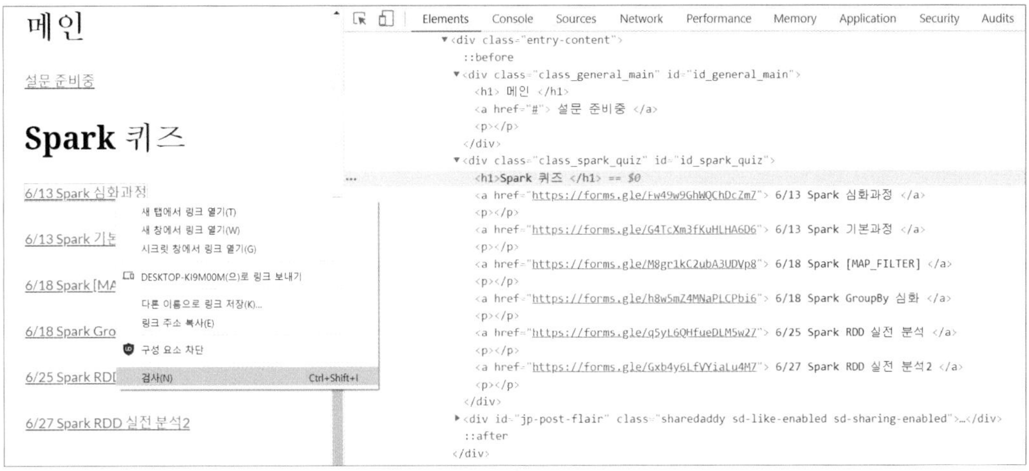

[그림 4-10] **소스코드 탐색**

1.3.1 태그명으로 소스 수집하기

BeautifulSoup로 추출한 태그 정보에서 찾고 싶은 태그 이름으로 원하는 코드만 탐색 가능하다. find 와 findAll 명령어를 사용하면 전체 소스코드가 아닌 특정 소스코드만 선택하여 자신이 원하는 정보에 쉽게 접근할 수 있다.

[표 4-1] 태그 정보 탐색 함수

순서	함수 유형	설명	예시
1	find(name = "태그명")	html 소스에서 처음 탐색한 태그명 정보를 저장한다.	bs = bs4.BeautifulSoup(html,"html.parser") bs.find(name = "a")
2	findAll(name = "태그명")	html 소스에서 모든 탐색한 태그명 정보를 리스트로 저장한다. (단, limit 옵션으로 선택 가능)	bs = bs4.BeautifulSoup(html,"html.parser") bs.findAll(name = "a", limit = 2)

소스코드를 담은 변수에 find 명령어를 사용하여 a 태그를 찾는 실습을 진행한다.

```
# 코드 내 a 태그 1개만 탐색
bs = bs4.BeautifulSoup(html,"html.parser")
aTag = bs.find(name = "a")
print(aTag)
print( type(aTag) )

# 코드 내 a 태그 상단 2개만 탐색
aTags = bs.findAll(name = "a", limit = 2)
print(aTags)
print( type(aTags) )
```

① a 태그는 href 속성에 링크를 꼭 선언해야 하는 하이퍼링크 태그이다. 소스코드 내에 많은 a 태그가 존재해도 첫 번째 하나만 탐색하여 aTag 변수에 저장한다.

② 전체 코드 내에서 findAll 함수를 사용하여 a 태그를 전부 찾는다. 단, limit 파라미터를 사용하여 상단 2개만 aTags 변수에 저장한다. 실행 결과는 [그림 4-11]과 같다.

```
# 코드 내 a 태그 1개만 탐색
bs = bs4.BeautifulSoup(html,"html.parser")
aTag = bs.find(name = "a")
print(aTag)
print( type(aTag) )
# 코드 내 a 태그 탐색, 상단 2개만
aTags = bs.findAll(name = "a", limit = 2)
print(aTags)
print( type(aTags) )
```

```
<a class="skip-link screen-reader-text" href="#content">컨텐츠로 건너뛰기</a>
<class 'bs4.element.Tag'>
[<a class="skip-link screen-reader-text" href="#content">컨텐츠로 건너뛰기</a>, <a href="http
s://sparkkorea.com/" rel="home">
                              스파크 코리아                              </a>]
<class 'bs4.element.ResultSet'>
```

[그림 4-11] 태그명으로 소스 탐색 결과

aTag 변수에서 텍스트를 추출하고 싶은 경우에는 aTag.text로 태그 내 텍스트를 추출할 수 있으며 태그 이름은 aTag.name으로 확인 가능하다. aTags 변수는 a 태그 집단을 탐색했기 때문에 여러 개의 값을 리스트에 저장했다고 보면 된다. 따라서 [그림 4-12]와 같이 인덱스로 접근하여 태그 내 정보를 추출할 수 있다. 태그명으로 원하는 소스에 접근하는 방법은 find 외에 select 등 다른 방법도 있지만 가장 접근하는 방법이 클리어하고 쉽기 때문에 find를 많은 개발자들이 사용한다.

```
print(aTag.text)
print(aTag.name)

print(aTags[0].text)
print(aTags[1].text)
```

```
컨텐츠로 건너뛰기
a
컨텐츠로 건너뛰기

                              스파크 코리아
```

[그림 4-12] find 와 findAll 차이

1.3.2 태그 속성 정보로 소스 수집하기

다음은 탐색하고자 하는 범위를 더욱 세밀하게 찾는 방법을 알아본다. 단순하게 태그명으로 찾는 게 아니라 태그 내 속성 정보를 활용하면 찾는 범위를 명확하게 할 수 있다. 보통 find 명령어와 같이 많이 사용하는데 특정 태그 내 수집하고자 하는 정보가 담겨 있다면 태그의 속성 정보를 활용하여 타게팅한 정보만 찾는 방법이다. 단락을 구분하는 〈div〉 태그는 딕셔너리(속성명=키, 속성값=값) 형태로 접근하여 탐색이 가능하다.

태그를 보면서 이해하자. 소스코드 내 단락을 구분하는 〈div〉 태그는 여러 개가 있다. 하지만 spark 퀴즈 정보를 저장하고 있는 〈div〉 태그를 자세히 보면 유니크한 속성 정보를 저장하고 있다는 것을 알아챌 수 있다. [그림 4-13] 태그를 보면 div 태그에 class 속성값은 class_spark_quiz, id 속성값은 id_spark_quiz로 정의되어 있다. 결국 목표가 spark 퀴즈 정보 내 타이틀과 링크 정보를 수집하는 것이기 때문에 다른 단락은 중요하지 않고 속성값을 활용해서 정확한 정보가 속하는 단락만 찾을 수 있어야 한다.

```
▼<div class="class_spark_quiz" id="id_spark_quiz">
   <h1>Spark 퀴즈 </h1>
   <a href="https://forms.gle/Fw49w9GhWQChDcZm7"> 6/13 Spark 심화과정 </a>
   <p></p>
   <a href="https://forms.gle/G4TcXm3fKuHLHA6D6"> 6/13 Spark 기본과정 </a>
   <p></p>
   <a href="https://forms.gle/M8gr1kC2ubA3UDVp8"> 6/18 Spark [MAP_FILTER] </a>
   <p></p>
   <a href="https://forms.gle/h8w5mZ4MNaPLCPbi6"> 6/18 Spark GroupBy 심화 </a>
   <p></p>
   <a href="https://forms.gle/q5yL6QHfueDLM5w27"> 6/25 Spark RDD 실전 분석 </a>
   <p></p>
   <a href="https://forms.gle/Gxb4y6LfVYiaLu4M7"> 6/27 Spark RDD 실전 분석2 </a>
   <p></p>
 </div>
```

[그림 4-13] 속성 태그의 이해

[표 4-2] 태그 속성 정보 활용 탐색

순서	함수 유형	설명	예시
1	find(name = "태그명", attrs = {})	속성 정보가 key, value 형태로 맵핑되는 태그를 탐색한다.	bs = bs4.BeautifulSoup(html,"html.parser") # ID 속성으로 태그 탐색 bs.find(name = "div", attrs = {"id": "id_spark_quiz"})

실습을 통해 확인한다.

```
bs = bs4.BeautifulSoup(html,"html.parser")
# ID 속성으로 태그 탐색
spQuizTag = bs.find(name = "div", ------------------------ ①
                    attrs = {"id":"id_spark_quiz"} )
spQuizTag
```

① 소스 내 다수의 〈div〉 태그 중 find 함수 내 attrs 파라미터를 사용하여 id가 "id_spark_quiz"인 정보를 탐색한다.

실행 결과는 [그림 4-14]와 같다.

```
# ID 속성으로 태그 탐색
spQuizTag = bs.find(name = "div",
        attrs = {"id":"id_spark_quiz"} )
spQuizTag

<div class="class_spark_quiz" id="id_spark_quiz">
<h1>Spark 퀴즈 </h1>
<a href="https://forms.gle/Fw49w9GhWQChDcZm7"> 6/13 Spark 심회과정 </a>
<p></p>
<a href="https://forms.gle/G4TcXm3fKuHLHA6D6"> 6/13 Spark 기본과정 </a>
<p></p>
<a href="https://forms.gle/M8gr1kC2ubA3UDVp8"> 6/18 Spark [MAP_FILTER] </a>
<p></p>
<a href="https://forms.gle/h8w5mZ4MNaPLCPbi6"> 6/18 Spark GroupBy 심화 </a>
<p></p>
<a href="https://forms.gle/q5yL6QHfueDLM5w27"> 6/25 Spark RDD 실전 분석 </a>
<p></p>
<a href="https://forms.gle/Gxb4y6LfVYiaLu4M7"> 6/27 Spark RDD 실전 분석2 </a>
<p></p>
</div>
```

[그림 4-14] 속성으로 태그 탐색한 결과

1.3.3 태그 내 부분 태그 소스 수집하기

특정 속성으로 찾고자 하는 범위를 좁혔다면 이어서 또 find 명령어를 사용하여 범위를 좁힐 수 있다. 속성으로 원하는 〈div〉 태그를 찾았지만 아직 내부에는 〈h1〉, 〈a〉 및 〈p〉 태그 등 다양하게 존재한다. 하지만 중요한 점은 전부 태그 정보를 추출한 결과이기 때문에 이어서 find 또는 findAll 명령어를 사용할 수 있다는 점이다. 단 주의할 점은 findAll로 검색을 먼저 했다면 리스트 형태로 코드가 담겼기 때문에 인덱스를 사용해야만 find 또는 findAll 명령어를 사용할 수 있다.

div 태그 내에서 링크 정보가 담긴 a 태그를 찾는 실습을 진행한다.

```
# html 부분 구조 가져오기
spQuizTagLink = spQuizTag.find(name = "a") --------------- ①
spQuizTagLink
```

① "id_spark_quiz"로 스파크 퀴즈 단락만 탐색한 결과에서 추가로 〈a〉 태그를 탐색한다. find 함수를 사용하였기 때문에 링크 정보들 중 제일 상단에 있는 〈a〉 태그 정보를 탐색했다. [그림 4-15] 결과와 같이 〈a〉 태그 내에는 href 속성에 링크 정보가 값으로 담겨 있고, 텍스트 정보로 "6/13 Spark 심화 과정"이 담겨 있다.

```
# html 부분 구조 가져오기
spQuizTagLink = spQuizTag.find(name = "a")
spQuizTagLink

<a href="https://forms.gle/Fw49w9GhWQChDcZm7"> 6/13 Spark 심화과정 </a>
```

[그림 4-15] 속성으로 태그 탐색한 결과

1.3.4 태그 내 속성 정보 수집하기

지금까지 태그를 탐색하고 간단한 태그명과 텍스트를 수집하는 것을 학습했다. 이젠 태그 내 속성 정보를 수집하는 방법을 다루어 보도록 한다. 우리가 수집하려는 링크 정보가 href 속성값으로 담겨 있기 때문이다. 태그 내 속성값은 태그 내 attrs 인스턴스로 접근 가능하다.

[표 4-3] **태그 내 속성 정보 접근 방법**

순서	함수 유형	설명	예시
1	태그.attrs["속성 정보"]	태그 내 속성 정보를 리턴한다.	linkAttrs = spQuizTag.find(name = "a").attrs["href"]

실습 코드를 살펴보자.

```
# html 부분 구조 가져오기
spQuizTagLink = spQuizTag.find(name = "a")
spQuizTagLink
# 링크 속성 정보 가져오기
linkAttrs = spQuizTagLink.attrs['href'] --------------- ①
linkText = spQuizTagLink.text
linkTag = spQuizTagLink.name
print(linkAttrs, linkText, linkTag)
```

① id_spark_quiz 단락에서 첫 번째 a 링크를 변수에 저장한 후, 〈a〉 링크 내 href 속성값을 linkAttrs 변수에 저장한다. 이어서 태그 내 텍스트 정보를 linkText 변수에 저장한다.

실행 결과는 [그림 4-16]과 같다. 이미 spark 퀴즈의 제목과 링크 정보를 탐색할 수 있는 기본기는 배웠다. 조금만 응용하면 〈div〉 태그를 id가 "id_spark_quiz"인 태그만 검색한 후 findAll 함수로 〈a〉 태그를 전부 리스트에 저장하고 하나씩 인덱스로 접근하면서 타이틀 정보와 링크 정보를 수집할 수 있다. 다만 퀴즈 문제가 6개라고 [0]~[5] 인덱스로 하나씩 추출하는 게 아니고 학습한 반복문을 사용한다면 스파크 퀴즈의 제목과 링크 정보 모두 수집 가능하다.

```
# html 부분 구조 가져오기
spQuizTagLink = spQuizTag.find(name = "a")
spQuizTagLink
# 링크 속성정보 가져오기
linkAttrs = spQuizTagLink.attrs['href']
linkText = spQuizTagLink.text
linkTag = spQuizTagLink.name
print(linkAttrs, linkText, linkTag)
```

```
https://forms.gle/Fw49w9GhWQChDcZm7  6/13 Spark 심화과정  a
```

[그림 4-16] 태그 속성 정보 수집 결과

퀴즈 제목과 링크 정보를 모두 수집하기 위한 코드 예시는 다음과 같다.

```
# html 부분 구조 가져오기
spQuizTagLinks = spQuizTag.findAll(name = "a") --------------- ①
spQuizTagLinks

titleList = [] -------------------------------------------- ②
linkList = []
# 첫 번째 a 태그 정보 수집
titleList.append ( spQuizTagLinks[0].text ) ----------------- ③
linkList.append ( spQuizTagLinks[0].attrs["href"] )
# 두 번째 a 태그 정보 수집
titleList.append ( spQuizTagLinks[1].text )
linkList.append ( spQuizTagLinks[1].attrs["href"] )
# 마지막 퀴즈 a 태그까지 반복:  len(spQuzTagLinks)
```

① findAll 함수를 활용하였기 때문에 모든 하이퍼링크 태그를 리스트 형태로 저장한다.

② 링크와 제목을 저장할 리스트를 선언한다.

③ 탐색한 a 링크 정보들을 하나씩 인덱스로 접근하면서 제목 정보와 링크 정보를 titleList, linkList에 각각 저장한다.

여기서 ③번 항목을 학습한 반복문으로 변경하여 코드를 작성하여 리스트에 저장한 후 pd.DataFrame(zip(titleList, linkList), columns = ["제목", "링크"])로 데이터프레임으로 생성 가능하다.

1.4 테이블 정보 수집하기

웹페이지 내에는 많은 정보를 저장하고 있다. 하지만 잘 정리된 데이터는 대다수가 테이블 형태로 저장되어 있다. 많이 접하게 되는 게시판도 결국 게시물 번호, 글 제목, 작성자와 같은 테이블 컬럼 정보가 있고 하단에 데이터들이 표시된다. 테이블 정보를 수집하는 전략을 실습을 통해서 알아보겠다. 먼저 웹페이지 내 테이블 정보를 수집하기 위해서는 테이블 태그 트리를 이해해야 한다. 실습 페이지(www.sparkkorea.com/테스트)를 접속하여 [그림 4-17] 테스트 테이블을 먼저 확인한다.

학번	이름
101	김효관
102	이순신
103	김어진

[그림 4-17] 크롤링 대상 테이블

테이블 소스코드를 확인하기 위해 테이블 위에서 마우스 우클릭 후 검사 메뉴를 실행하면 자동으로 개발자 화면으로 이동하고 테이블 소스 코드를 보여 준다.

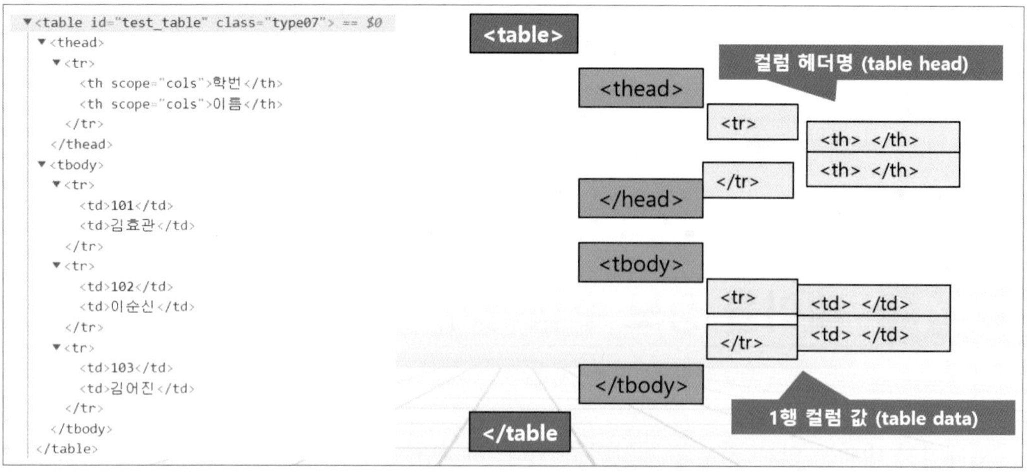

[그림 4-18] **테이블 태그 구조 이해**

테이블 태그의 소스코드를 확인해 보면 테이블의 시작과 끝을 명시하는 〈table〉 태그가 있고 테이블 컬럼 정보를 정의하는 〈thead〉와 테이블 데이터값을 저장하고 있는 〈tbody〉가 있다. 각 행마다 테이블 행을 뜻하는 〈tr〉 태그가 존재하고 〈tr〉 태그 내에는 각 컬럼별 정보를 〈td〉 태그 안에 저장하고 있다. 테이블 정보 수집은 [그림 4-19]와 같이 전략적으로 접근해야한다.

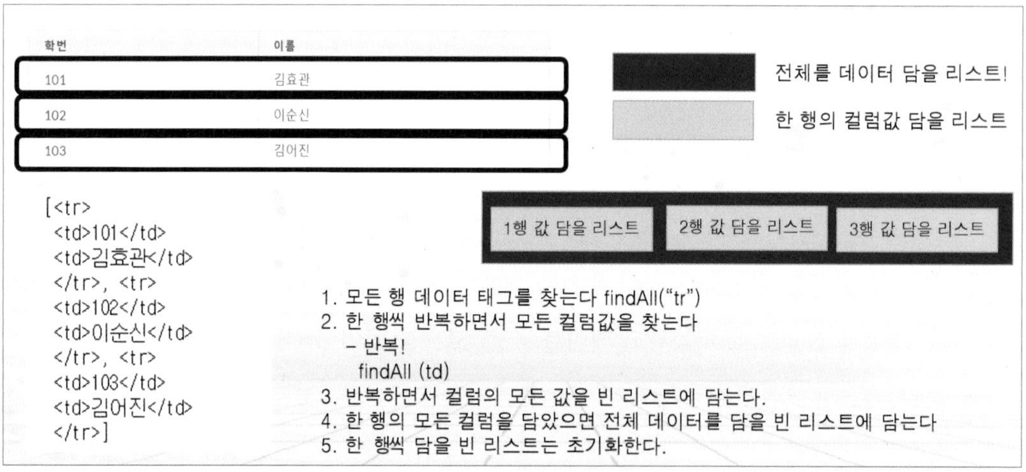

[그림 4-19] **테이블 크롤링 전략**

먼저 테이블을 탐색하고 테이블 데이터를 저장하고 있는 〈tbody〉를 부분 탐색한다. 이후 findAll로 모든 〈tr〉 태그를 찾는다. 컬럼이 병합되어 있지 않은 일반 테이블은 하나의 행에 컬럼의 개수만큼 〈td〉 태그가 존재한다. 그럼 findAll로 〈td〉 태그를 탐색하면서 columnList 변수에 저장한다. 결국 행을 반복하면서 각 행마다 컬럼 수만큼 또 반복하는 2중 반복문으로 해결한다. 실습을 통해 먼저 테이블 태그를 탐색한다.

```
import requests, bs4
import pandas as pd

#웹페이지 html 소스 가져오기
resp = requests.get("https://sparkkorea.com/테스트/")
resp.encoding='utf-8'
html = resp.text
bs = bs4.BeautifulSoup(html, 'html.parser')

tabletag = bs.find("table", {"id":"test_table"})
tabletag
```

이후 실습을 통해 전략대로 테이블 정보를 수집한다.

```
# 행 전체를 저장할 리스트
rowList=[]
# 행별 컬럼값을 저장할 리스트
columnList =[]

rows = tabletag.find("tbody").findAll("tr") --------------- ①
rows

for i in range(0, len(rows)): ------------------------------ ②
    columns = rows[i].findAll("td")
    columnsLen = len(columns)
    for j in range(0, columnsLen): ------------------------ ③
        columnList.append(columns[j].text)
```

```
    rowList.append(columnList) ----------------------------- ④
    columnList=[] ------------------------------------------ ⑤

pd.DataFrame(rowList, columns = ["학번","이름"] ) --------- ⑥
```

행 전체를 저장할 리스트(rowList)와 각 행 내 컬럼값을 저장할 리스트(columnList)를 선언한다.

① 테이블 태그 내에서 행 태그(tr)를 모두 탐색한다.

② 탐색한 전체 행 데이터 길이만큼 반복한다.

③ 각 행마다 컬럼 데이터 태그(td)를 모두 탐색한다. 탐색한 모든 컬럼 데이터를 columnList에 저장한다.

④ 컬럼 데이터 저장 완료 후 행 전체를 저장 리스트(rowList)에 추가한다.

⑤ 컬럼값을 저장할 리스트(columnList)는 다음 행 반복 시 컬럼값을 새로 채우기 위하여 초기화한다.

⑥ 최종 수집 완료된 rowList 변수를 데이터 프레임으로 변환한다. 컬럼명은 수집자가 원하는 형태로 "학번", "이름"으로 재정의한다.

〈tbody〉 태그 내 정보를 수집한 것과 동일한 방법으로 컬럼명도 수집도 가능하다. (예: columnList 변수 생성) 데이터값을 저장하는 것과 동일한 방법이기 때문에 별도 시간을 내어 실습해 본다.

1.5 셀레니움 활용 웹브라우저 자동화

셀레니움 라이브러리는 파이썬 라이브러리 관리 사이트인 www.pypi.org (Python Package Index)에 접속하여 검색하면 간단한 개요 내용을 확인할 수 있다. 일반적으로 웹브라우저를 테스트하는데 이용하는 라이브러리이다. webdriver라는 API를 통해 크롬, 사파리와 같은 웹브라우저를 제어한다. 셀레니움을 사용하면 사용자가 브라우저에서 마우스를 더블클릭하면서 켜는 게 아니고 파이썬 프로그램이 알아서 브라우저를 열고 크롤링할 대상 웹페이지에 직접 접속하거나 페이지를 이동하면서 웹상의 데이터를 크롤링할 수 있다.

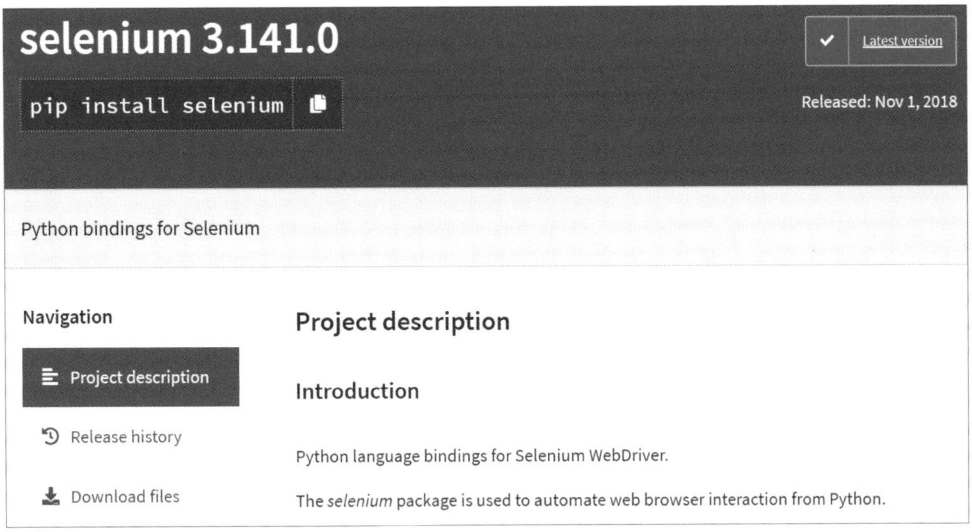

[그림 4-20] Selenium 라이브러리

윈도우에서 명령프롬프트(cmd) 창을 켜고 pip install selenium을 실행하여 라이브러리를 설치한다 이후 웹 브라우저 제어를 위한 드라이버를 다운로드 받는다.

본 책에서는 Chrome 브라우저를 기준으로 설명한다. Chrome 브라우저 설정에서 Chrome 정보 메뉴를 선택하면 현재 사용하는 브라우저의 버전 정보를 확인할 수 있다. 이후 Chrome 드라이버 다운로드 사이트 (https://chromedriver.chromium.org/downloads)에 접속 후 알맞은 버전의 드라이버를 다운로드 받은 후 PC 내 저장한다. (예: D:/chromedriver 폴더 내 저장)

본 책에서는 Chrome 브라우저를 기준으로 설명한다. Chrome을 켜고 오른쪽 위의 3dot 버튼(점 3개)을 클릭 후 설정 내 Chrome 정보 탭에서 버전 확인이 가능하다.

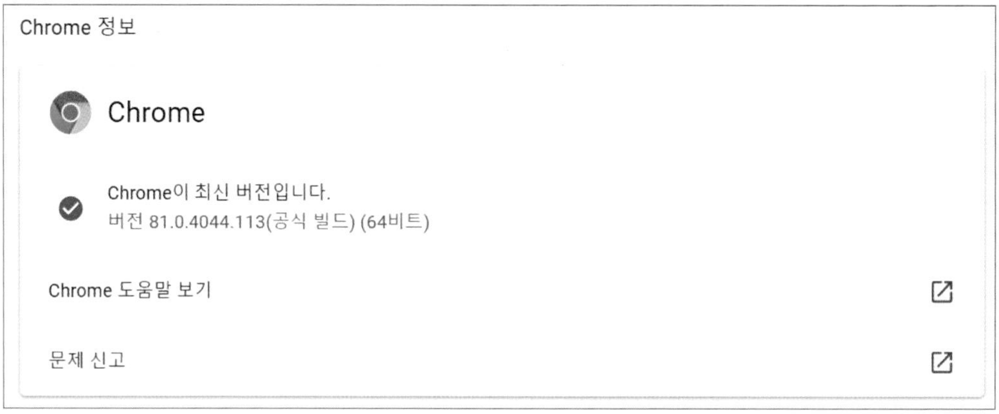

[그림 4-21] Chrome 브라우저 버전 확인 예시

사용하는 크롬브라우저의 드라이버와 버전이 맞는 드라이버를 다운로드받아야 한다. 구글 검색창에서 "크롬 드라이버 다운로드"로 검색 시 바로 다운로드 사이트로 접근가능하며, 드라이버 버전은 앞 두자리(예 : 81)만 맞추면 오류 없이 구동된다.

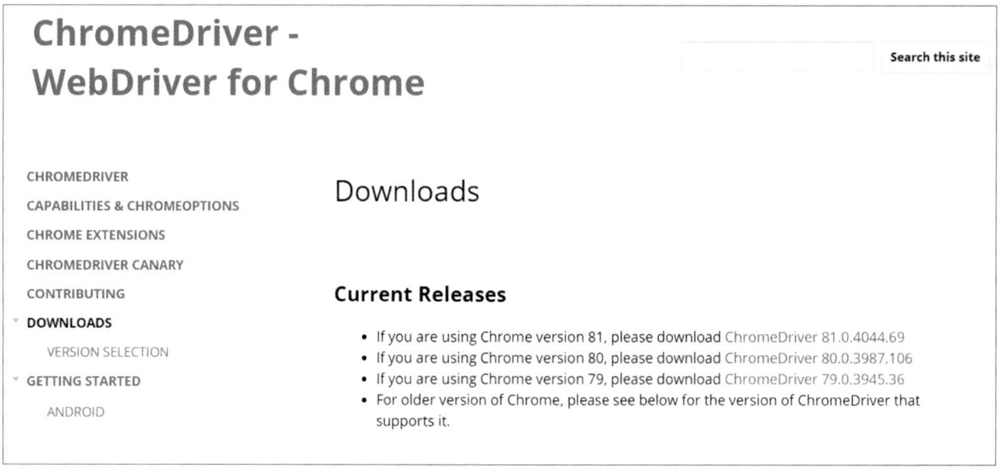

[그림 4-22] Chrome 드라이버 다운로드 예시

버전 선택 후 윈도우 버전을 다운로드받은 후 파이썬에서 접근할 드라이버에 압축 해제 후 저장한다. (예: D:/chromedriver/chromedriver.exe)

1.5.1 라이브러리 선언 및 드라이버 설정

웹 제어를 위한 라이브러리 선언 및 다운로드받은 Chrome 드라이버 파일을 맵핑시킨다.

```
from selenium import webdriver ---------------------------------- ①

dirver_loc = "d:/chromedriver/chromedriver.exe" --------------- ②

# 크롬 옵션 설정
options = webdriver.ChromeOptions() --------------------------- ③
# 헤드리스 설정 시 리눅스 같이 웹 화면 없는 경우에도 웹페이지 실행 가능함
#options.add_argument('headless')
options.add_argument('window-size=1920x1080')

# 웹 드라이버 정의
driver = webdriver.Chrome(dirver_loc, options=options) ------- ④
# 웹페이지 파싱될 때까지 최대 3초 기다림
driver.implicitly_wait(3) ------------------------------------- ⑤
```

① webdriver 라이브러리를 선언한다.

② 압축 해제한 크롬 드라이버의 위치를 정의한다.

③ 크롬 브라우저 옵션을 설정한다. 단 주의할 점은 리눅스 운영체제와 같이 프로그램만 구동 시에는 headless 옵션을 추가하여 브라우저 팝업 없이 제어한다. 일반 윈도우인 경우 브라우저 실행창 크기만 설정한다.

④ 크롬 웹 드라이버를 띄우면 자동으로 브라우저가 팝업된다.

⑤ 웹 드라이버가 웹페이지 로딩이 완료될때까지 오류 감지를 최대 3초 기다리도록 설정한다.

1.5.2 웹페이지 이동

[그림 4-23] 웹페이지 이동 예시

자동으로 팝업된 브라우저를 원하는 페이지로 이동하는 실습을 진행한다.

```
# URL 정의
base_url = 'https://sparkkorea.com' --------------- ①
# URL 이동
driver.get(base_url) ------------------------------ ②
# 현재 URL 정보
driver.current_url -------------------------------- ③
```

① 접근할 웹페이지 주소를 정의한다.

② get 함수를 사용하여 페이지를 이동한다.

③ 이동한 URL 주소를 출력한다.

1.5.3 액션 대상 요소 탐색

페이지 이동 후 액션을 취할 대상 요소 정보를 추출해야 한다. 이때 XPath를 사용한다. XPath는 W3C의 표준으로 XML(Extensible Markup Language) 문서의 구조를 통해 경로(Path) 위에 지정한 구문을 사용하여 항목을 배치하고 처리하는 방법을 기술하는 언어이다. XML 표현보다 더 쉽고 약어로 되어 있다. 웹페이지 내 찾고 싶은 요소가 있다면 요소 위에서 마우스 우클릭 후 검사를 선택하여 해당 소스코드로 진입한다. 이후 코드상에서 우클릭 후 Copy -〉 Copy XPath 선택 시 원하는 요소의 XPath를 접근 가능하다.

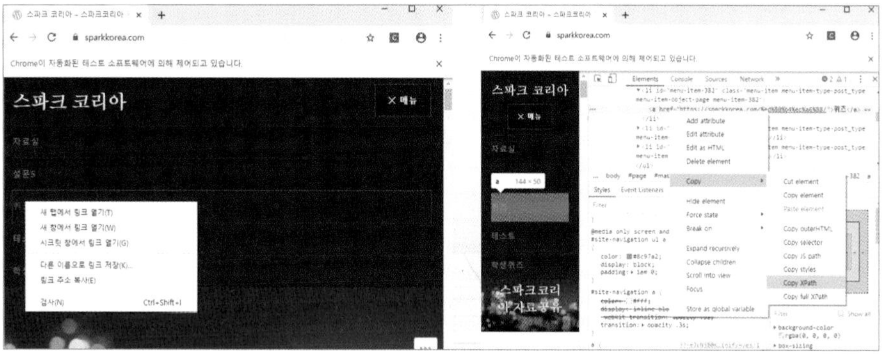

[그림 4-24] XPath 추출 예시

1.5.4 액션 적용하기

먼저 탐색한 요소에 클릭 액션을 적용하는 방법을 알아본다. find_element_by_xpath를 사용하여 액션 대상을 찾은 후 이어서 click()을 실행하면 된다.

[그림 4-25] XPath 대상 액션 적용 예시(클릭)

퀴즈 버튼을 클릭하는 실습을 진행한다.

```
quizBtnXpath = '//*[@id="menu-item-382"]/a' ------------------- ①
driver.find_element_by_xpath(quizBtnXpath).click() ----------- ②
```

① 탐색한 XPath를 변수로 정의한다. 단 정보에 쌍따옴표가 있기 때문에 홑따옴표로 정의해야 한다.

② XPath를 검색 후 click() 액션을 적용한다. 실행 시 퀴즈 메뉴로 자동 진입한다.

다음으로 알아볼 액션은 키 입력 액션이다. 키입력 액션은 sendKeys를 사용하여 적용할 수 있다.

[그림 4-26] XPath 대상 액션 적용 예시(키 입력)

실습을 통해 알아본다.

```
from selenium.webdriver.common.keys import Keys ------------------------- ①
# URL 정의
googleUrl = 'https://www.google.co.kr'

driver.get(googleUrl)
# 요소 탐색
searchPath = '//*[@id="tsf"]/div[2]/div[1]/div[1]/div/div[2]/input' ----- ②
```

```
driver.find_element_by_xpath(searchPath).send_keys("selenium wiki") ----- ③
driver.find_element_by_xpath(searchPath).send_keys(Keys.Enter)
```

① 엔터, 스페이스바 등 일반 키 입력을 위한 라이브러리를 선언한다.

② 구글 검색 입력 박스 요소의 XPath를 추출한다.

③ 구글 검색창에 "selenium wiki"를 입력한 후 엔터키를 눌러 페이지를 이동한다. 엔터키 외에도 Key. 입력 후 탭키를 누르면 다양한 키보드 입력이 가능하다. 스크롤 다운은 PageDown키를 활용해서 응용 가능하다.

1.5.5 웹페이지 소스 가져오기

크롤링 대상 웹페이지(퀴즈 메뉴)에 진입하였으면 페이지 소스를 가져온다. Selenium 라이브러리를 통해 브라우저를 제어하여 크롤링 대상 페이지 접근 후 페이지 소스를 변수에 저장하였다. 이후 코드는 일반 BeautifulSoup 사용법과 동일하여 생략한다.

```
# 페이지 소스 가져오기 전 대기 (절대시간 1초)
import time ---------------------------------- ①
time.sleep(1)

# 현재 페이지 소스 가져오기
html = driver.page_source -------------------- ②

import bs4
# BeautifulSoup로 페이지 소스 파싱
bs = bs4.BeautifulSoup(html,"html.parser")
```

① time 라이브러리를 사용하여 페이지 소스 가져오기 전에 1초 대기를 한다. 웹페이지 소스가 동적으로 생성되는 페이지가 많아 페이지 소스가 다 로딩되기 전에 페이지 소스를 가져오는 경우 원하는 태그 정보 크롤링 시 에러가 발생할 수 있다. 따라서 대기 시

간을 걸어준다.

② 이동한 페이지에서 page_source 함수 실행 시 소스코드를 가져온다. 이후 BeautifulSoup 활용하여 HTML 태그를 추출할 수 있다.

여기까지가 셀레니움이 자동화를 통해 수행하는 부분이다. 원하는 페이지에 자동으로 접근한 후 웹페이지 소스를 가져오면 다시 BeautifulSoup가 원하는 데이터를 추출하여 업무를 자동화시키는 것이다.

1.5.6 페이지 스크랩 및 저장하기

BeautifulSoup 내용을 다시 복습해 보면 다음과 같이 원하는 퀴즈 정보를 스크랩 후 결과를 csv 파일로 저장할 수 있다.

```
# 퀴즈 정보 스크랩
spQuizTag = bs.find(name="div", attrs= {"id":"id_spark_quiz" }) -------- ①
spQuizTagLinks = spQuizTag.findAll("a")
titleList = []
linkList = []
for i in range(0, len(spQuizTagLinks)):
    titleList.append(spQuizTagLinks[0].text)
    linkList.append(spQuizTagLinks[0].attrs["href"])

# 데이터프레임 변환
import pandas as pd ---------------------------------------------------- ②
finalResult = pd.DataFrame( zip(titleList, linkList) , columns = ["제목", "링크"])

# csv 파일로 저장
finalResult.to_csv("./link_scraping_result.csv",encoding="ms949",
                   index=False) ---------------------------------------- ③
```

① 태그 속성 정보("id_spark_quiz")로 퀴즈 단락을 찾고, 단락 내 모든 a 태그를 찾아서 퀴즈 제목과 링크 정보를 저장한다.

② 저장한 리스트를 zip 함수를 사용하여 좌우로 묶고 데이터프레임으로 변환한다.

③ 데이터프레임을 작업 폴더 내 link_scraping_result.csv 이름으로 한글 인코딩을 적용하여 저장한다.

02 공공데이터 포털 데이터 수집

Artificial Intelligence & BIGDATA

학습 내용

1. 공공데이터 포털을 이해한다.
2. 공개된 파일 형태의 자료 수집 방법을 실습한다.
3. API 형태로 공개한 JSON 포맷 데이터 수집 방법을 실습한다.
4. API 형태로 공개한 XML 포맷 데이터 수집 방법을 실습한다.

외부 데이터 탐색을 통해 필요한 데이터를 탐색하여 데이터베이스에 저장하는것도 중요하지만 이미 잘 정리된 공개데이터가 있다면 활용하기 더 용이할 것이다. 특히 최근에 정부 주도하에 데이터를 공개하는 사이트가 늘어가고 있는 추세이다. 본 단원에서는 공공데이터 포털과 국가통계포털 내 공개된 데이터를 활용하는 방법을 다룬다. 무작위로 웹페이지를 검색하면서 시간을 소비하기 전에 공개된 사이트에서 필요한 자료의 유무를 확인 후 없으면 잘 정리된 웹페이지 정보를 탐색하는 방법을 생각해야 한다.

다양한 공공데이터 포털 데이터를 활용하면 실시간 업데이트된 데이터를 활용 가능

1. 공공데이터 포털 파일 데이터 불러오기
2. 국가통계 포털 API 데이터 불러오기
3. 공공데이터 포털 API 데이터 불러오기

[그림 4-27] 공공데이터 포털 활용 순서

2.1 공공데이터 포털 파일 데이터 불러오기

공공데이터란 공공기관이 법령에 따라 생성, 수집하는 전자적 형태의 정보로서 개방 가능한 모든 데이터를 뜻한다. 공공데이터 포털은 이런 공공데이터를 한 곳에 모아 제공하는 통합 플랫폼을 말하며 파일 데이터, 오픈 API 등 다양한 방식으로 데이터를 제공하고 있다.

[그림 4-28] 포털 내 파일 데이터 불러오기 절차

2.1.1 접속 및 회원 가입

먼저 공공데이터 포털 (https://www.data.go.kr)에 접속 및 회원 가입을 진행한다.

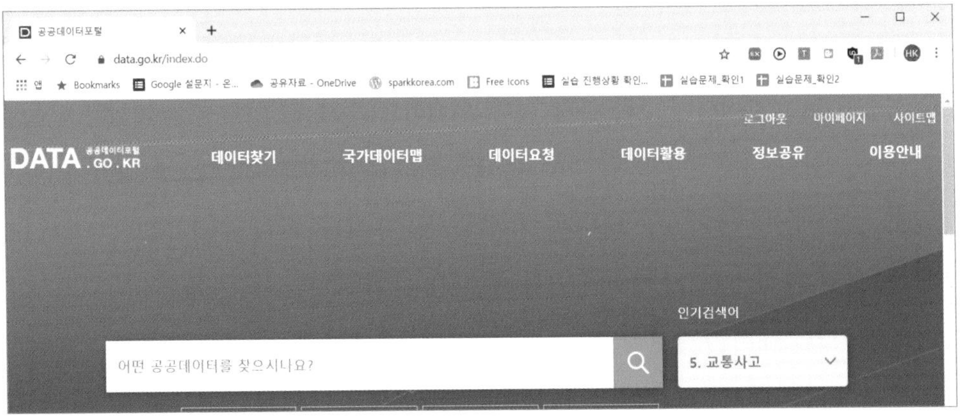

[그림 4-29] 포털 메인화면 예시

2.1.2 자료 검색 및 제공 유형 확인

원하는 데이터를 검색창에 키워드로 입력 후(예: 주택금융관련지수) 검색해 보면 공개된 데이터 제공 형태(파일 데이터, 오픈 API 등)를 확인할 수 있다. [그림 4-30]을 보면 주택금융관련 지수 데이터는 'csv' 형태의 파일 데이터를 제공하는 것을 확인할 수 있다.

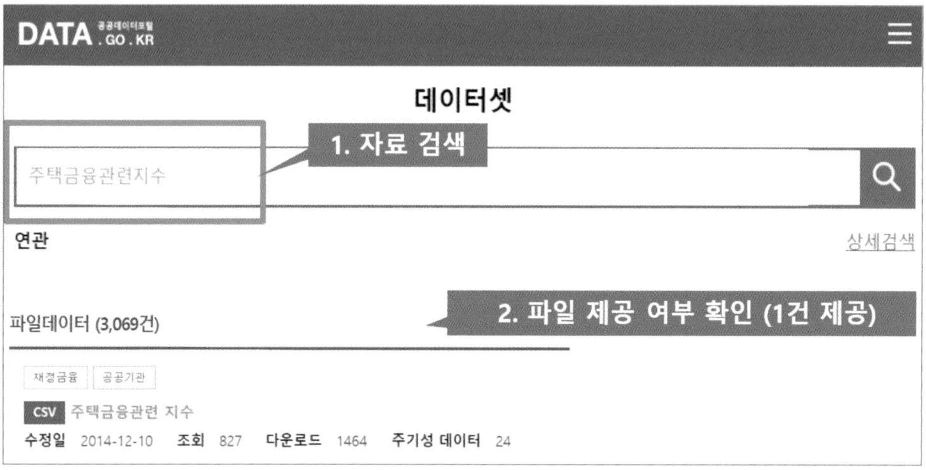

[그림 4-30] 자료 검색 및 제공 유형 확인

2.1.3 데이터 다운로드 URL 확인

주택금융관련 지수(csv)를 클릭한 후 화면에서 "주기성 과거 데이터(예: (2019) 지역별 PIR 및 LIR) 정보를 확인해 보면 데이터에 대한 분류 체계, 업데이트 주기, 관리부 서명, 데이터 다운로드 버튼 등이 존재한다. 지역별 PIR(Price to Income Ratio)이란 가계의 연간 소득 대비 주택 가격의 배수로 주택 가격의 적정성을 나타낼 때 사용되는 지표다. 예를 들어 PIR이 10이라는 것은 10년 동안 한 푼도 쓰지 않고 벌어야 집 한 채를 살 수 있다는 뜻이다. LIR(Loan to Income Ratio)는 연간 소득 대비 대출금액 비율이다. URL 정보는 미리보기 형태로 일부만 제공되기 때문에 전체 데이터의 다운로드 링크를 알아야 한다. 링크 주소 확인을 위해 크롬 브라우저인 경우 탐색하고자 하는 자료를 CSV 파일로 다운로드받은 후 브라우저에서 CTRL + j 또는 우측상단 크롬 메뉴에서 다운로드를 선택한다. 다운로드 창으로 전환되면 다운로드받은 URL 정보를 복사할 수 있다.

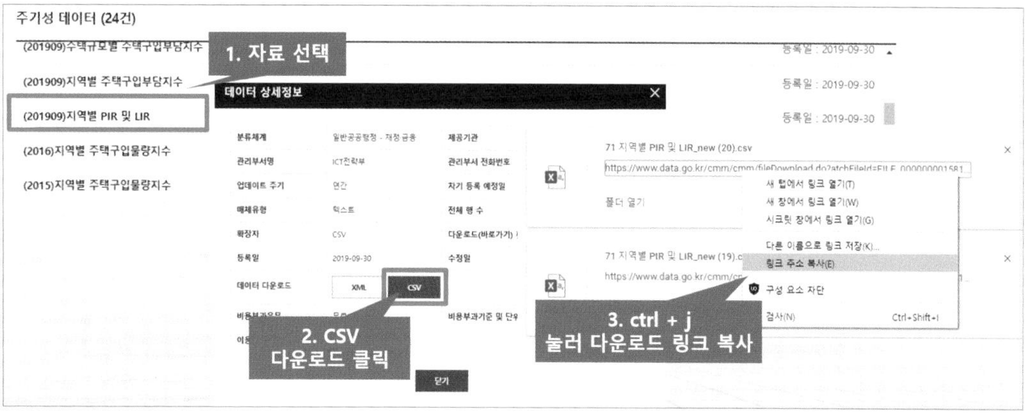

[그림 4-31] 데이터 다운로드 URL 확인 예시

2.1.4 파이썬 활용 데이터 불러오기

복사한 링크 주소를 활용하여 파이썬에서 데이터를 불러오는 실습을 진행한다.

```
import pandas as pd
url = "복사한 링크 주소"
data = pd.read_csv( url, encoding="ms949") ---------------------- ①
data.tail() ------------------------------------------------------ ②
```

① pandas 라이브러리의 read_csv 함수를 활용하여 데이터를 불러온다. 단 한글 깨짐 현상 방지를 위하여 “ms949” 한글 인코딩을 하여 불러온다.

② 불러온 데이터에 head( )는 상단의 5행을 기본으로 불러오지만 tail( )을 쓰면 마지막 5행을 불러온다.

```
import pandas as pd

url = "https://www.data.go.kr/cmm/cmm/fileDownload.do?atchFileId=FILE_000000001580075&fileDetailSn=1"

data = pd.read_csv(url,encoding="ms949")

data.tail()
```

	연도	월	전국 PIR	서울 PIR	부산 PIR	대구 PIR	인천 PIR	광주 PIR	대전 PIR	울산 PIR	...	세종 LIR	경기 LIR	강원 LIR	충북 LIR	충남 LIR	전북 LIR	전남 LIR	경북 LIR	경남 LIR	제주 LIR
178	2019	1	5.74	7.75	6.19	6.36	6.15	5.66	4.99	5.47	...	2.50	3.10	2.57	2.65	2.49	2.64	2.21	2.83	2.70	2.92
179	2019	2	5.74	7.73	6.47	6.05	6.22	5.31	5.47	5.32	...	2.89	3.13	2.65	2.72	2.57	2.45	2.39	2.54	2.77	2.91
180	2019	3	5.56	8.02	6.06	6.02	6.24	5.37	4.96	4.92	...	3.01	2.95	2.08	2.34	2.41	2.30	2.32	2.31	2.45	3.14
181	2019	4	5.36	7.87	6.10	5.93	5.47	5.15	5.00	5.19	...	2.84	2.95	2.21	2.20	2.37	2.25	2.11	2.05	2.47	2.52
182	2019	5	5.43	7.78	6.32	6.73	6.05	5.41	5.39	5.14	...	3.45	2.94	2.86	1.99	1.98	2.59	2.33	2.21	2.38	1.68

[그림 4-32] 지역별 PIR 및 LIR 정보 스크랩 결과

정상적으로 불러왔다면 실습으로 키워드 검색을 "한국감정원 오피스텔 동향조사 현황" 검색 후 파일 데이터 "한국감정원_월별 오피스텔 전세가격_2018년 1월~2019년 8월"를 다운로드받은 후 파이썬에서 불러온다. 파일 데이터는 별도의 데이터 활용 신청 없이 접근 가능한 URL 정보를 활용하여 쉽게 데이터를 불러올 수 있다. 단 데이터 URL 정보가 변경 가능(예: 2020년 4월 포털 개편에 따라 이전에 복사한 URL 정보 활용 못함)하니 주의해야 한다.

2.2 국가통계포털 API 데이터 불러오기

국가통계포털(KOSIS, Korean Statistical Information Service)은 국내·국제·북한의 주요 통계를 한곳에 모아 사용자가 원하는 통계 데이터를 찾을 수 있도록 인터페이스(API, Application Programming Interface)를 제공한다.

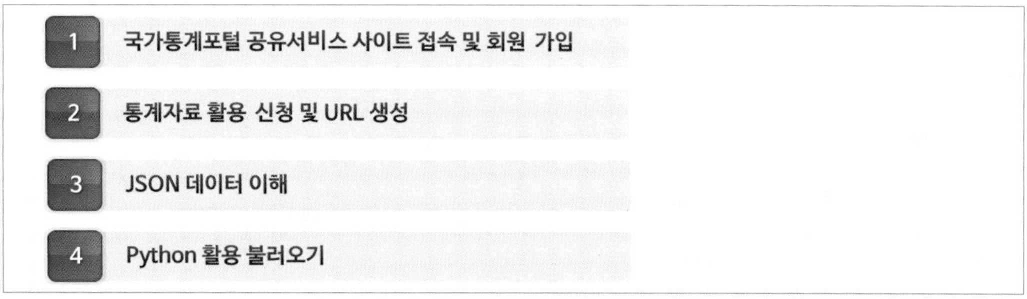

[그림 4-33] 포털 내 json 타입 데이터 불러오기 절차

2.2.1 국가통계포털 공유 서비스 사이트 접속 및 회원 가입

공식 사이트(https://kosis.kr/openapi/index/index.jsp) 접속 후 회원 가입을 진행한다. 또는 국가통계포털 접속 후 하단의 OpenAPI 메뉴를 클릭하면 접근 가능하다.

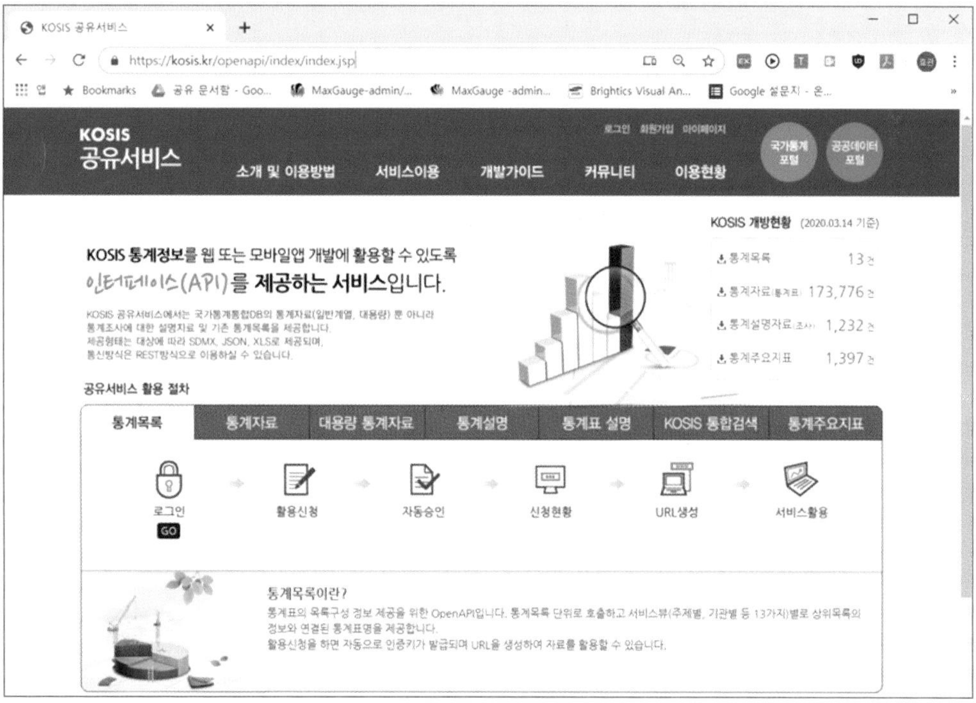

[그림 4-34] 국가통계포털 홈페이지

2.2.2 통계자료 활용 신청 및 URL 생성

통계자료 활용 신청을 진행한다. 신청 시 사용 목적은 "교육용 자료 수집" 등의 일반적인 내용으로 신청을 진행한다. 자료 등록 절차에서 "인구수"로 검색하여 행정구역(시군구)별, 성별 인구수 자료를 검색한다.

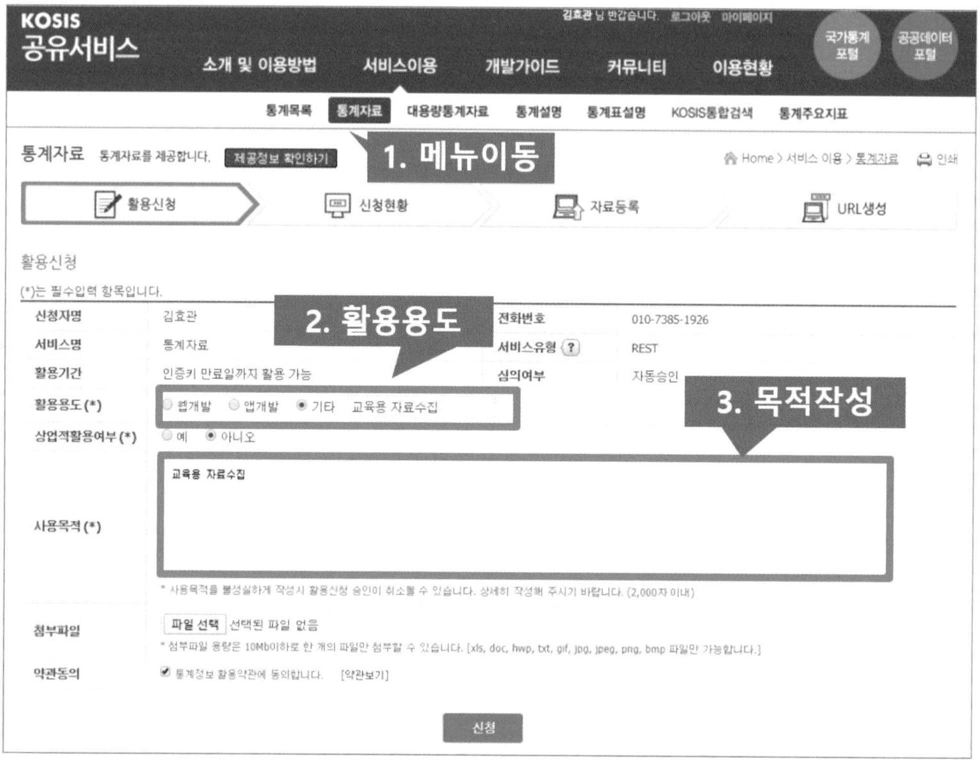

[그림 4-35] 통계자료 활용 신청 화면 예시

신청은 자동으로 승인되며 이후 자료 등록 프로세스를 통해 원하는 자료를 검색할 수 있다. 자료 등록 화면상에서 키워드를 "성별 인구수"로 검색한 후 원하는 통계표 명을 [그림 4-36]과 같이 목록에서 사용 여부 체크 후 통계표 등록 버튼을 클릭한다.

[그림 4-36] 자료 검색 및 통계표 등록

등록된 통계표 목록에서 URL 생성 버튼을 클릭하면 URL 생성을 위한 상세 자료 설정 화면이 팝업된다. 조회 구분 중 횡단면 자료는 하나의 시점에 관찰된 다양한 변수 (예: 서울특별시, 부산광역시 인구수)를 확인할 수 있는 자료이다. 시계열 자료는 하나의 변수(서울시 인구수)를 여러 시점을 기준으로 관측된 자료를 확인할 수 있다. 조회 구분 "횡단면"을 선택하고, 분류는 모든 코드의 총인구수를 선택한다.

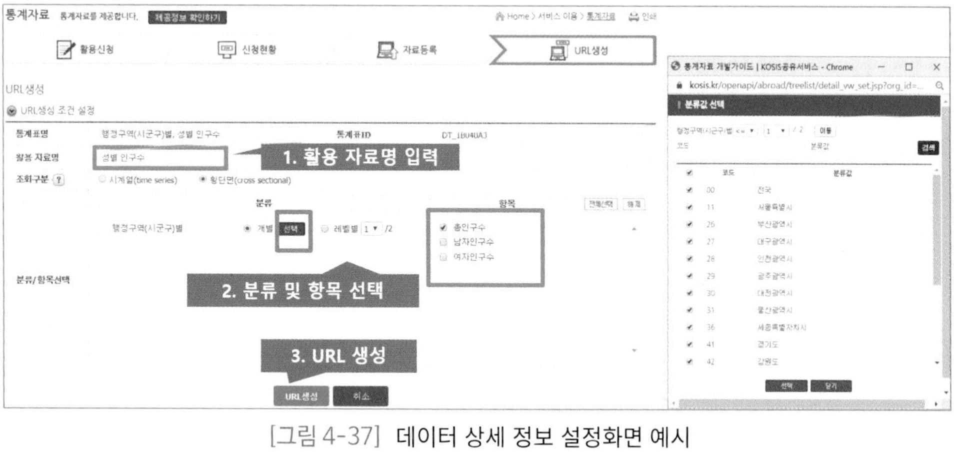

[그림 4-37] 데이터 상세 정보 설정화면 예시

이후 데이터 포맷 JSON 선택 시 접근 가능한 URL 정보를 생성할 수 있다.

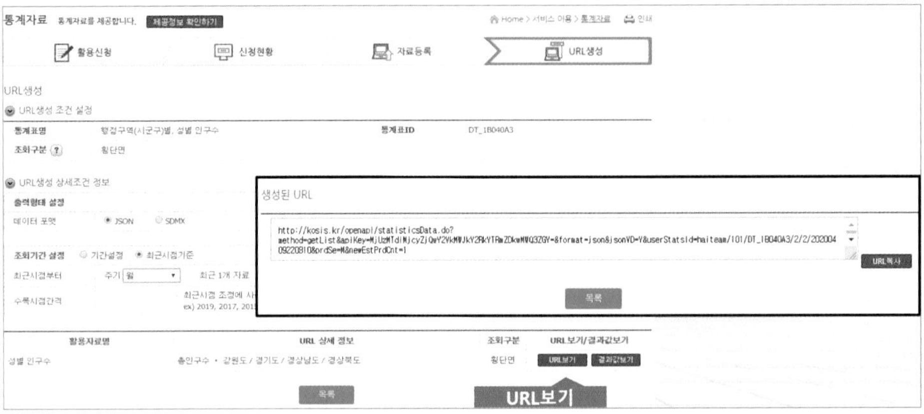

[그림 4-38] 데이터 접근 URL 생성 화면 예시

2.2.3 JSON 데이터 이해

JSON(Javascript Object Notation) 데이터 포맷은 키-값 형태로 이루어진 데이터이다. 일반적으로 사용하는 행과 열이 있는 스프레드 시트 데이터는 컬럼과 행이 있는데 컬럼 이름을 키로 데이터를 값으로 맵핑하여 정의하기 때문에 데이터 추출 방법이 가볍고 쉽다.

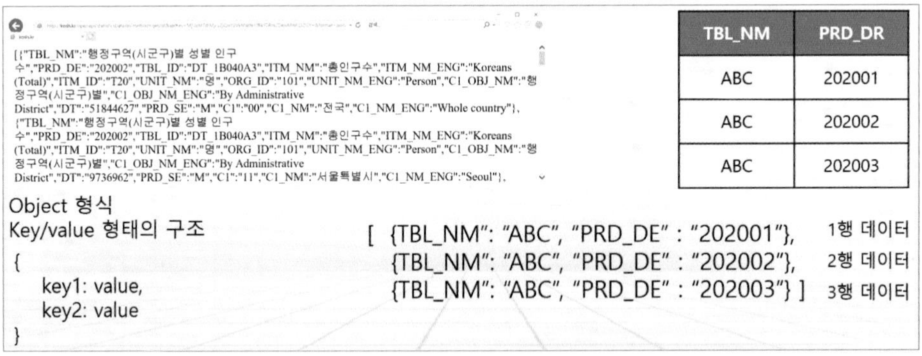

[그림 4-39] JSON 데이터 형식

JSON의 구조를 이해하고 생성된 URL 주소를 브라우저 주소 입력창에 넣고 실행하면 자료의 구조가 조금은 눈에 들어온다.

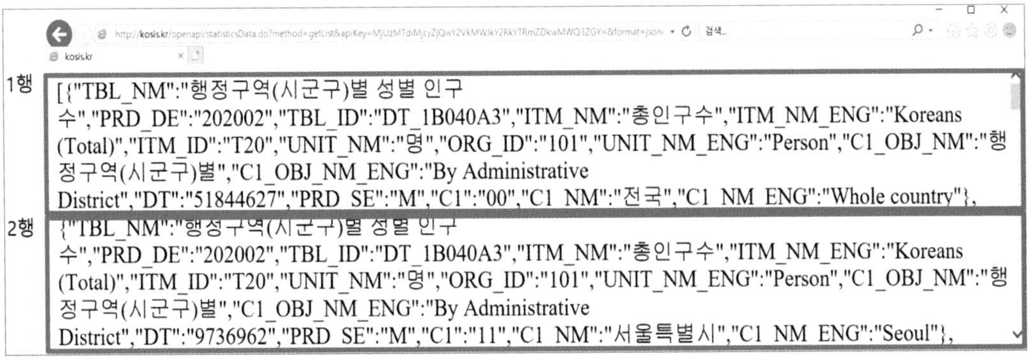

[그림 4-40] JSON 데이터 형식

2.2.4 Python 활용 불러오기

생성한 URL 주소를 활용하여 파이썬에서 데이터를 불러오는 실습을 진행한다.

```
# 라이브러리 선언
import pandas as pd

# 데이터 접속 주소 입력
url = "요청주소"

json = pd.DataFrame() --------------------- ①

try: --------------------------------------- ②
    json = pd.read_json(url)
except Exception as e:
    print(e)
json
```

① 빈 데이터프레임을 생성한다.

② try except를 사용하여 pd.read_json 함수에 데이터 접근 url을 정의하면 json 변수에 데이터가 저장된다. 만약 url 정보가 잘못되는 등의 예외가 발생하면 에러를 출력한다. json.empty로 나중에 데이터가 채워져 있는지 비워져 있는지 확인 가능하다.

```python
# 라이브러리 선언
import pandas as pd
import requests

# 데이터 접속 주소 입력
url = "http://kosis.kr/openapi/statisticsData.do?method=getList&apiKey=MjUzMTdiMjcyZjQwY2VkMWJkY2RkY

json = pd.DataFrame()

try:
    response = requests.get(url)
    if response.status_code == 200:
        json = pd.read_json(url)
    else:
        response.close()
except Exception as e:
    print(e)
json
```

	TBL_NM	PRD_DE	TBL_ID	ITM_NM	ITM_NM_ENG	ITM_ID	UNIT_NM	ORG_ID	UNIT_NM_ENG	C1_OBJ_NM
0	행정구역(시군구)별 성별 인구수	202003	DT_1B040A3	총인구수	Koreans (Total)	T20	명	101	Person	행정구역(시군구)별

[그림 4-41] JSON 데이터 수집결과

실습을 위해 지가 변동률(시도/시/군/구) 자료를 검색한 후 서울특별시의 지가 변동률 최근 등록된 5개월 자료를(구분 시계열 선택해야 함) 스크랩한다.

2.3 공공데이터 포털 API 데이터 불러오기

공공데이터 포털(https://www.data.go.kr)에서 API를 활용하여 데이터를 불러올 수 있다. 비교적 쉽게 테이블로 변경 가능한 JSON과 다른 XML 형태의 데이터 불러오는 방법을 알아본다.

2.3.1 자료 검색 및 제공 유형 확인

키워드 "아파트 매매 실거래"로 검색 후 오픈 API 탭을 선택하면 국토교통부 실거래가 정보가 표시된다. 또한, 제공 유형이 "XML"임을 확인한다.

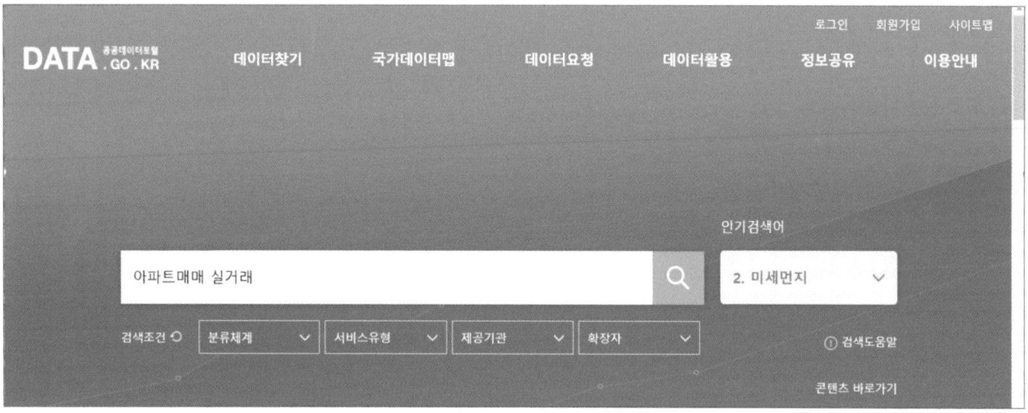

[그림 4-42] 공공데이터 포털 자료 검색 예시

2.3.2 데이터 활용 신청

아파트 매매 실거래 상세 자료 항목에서 "상세 자료" 버튼을 클릭하면 자료 정보가 추가로 제공된다. 참고할 부분은 참고 문서를 다운로드받아서 제공하는 서비스별 링크를 확인할 수 있다.

먼저 자료를 활용하기 위해 활용 신청 버튼을 클릭한다. 이후 개발 계정 신청 화면이 나오면 시스템 유형은 “일반”, 활용 자료는 “웹사이트 개발”을 선택 후 신청한다.

[그림 4-43] 자료 활용 신청 예시

활용 신청 후 개발 계정 신청 화면이 표시된다. 시스템 유형은 일반 활용 목적은 연구(논문 등)로 선택하고 교육용 학습 데이터 활용으로 목적으로 신청을 진행한다. 주의할 점은 활용 신청 후 즉시 데이터 접근이 가능하지 않은 데이터들이 있다. 1시간에서 길게는 하루 정도 지난 후 접근이 가능하다.

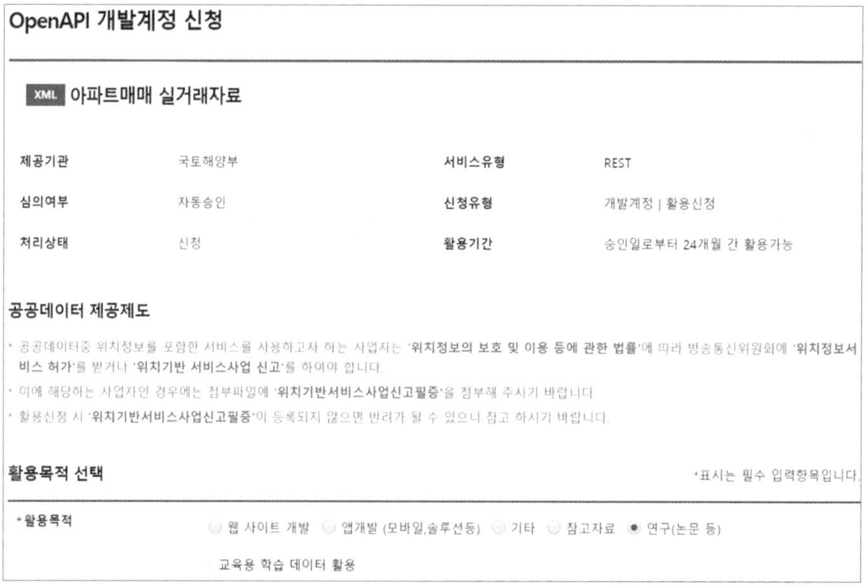

[그림 4-44] 개발 계정 신청 목적 작성 예시

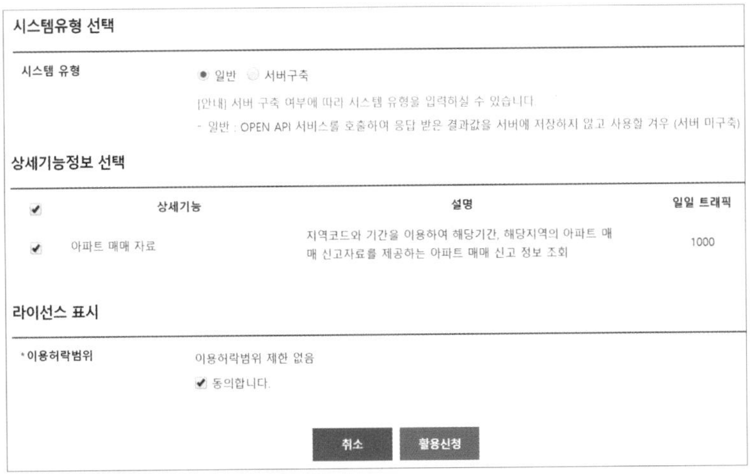

[그림 4-45] 개발 계정 신청 화면 예시

2.3.3 개발 계정 API 키 신청

데이터 활용 신청 완료 후 인증키를 발급받는다. API 방식은 인증키 정보가 있어야 접근 가능하다. 마이페이지 -> 오픈 API -> 신청자료를 클릭하면 일반 인증키 받기를 선택할 수 있다.

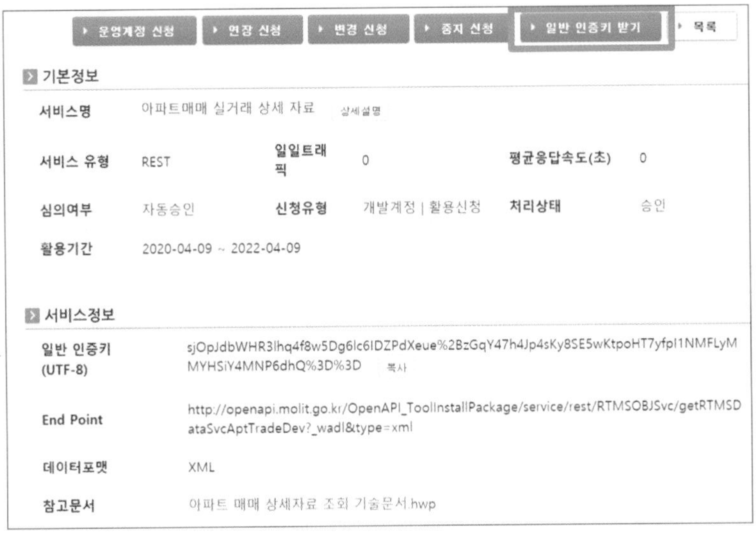

[그림 4-46] 일반 인증키 받기 예시

2.3.4 개발문서 및 개발 가이드 확인

참고 문서 하단의 개발 가이드 버튼을 클릭하면 실제 데이터 접근 URL 주소, URL에 같이 전송해야 하는 파라미터값(지역코드, 계약 월) 및 다양한 언어의 샘플 코드 등을 확인할 수 있다.

아파트 매매 상세 자료 관련 필수로 입력해야 하는 정보는 서비스키 외에 지역코드 및 계약월 정보이다. 주소와 서비스키, 필수 파라미터를 조합하여 URL을 생성한다.

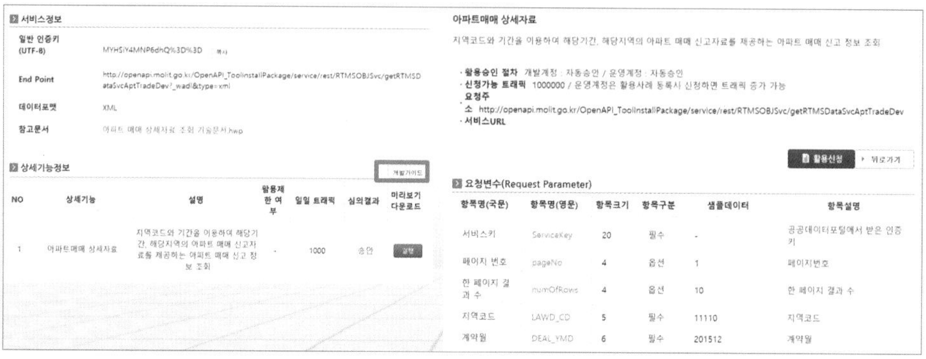

[그림 4-47] 개발 가이드 확인 예시

참조 문서 또는 개발 가이드 내 서비스 URL 주소와 파라미터를 참고하여 URL을 생성해야 한다.

서비스 URL 주소와 파라미터 사이에는 "?"를 구분자로 분리한다. url에 사용자가 원하는 파라미터를 전송하기 위해서는 파라미터 간 "&"로 구분하여 URL을 생성하면 된다. 서비스키 파라미터는 개발 계정 API키를 입력하면 된다.

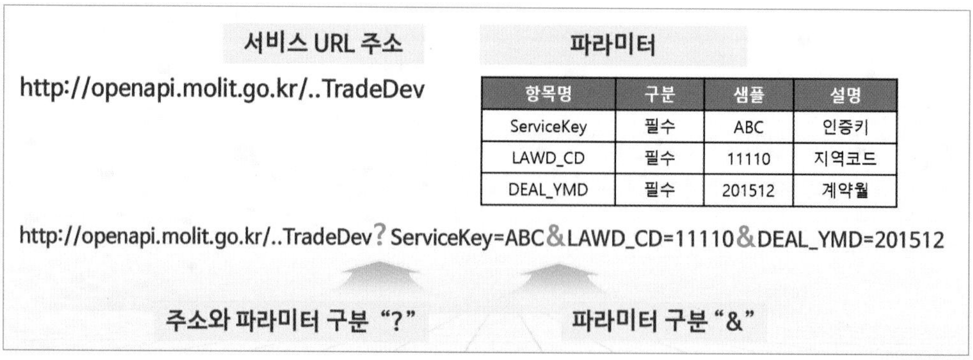

[그림 4-48] URL 규칙 예시

2.3.5 XML 태그 이해

생성한 URL 정보를 크롬 웹 브라우저를 활용하여 접속한다.

XML은 Extensible Markup Language의 약자로 다목적 마크업 언어이다. 마크업 언어는 태그(예: <items></items>) 등을 이용하여 데이터의 구조를 기술하는 언어이다. 획득한 URL을 웹페이지를 통해 접속하면 다음과 같은 XML 형식의 데이터가 표시된다.

body → items → item 반복

```
▼<response>
  ▼<header>
     <resultCode>00</resultCode>
     <resultMsg>NORMAL SERVICE.</resultMsg>
   </header>
  ▼<body>
    ▼<items>
      ▼<item>
         <거래금액> 82,500</거래금액>
         <건축년도>2008</건축년도>
         <년>2015</년>
         <도로명>사직로8길</도로명>
         <도로명건물본번호코드>00004</도로명건물본번호코드>
         <도로명건물부번호코드>00000</도로명건물부번호코드>
         <도로명시군구코드>11110</도로명시군구코드>
         <도로명일련번호코드>03</도로명일련번호코드>
         <도로명지상지하코드>0</도로명지상지하코드>
         <도로명코드>4100135</도로명코드>
         <법정동> 사직동</법정동>
         <법정동본번코드>0009</법정동본번코드>
         <법정동부번코드>0000</법정동부번코드>
         <법정동시군구코드>11110</법정동시군구코드>
         <법정동읍면동코드>11500</법정동읍면동코드>
         <법정동지번코드>1</법정동지번코드>
         <아파트>광화문풍림스페이스본(101동~105동)</아파트>
         <월>12</월>
         <일>1~10</일>
         <일련번호>11110-2203</일련번호>
         <전용면적>94.51</전용면적>
         <지번>9</지번>
         <지역코드>11110</지역코드>
         <층>11</층>
       </item>
      ▼<item>
         <거래금액> 60,000</거래금액>
         <건축년도>1981</건축년도>
```

[그림 4-49] XML 형태 데이터 확인

데이터를 살펴보면 〈body〉 태그 안에 items 태그가 있고, items 안에는 item 태그가 여러 개 존재한다. item 하나가 결국 데이터의 행(row)이라는 것을 금방 찾아낼 수 있다.

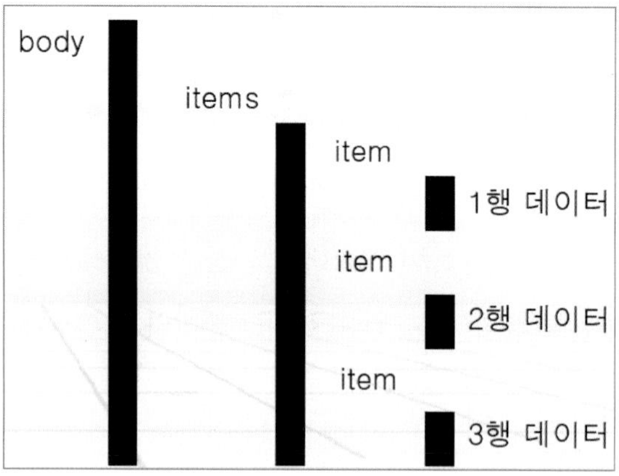

[그림 4-50] XML 형태 데이터 확인

2.3.6 Python 활용 불러오기

XML 데이터를 불러올 때는 전략이 필요하다. 먼저 실습을 통해 2개 행, 2개 컬럼 데이터를 예제로 스크랩한다. 거래금액, 건축년도 2개 컬럼에 대한 값을 불러온다.

[그림 4-51] XML 실습 데이터

리스트를 활용하여 데이터프레임 생성하는 방법을 활용하면 쉽게 풀 수 있다. 행과 열이 존재하는 데이터를 생성하기 위해 예제 코드를 실행해 본다. 기존 웹 크롤링 시 사용한 테이블 크롤링 방법과 유사하다. 행을 저장한 rowList와 각 행의 컬럼 값을 저장한 columnList

를 생성한 후 각 행마다 컬럼 값을 저장하여 columnList에 저장하고 하나의 행이 끝나면 rowList에 저장 후 columnList를 초기화한다. 이후 다시 다음 행을 저장하는 프로세스를 반복한다.

```
import pandas as pd ---------------------------------------- ①

rowList = [] ---------------------------------------------- ②
columnList = []

columnList.append(82,500) ---------------------------------- ③
columnList.append(2008)
rowList.append(columnList)
columnList = []

columnList.append(60,000) ---------------------------------- ④
columnList.append(1982)
rowList.append(columnList)
columnList = []

pd.DataFrame(rowList, columns=["거래금액","건축년도"]) ----- ⑤
```

① 스프레드시트 형태의 데이터로 만들기 위하여 pandas 라이브러리를 pd 별칭으로 선언한다.

② 행 단위로 저장한 rowList와 컬럼 정보를 저장할 columnList를 초기화한다.

③ columnList에 값을 2개 추가한 후 rowList에 저장하고 다음 행 데이터를 저장하기 위하여 columnList를 초기화한다.

④ 두 번째 컬럼 데이터를 저장하고 rowList에 추가한 후 다시 초기화한다. 결국 리스트에는 [[82500, 2008], [60000, 1982]] 형태의 데이터가 저장된다. 이후 pd.DataFrame 형변환을 통해 리스트를 데이터프레임 형태로 변환하고 컬럼명을 맵핑한다.

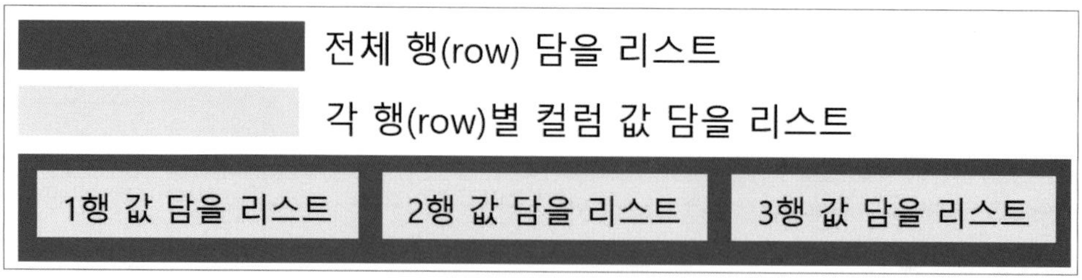

[그림 4-52] 리스트 활용 데이터프레임 변환

다음은 실행 결과 화면이다. 다음과 같은 전략으로 XML 데이터를 태그별로 탐색 후 값을 리스트에 담아서 데이터를 수집한다.

```
import pandas as pd

rowList = []
columnList = []

columnList.append(82500)
columnList.append(2008)
rowList.append(columnList)
columnList = []

columnList.append(60000)
columnList.append(1982)
rowList.append(columnList)
columnList = []

pd.DataFrame(rowList, columns=["거래금액","건축년도"])
```

	거래금액	건축년도
0	82500	2008
1	60000	1982

[그림 4-53] 리스트 활용 데이터프레임 변환 실행 결과

전략을 학습했으니 실습을 진행한다. 먼저 XML 정보를 추출하기 위하여 lxml 라이브러리를 명령 프롬프트상에서 설치한다. 설치 후 Jupyter lab을 다시 실행하거나 kernel restart를 해주어야 라이브러리가 정상 반영된다.

```
명령 프롬프트
C:\Users\kopo>pip install lxml
Collecting lxml
  Using cached lxml-4.5.0-cp37-cp37m-win_amd64.whl (3.7 MB)
Installing collected packages: lxml
Successfully installed lxml-4.5.0

C:\Users\kopo>_
```

[그림 4-54] 필수 라이브러리 설치 화면

다음으로 XML 소스 데이터를 추출한다.

```
#XML 태그 변환 라이브러리
#BeautifulSoup 라이브러리
import requests ---------------------------------- ①
from lxml import html
from bs4 import BeautifulSoup
import pandas as pd


url= '크롤링 대상 url' -------------------------- ②

#웹페이지 html 소스 가져오기
resp = requests.get(url)
resp.encoding='utf-8'
xmlobj = BeautifulSoup(resp.text, "lxml-xml")
```

① requests 라이브러리는 API를 사용할 때 http 요청을 보내기 위해서 사용하는 라이브러리이다. http 요청에 따른 XML 데이터를 수집하기 위해서 from lxml import html을

선언한다. BeautifulSoup 라이브러리는 HTML 및 XML 파일에서 원하는 데이터를 손쉽게 추출할 수 있는 라이브러리이다. 설치되어 있지 않다면 requests와 bs4는 pip 명령어를 통해 설치한다. (예: pip install requests)

② 획득한 URL 정보를 사용하여 http 접속을 하면 응답 메시지를 받을 수 있다. 200이라는 응답 코드를 받으면 접속한 주소가 정상적으로 작동하고 있다는 뜻이다. 또한, 웹페이지는 한글 인코딩 "utf-8" 방식을 통해 읽어야 한글이 깨지지 않고 데이터를 수집할 수 있기 때문에 encoding 방법을 정의한 후 text를 lxml-xml 방식으로 추출하여 변수에 저장한다.

```
#XML 태그 변환 라이브러리
#BeautifulSoup 라이브러리
import requests
from lxml import html
from bs4 import BeautifulSoup
import pandas as pd


url="http://openapi.molit.go.kr/OpenAPI_ToolInstallPackage/service/rest

response = requests.get(url)

#웹페이지 html 소스 가져오기
resp = requests.get(url)
resp.encoding='utf-8'
xmlobj = BeautifulSoup(resp.text,"lxml-xml")
xmlobj
```

```
<?xml version="1.0" encoding="utf-8"?>
<response><header><resultCode>00</resultCode><resultMsg>NORMAL SERVICE.
s><item><거래금액>     82,500</거래금액><건축년도>2008</건축년도><년>2015</
로명건물본번호코드>00004</도로명건물본번호코드><도로명건물부번호코드>00000<
```

[그림 4-55] **원본 데이터 수집 결과**

BeautifulSoup를 활용하면 특정 태그의 데이터를 접근할 수 있다. 다음 실습 예제를 보자.

```
rowList = []
columnList = []

rows = xmlobj.findAll("item") -------------------- ①
```

① findAll 함수를 활용하여 item 태그(각 행 데이터)를 전부 리스트에 담았다. 위에서 실습한 전략으로 item 태그 각각을 반복하면서 데이터를 수집한다.

```
for j in range(0, len(rows)): --------------------- ①
    columns = rows[j].findAll()
    for i in range(0, len(columns)): ------------- ②
        columnValue = columns[i].text
        columnList.append(columnValue)
    # 전체를 저장 리스트에 각 컬럼값을 삽입 후 컬럼값 담는 리스트 초기화
    rowList.append(columnList) ------------------- ③
    columnList = []
xmlout = pd.DataFrame(rowList) ------------------- ④
```

① 행 길이만큼 반복문을 사용해 각 행마다 존재하는 모든 컬럼값을 rowList에 저장한다.

② 탐색된 컬럼 정보만큼 반복문을 활용하여 태그 내 text를 columnList에 저장한다.

③ 행(row)의 컬럼 정보를 리스트에 저장하고 다음 행의 컬럼 정보를 새로 담기 위해 columnList를 초기화한다.

④ 마지막으로 리스트를 데이터프레임으로 생성한다.

같은 결과를 다음과 같이 변경 가능하다.

```
for eachrow in rows: ----------------------------- ①
    columns = eachrow.findAll()
    for eachcolumn in columns: ------------------- ②
        columnValue = eachcolumn.text
        columnList.append(columnValue)
    # 전체를 저장 리스트에 각 컬럼값을 삽입 후 컬럼값 담는 리스트 초기화
    rowList.append(columnList) ------------------- ③
    columnList = []
xmlout = pd.DataFrame(rowList) ------------------- ④
```

① rows는 item 의 모든 행의 정보를 저장하고 있다 for eachrow in rows 형태로 범위 자리에 리스트를 사용하면 rows 리스트의 개수만큼 반복하면서 하나씩 eachrow 변수에 저장한다.

② 각 행에서 모든 컬럼값을 찾아낸다. findAll( )로 괄호안에 특정 태그 이름을 정의하지 않은 경우 모든 태그를 찾는다. 따라서 모든 컬럼 정보를 columns 변수에 저장한다. 이후 모든 컬럼의 텍스트값을 columnList에 추가한다.

③ 행을 저장하는 rowList에 columnList 값을 추가한 후 다음 행 정보를 저장하기 위하여 columnList를 초기화한다.

④ 마지막으로 최종 rowList 변수를 데이터프레임으로 변환한다. for 문에서 범위자리 (range (0, 10))에 리스트 변수를 사용하면 반복문에서 리스트 내 값을 하나씩 꺼내면서 정의한 변수(예: eachrow)에 할당되는 점을 알아야 한다. 다음 스텝으로는 컬럼명을 쉽게 리스트에 저장하는 방법을 알아보도록 한다. 컬럼명을 재정의 시 한두 개 정도는 바로 정의 가능하지만 컬럼 정보가 10개 이상되면 기존 컬럼값을 알아서 파이썬이 스크랩하여 데이터 프레임 생성 시 바로 활용할 수 있다.

```
rowCnt = 0 ---------------------------------------------------- ①
columnNameList = []
for eachrow in rows:
    columns = eachrow.findAll()
    for eachcolumn in columns:
        if rowCnt == 0: -------------------------------------- ②
            columnNameList.append(eachcolumn.name)
        columnValue = eachcolumn.text
        columnList.append(columnValue)
    # 전체를 저장 리스트에 각 컬럼값을 삽입 후 컬럼값 담는 리스트 초기화
    rowList.append(columnList)
    columnList = []
    rowCnt +=1 ------------------------------------------------ ③
xmlout = pd.DataFrame(rowList, columns = columnNameList) -------- ④
```

① 범위를 사용하지 않은 상태에서 행 개수를 카운트하기 위하여 rowCnt 변수를 선언하

였다.

② 첫 번째 행의 컬럼 정보를 저장 시 태그명을 수집한다(.name 사용). 저장한 태그명을 리스트에 저장한다.

③ 행 반복문이 종료되는 시점에 번호(rowCnt)를 1 증가시킨다.

④ 반복 작업을 통해 수집한 데이터와 컬럼 정보를 사용하여 데이터프레임으로 변환한다.

추가로 공공데이터 포털에서 대기오염 정보 키워드로 자료를 검색 후 "한국환경공단_대기오염정보" 데이터를 활용 신청 후 XML 포맷 데이터 수집 실습을 해본다.

기억합시다

대단원	소단원	핵심 포인트
외부 연동 데이터 수집	웹 크롤링 활용 데이터 수집	BeautifulSoup 활용 HTML 추출 및 DOM 구조를 이해한다. 테이블 정보 스크랩 시 사용한 전략을 이해한다. Selenium 활용 자동화된 크롤러 만드는 방법을 이해한다.
	공공 데이터 포털 데이터 수집	국가통계포털, 공공데이터 포털을 통해 파일, JSON, XML 형태의 다양한 수집 방법을 이해한다.

단원 정리 문제

01. 다음 중 웹상에서 데이터 요청 및 응답 여부 확인을 위한 라이브러리는?

① BeautifulSoup ② Requests
③ Pandas ④ Matplotlib
⑤ Numpy

02. 다음 중 브라우저 제어 라이브러리로 사람이 직접 브라우저를 켜고 검색어를 입력하지 않고도 컴퓨터가 자동으로 처리해 주는 라이브러리는?

① BeautifulSoup ② Requests
③ Pandas ④ Matplotlib
⑤ Selenium

03. 온라인 쇼핑몰에 접속 후 "웹카메라 1080p" 키워드로 판매 제목과 가격 정보를 수집하시오.

04. 사이트 (https://www.timeanddate.com/holidays/south-korea/) 접속 후 한국의 2020년도 홀리데이 정보를 수집하시오.

05. 한국환경공단_대기오염 정보를 공공데이터 포털에서 검색 후 통합대기환경지수 나쁨 관측소 정보를 수집하시오.

PART V

데이터 분석 및 데이터 전처리

단원 개요

[단원명]

데이터 분석 및 데이터 전처리

[단원 소개]

- 다양한 소스 (파일, 데이터베이스, 웹크롤링, 공공데이터 포털 등)로 부터 데이터 수집 방법을 익힌 후 데이터를 정제 및 분석하는 방법을 익힌다. 분석 아이디어를 자유롭게 데이터를 조작하여 구현할 수 있는 방법을 학습한다.

[교육 대상]

- 데이터 분석가 / 인공지능 전문가
- 데이터 엔지니어

내용	학습 내용
데이터야 놀자	- 다양한 데이터 조회 방법을 실습한다. - 데이터값을 변경하는 방법을 실습한다. - 데이터의 정렬, 요약 분석 방법을 실습한다. - 예측 시 사용하는 고급 함수 사용법을 실습한다. - 데이터 병합 방법을 실습한다. - 결측값 처리 방법을 실습한다.

Artificial Intelligence
BIGDATA &

01 데이터야 놀자

학습 내용

1. 다양한 데이터 조회 방법을 실습한다.
2. 데이터값을 변경하는 방법을 실습한다.
3. 데이터의 정렬, 요약 분석하는 방법을 실습한다.
4. 예측 시 사용하는 고급 함수 사용법을 실습한다.
5. 데이터 병합 방법을 실습한다.
6. 결측값 처리 방법을 실습한다.

다양한 방법의 데이터의 조회, 조작 분석 방법을 익힌다. 데이터 조작은 pandas 라이브러리를 사용한다. 상세 라이브러리 문서는 'https://pandas.pydata.org/pandas-docs/stable/' 사이트에서 참조 가능하다. 시작하기 전에 dataset 폴더 내 customerdata.csv 파일을 불러온다.

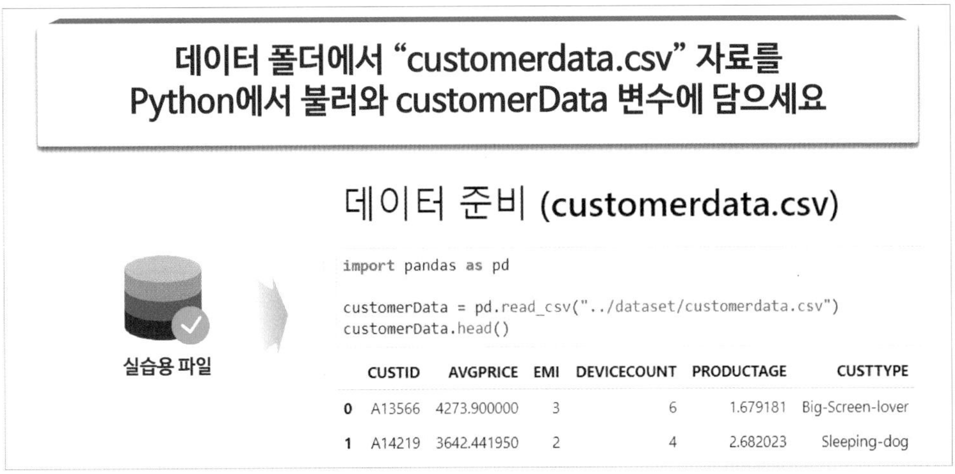

[그림 5-1] 데이터 준비

데이터는 고객의 제품 구매 관련 정보가 저장되어 있다. 고객번호(CUSTID)는 기본 키로 중복을 허용하지 않으며 빈값(NULL)이 들어올 수 없다. 고객번호 외 컬럼은 고객이 평균적으로 제품 구매 시 지출하는 평균 구매가격(AVGPRICE), 제품 구매 시 무이자 할부를 이용한 건수(EMI), 상품 구매 건수(DEVICECOUNT), 제품 구매 후 다시 제품 구매까지 걸리는 (년도)시간(PRODUCTAGE), 새로운 제품에 빨리 반응하는 고객인지, 늦게 반응하는 고객인지 등의 유형 정보(CUSTTYPE)로 구성되어 있다.

	CUSTID	AVGPRICE	EMI	DEVICECOUNT	PRODUCTAGE	CUSTTYPE
0	A13566	4273.900000	3	6	1.679181	Big-Screen-lover
1	A14219	3642.441950	2	4	2.682023	Sleeping-dog
2	A15312	3653.884565	2	5	3.208202	Sleeping-dog
3	A16605	3713.211107	2	6	0.900000	Early-bird

컬럼명	컬럼 유형	컬럼 설명	키	길이	NULL 허용	비고
CUSTID	문자	고객번호	1	40	N	
AVGPRICE	숫자	평균 구매가격				
EMI	숫자	무이자 할부 이용건수				
DEVICECOUNT	숫자	상품 구매건수				
PRODUCTAGE	숫자	평균 상품 지속년도				
CUSTTYPE	문자	고객 타입 정보				

[그림 5-2] 데이터 설명

제공된 데이터를 활용하여 데이터 조작하는 방법을 실습하도록 한다.

1 원하는 행 조회하기
2 원하는 컬럼 조회하기
3 인덱스 설정하기
4 데이터 조작하기
5 데이터 컬럼 간 연산하기
6 데이터 정렬하기
7 데이터 그룹별 집계하기
8 고급연산 실습하기
9 데이터 병합하기
10 결측값 처리하기

[그림 5-3] 데이터 조작 방법 목록

데이터 조작 실습 전 데이터의 기본 형태인 데이터프레임(행과열이 있는 데이터셋 형태) 생성 방법을 학습한다. 파이썬에서 행과 열 형태의 스프레드시트는 pandas 라이브러리를 사용하여 데이터프레임으로 변환 후 다양한 데이터 조작이 가능하다.

먼저 리스트 자료형을 데이터프레임으로 변환하는 방법을 다룬다.

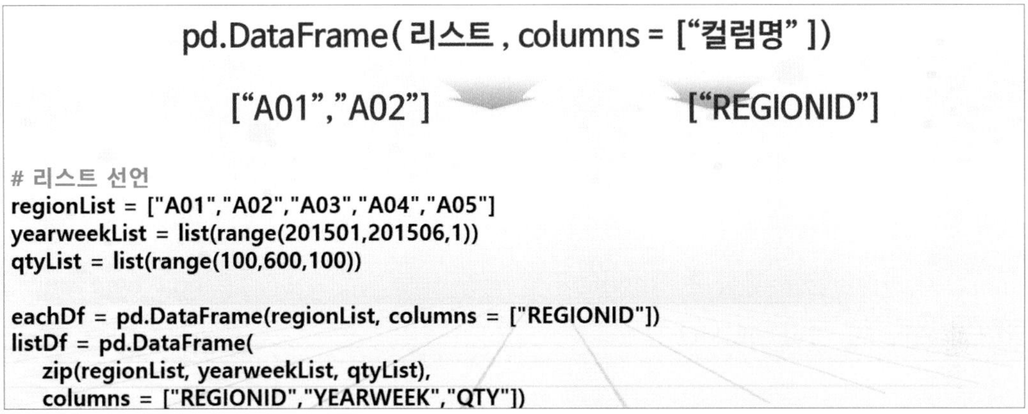

[그림 5-4] 리스트 활용 데이터프레임 생성

실습을 통해 데이터프레임을 생성한다.

```
import pandas as pd ------------------------------------------- ①

# 리스트 선언
regionList = ["A01","A02","A03","A04","A05"] ------------------ ②
yearweekList = list(range(201501,201506,1))
qtyList = list(range(100,600,100))

eachDf = pd.DataFrame(regionList, columns = ["REGIONID"]) ----- ③
listDf = pd.DataFrame( ---------------------------------------- ④
    zip(regionList, yearweekList, qtyList),
    columns = ["REGIONID","YEARWEEK","QTY"])
print(eachDf.head(1))
print(listDf.head(1))
```

① pandas 라이브러리를 불러온다.

② 테스트 리스트(지역, 연주차, 실적 정보)를 생성한다.

③ 하나의 리스트를 pd.DataFrame 형태로 캐스팅하여 데이터프레임으로 변환한다. 단 데이터의 값은 있지만 컬럼명을 생성하지 않으면 기본 이름(순서대로 0, 1, 2 등) 컬럼이 생성되므로 컬럼명을 선언한다.

④ 여러 개의 리스트를 각각 컬럼의 형태로 변환 시에는 리스트들을 zip 함수로 묶은 후 pd.DataFrame으로 캐스팅한다. 주의할 점은 3개 리스트의 길이가 같아야 한다. 만약 다르면 zip에서 가장 작은 리스트를 기준으로 데이터프레임을 생성한다. 3개의 리스트를 묶었기 때문에 컬럼명이 기본 (0, 1, 2) 값으로 생성된다. 따라서 원하는 컬럼명 값으로 재정의한다. 생성 후 데이터의 타입 확인 시 (예: type(eachDf)) pandas.core.frame.DataFrame 값이 리턴된다.

```
import pandas as pd

# 리스트 선언
regionList = ["A01","A02","A03","A04","A05"]
yearweekList = list(range(201501,201506,1))
qtyList = list(range(100,600,100))

eachDf = pd.DataFrame(regionList, columns = ["REGIONID"])
listDf = pd.DataFrame(
    zip(regionList, yearweekList, qtyList),
    columns = ["REGIONID","YEARWEEK","QTY"])
print(eachDf.head(1))
print(listDf.head(1))
```

```
  REGIONID
0      A01
  REGIONID  YEARWEEK  QTY
0      A01    201501  100
```

[그림 5-5] 리스트 활용 데이터프레임 생성 결과

다음은 딕셔너리 자료형을 활용한 데이터프레임 생성 방법이다.

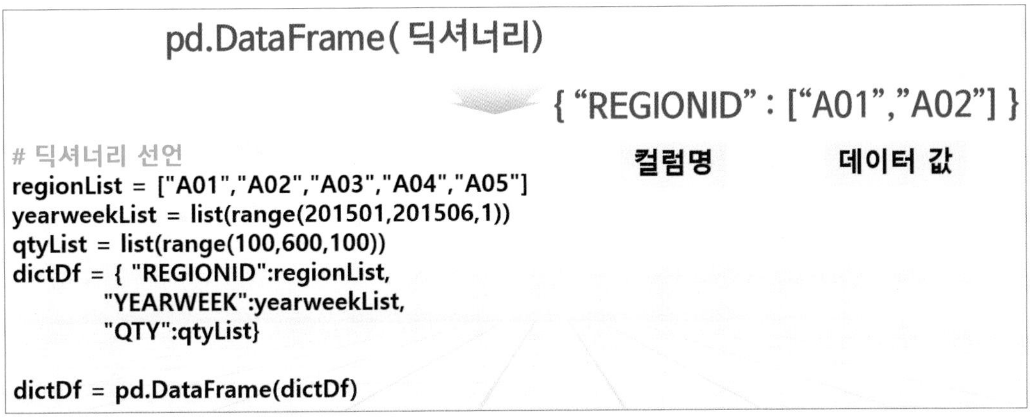

[그림 5-6] 딕셔너리 활용 데이터프레임 생성

실습을 통해 데이터프레임을 생성한다.

```
# 딕셔너리 선언
regionList = ["A01","A02","A03","A04","A05"]
yearweekList = list(range(201501,201506,1))
qtyList = list(range(100,600,100))
dictDf = { "REGIONID":regionList, ------------------ ①
           "YEARWEEK":yearweekList,
           "QTY":qtyList }

dictDf = pd.DataFrame(dictDf) ---------------------- ②
```

① 딕셔너리의 키는 컬럼명, 값은 리스트(지역, 연주치, 실적정보)로 정의한다.

② 데이터프레임으로 변환하기 위하여 pd.DataFrame으로 캐스팅한다. 키는 컬럼명으로 값은 데이터를 갖는 데이터프레임이 생성된다. 주의할 점은 딕셔너리 값의 모든 길이는 같아야 한다. 같지 않은 경우 에러를 발생한다.

마지막으로 이미 존재하는 데이터를 읽어서 데이터프레임을 생성하는 방법이다.

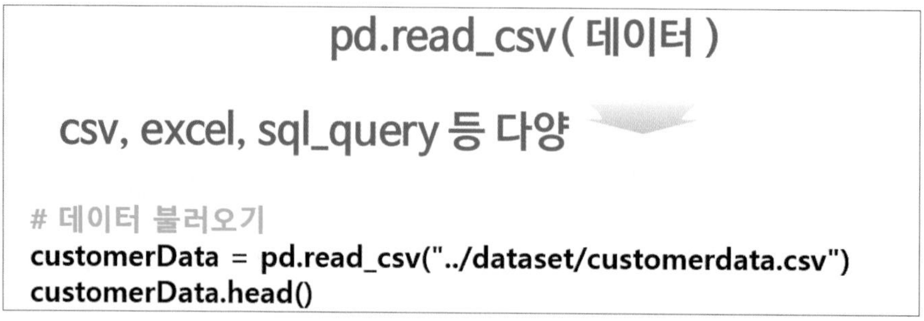

[그림 5-7] 데이터를 읽어서 데이터프레임 생성

실습을 통해 데이터프레임을 생성한다.

```
customerData = pd.read_csv("../dataset/customerdata.csv") ---------- ①
customerData.head()
```

① pandas 라이브러리는 csv, excel, json 등 다양한 데이터를 데이터프레임으로 변환하여 불러올 수 있다. 그중 read_csv를 사용하여 csv 파일을 불러왔다.

2020년 1월 pandas 1.0이 출시되고 생성한 데이터프레임의 전체 구조를 확인하는 함수인 info()가 더 깔끔하게 보여 주도록 변경되었다. 최신 버전 내용만 확인하고 넘어가자. [그림 5-8]과 같이 데이터프레임 전체 정보를 확인 시 info()를 사용한다. RangeIndex는 전체 데이터의 행 개수를 뜻하며, 150개의 행으로 이루어져 있고 인덱스는 0~149가 존재한다. 컬럼 6개의 정보를 각 컬럼별로 컬럼명, 결측값(NULL) 존재 여부, 자료형 정보를 확인 가능하다. 마지막으로 데이터의 메모리 사용량 정보를 확인 가능하다.

```
customerData.info()

<class 'pandas.core.frame.DataFrame'>
RangeIndex: 150 entries, 0 to 149
Data columns (total 6 columns):
 #   Column       Non-Null Count  Dtype
---  ------       --------------  -----
 0   CUSTID       150 non-null    object
 1   AVGPRICE     150 non-null    float64
 2   EMI          150 non-null    int64
 3   DEVICECOUNT  150 non-null    int64
 4   PRODUCTAGE   150 non-null    float64
 5   CUSTTYPE     150 non-null    object
dtypes: float64(2), int64(2), object(2)
memory usage: 7.2+ KB
```

[그림 5-8] 데이터프레임 정보

1.1 원하는 행 조회하기

데이터 분석 시 불러온 데이터를 바로 분석하는 일은 많지 않다. 고객 데이터를 불러오고 무이자 할부를 많이 사용한 고객의 특성을 확인하려면 전체 데이터에서 특정 조건의 데이터만 조회할 수 있어야 한다. 특정 조건의 데이터만 조회하려면 데이터프레임명에 조건식을 사용하여 정의할 수 있다. 비교연산자는 조건문 학습 시 다루었기 때문에 그 부분을 참고하시오.

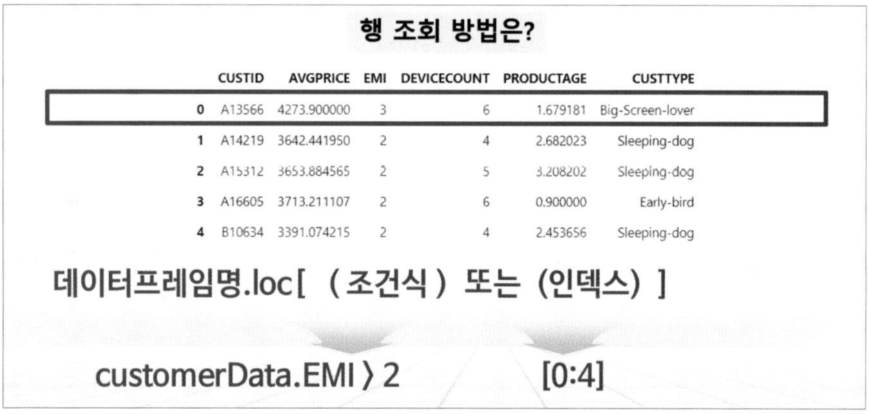

	CUSTID	AVGPRICE	EMI	DEVICECOUNT	PRODUCTAGE	CUSTTYPE
0	A13566	4273.900000	3	6	1.679181	Big-Screen-lover
1	A14219	3642.441950	2	4	2.682023	Sleeping-dog
2	A15312	3653.884565	2	5	3.208202	Sleeping-dog
3	A16605	3713.211107	2	6	0.900000	Early-bird
4	B10634	3391.074215	2	4	2.453656	Sleeping-dog

[그림 5-9] 데이터 행 조회 방법

1.1.1 단순 조건에 맞는 데이터 조회하기

고객 데이터(customerData)에서 무이자 할부(EMI)가 3건이면서 제품 구매 건수가 5건 이상인 고객 정보를 실습을 통해 조회한다.

```
import pandas as pd
# CSV 파일을 읽어 DataFrame 형태로 저장하기
customerData = pd.read_csv("../dataset/customerdata.csv")

emiCondition = 3 ----------------------------------------------------- ①
deviceCondition = 5
## 조건 설정
answer = customerData.loc[ (customerData.EMI==emiCondition) & -------- ②
                           (customerData.DEVICECOUNT>deviceCondition) ]
answer.head()
```

① 조건의 기준값을 별도 변수로 정의한다.

② 불러온 데이터 변수에 .loc [조건식]으로 특정 조건에 맞는 데이터를 조회할 수 있다. loc은 제외할 수도 있다. 조건식 내 (EMI 〉 3) & (DEVICECOUNT 〉 5)로 바로 사용할 수 없고 반드시 컬럼명 앞에 데이터프레임명 붙여 주어야 한다. 조회한 결과는 동일 변수 또는 answer와 같은 새로운 변수를 생성하여 반드시 저장해 주어야 한다. 또한, 주의할 점은 비교문 내 데이터 타입이 동일해야 하며 다중 조건인 경우 각 조건은 괄호로 묶어 주어야 한다. 데이터프레임 내 컬럼들의 자료형 확인하는 방법은 dtypes(예: customerData.dtypes)를 사용하여 확인할 수 있다.

```
customerData.dtypes

CUSTID            object
AVGPRICE         float64
EMI                int64
DEVICECOUNT        int64
PRODUCTAGE       float64
CUSTTYPE          object
dtype: object
```

[그림 5-10] 타입 조회 예시

컬럼의 자료형이 문자열인 경우 object로 표현되고 float은 소수점이 포함된 실수, int는 정수를 나타낸다. 파이썬에서 read 함수를 사용하여 데이터를 불러온 경우 컬럼의 자료형을 파이썬이 알아서 정의한다. 하지만 컬럼의 자료형은 astype 함수를 사용하여 변경 가능하다.

```
데이터프레임명["컬럼명"] = 데이터프레임명["컬럼명"].astype(변경할 타입)
데이터프레임명 = 데이터프레임명.astype( {"컬럼명": 변경할 타입})

                                                    str, float, int

customerData["CUSTID"] = customerData["CUSTID"].astype(str)
customerData = customerData.astype( {"CUSTID":str})
```

[그림 5-11] 타입 변경 방법

주어진 데이터에서 CUSTID 컬럼은 (문자 -> 문자), DEVICECOUNT 컬럼은 (정수 ->실수)로 변경하는 실습을 한다.

```
customerData.CUSTID = customerData.CUSTID.astype(str) ---------- ①

customerData = customerData.astype( -------------------------- ②
                {"CUSTID":str,
                 "DEVICECOUNT":float} )
customerData.dtypes
```

① 하나의 컬럼만 자료형을 변경 시에는 astype 함수를 사용하여 원하는 자료형(str, int, float 등)으로 변경 후 기존 컬럼값에 대입 시 변경 가능하다.

② 다중 컬럼을 한 번에 변경 시 딕셔너리를 사용하면 동시에 변경 가능하다. DEVICECOUNT 컬럼은 실수로 변경되어 customerData.head(1)로 확인해 보면 기존에 정수(1, 2)로 표현되던 값이 실수(1.0, 2.0)로 [그림 5-12]와 같이 변경됨을 확인 가능하다.

```
customerData.dtypes

CUSTID          object
AVGPRICE       float64
EMI              int64
DEVICECOUNT    float64
PRODUCTAGE     float64
CUSTTYPE        object
dtype: object

customerData.head()
```

	CUSTID	AVGPRICE	EMI	DEVICECOUNT	PRODUCTAGE	CUSTTYPE
0	A13566	4273.900000	3	6.0	1.679181	Big-Screen-lover
1	A14219	3642.441950	2	4.0	2.682023	Sleeping-dog

[그림 5-12] 데이터 타입 변경 결과

1.1.2 컬럼 내 다중값 포함 여부 조회하기

한 컬럼에 다중값 포함 여부는 어떻게 확인할까? 예를 들면 무이자 할부를 2번 또는 3번 사용한 고객 정보를 조회하려는 경우 조건으로 (EMI == 2) | (EMI == 3) 이렇게 넣을 것인가? 아마 더 많은 값을 확인하려면 코드가 길어질 것으로 예상된다. 이때는 isin 함수를 사용하여 해결할 수 있다. 실습을 통해 확인하자.

```
emiCondition = [ 2, 3 ] ---------- ①

## 조건 설정
```

```
answer1 = customerData.loc[ customerData.EMI.isin(emiCondition) ] ----- ②
answer2 = customerData.loc[ ~ customerData.EMI.isin(emiCondition) ]
```

① 리스트로 포함 또는 미포함될 값을 정의한다.

② 조건 항목에 isin(포함 대상값) 함수를 사용하면 리스트 내 컬럼값이 존재하는 행만 조회된다. 반대로 isin이 포함되는 조건 절 앞에 ~ 사용하면 반대의 조건(존재하지 않는 경우)만 조회된다.

1.1.3 인덱스 활용하여 조회하기

행 조회 시 맨 앞에 존재하는 인덱스값을 사용하여 조회 가능하다. 인덱스는 기본적으로 데이터프레임을 불러오면 첫 번째 행부터 0으로 시작하여 번호가 붙는다. 원하는 인덱스값을 리스트로 정의한 후 데이터를 불러올 수 있다.

인덱스

	CUSTID	AVGPRICE	EMI	DEVICECOUNT	PRODUCTAGE
0	A13566	4273.900000	3	6	1.679181
1	A14219	3642.441950	2	4	2.682023

[그림 5-13] 인덱스 위치 예시

다양한 방법으로 인덱스를 사용하여 조회하는 실습을 해보자.

```
import pandas as pd

# CSV 파일을 읽어 DataFrame 변수에 저장하기
customerData = pd.read_csv("../dataset/customerdata.csv")

specificIndex = [1,3]
## 인덱스로 범위 설정
```

```
answer1 = customerData.loc[ specificIndex ] ---------- ①
answer2 = customerData.loc[ 1:3 ]
answer3 = customerData.loc[ : ]
print(len(answer1)) --------------------------------- ②
print(len(answer2))
print(len(answer3))
```

① 특정 인덱스만 조회 시 대괄호 안에 원하는 리스트를 정의하면 된다. 만약 연속적인 인덱스를 선택하려면 대괄호 안에 ":" 기호를 활용하여 특정 구간 또는 전체 구간 조회가 가능하다.

② 출력 결과는 2, 3, 150으로 각 조회한 데이터 건수만큼 출력된다. 주의할 점은 loc 사용 시 customerData.loc[1:3]인 경우 인덱스 1, 2, 3을 모두 포함해서 조회되며, customerData[1:3] 사용 시 3은 포함되지 않고 1, 2 인덱스가 조회된다.

1.2 원하는 컬럼 조회하기

분석 대상 데이터의 컬럼이 많은 경우 연산 시 컬럼을 따로 선택해서 별도 변수에 저장해야 하는 경우가 발생한다. 향후 머신러닝 구현 시에도 컬럼 중에 예측해야 하는 종속변수인 판매량 컬럼과 판매량에 영향을 끼치는 특성 컬럼(예: 할인가격, 홀리데이 유/무 등)들을 별도로 분리한 후 기계에 학습하는 경우가 발생한다. 따라서 데이터에서 컬럼을 자유롭게 선택하는 방법을 학습한다. 데이터(행) 조회하는 방법에서 콤마를 붙이면 컬럼을 추가로 정의한 후 원하는 컬럼만 조회할 수 있다.

[그림 5-14] 컬럼 조회 방법

1.2.1 컬럼명 활용하여 부분 컬럼 조회하기

먼저 컬럼명을 활용하여 조회하는 경우를 실습을 통해 알아본다. 고객 아이디(CUSTID)와 평균 구매가격(AVGPRICE) 컬럼만 조회한다.

```
import pandas as pd
# CSV 파일을 읽어 Data Frame 변수에 저장하기
customerData = pd.read_csv("../dataset/customerData.csv")

# 타겟 컬럼 정의 및 조회
targetColumns = ["CUSTID","AVGPRICE"] --------------------- ①
customerDataC = customerData.loc[ : , targetColumns ]

# 데이터 VIEW
customerDataC.head(2)
```

① 원하는 컬럼 정보를 리스트로 정의한 후 loc 함수를 활용하여 전체 행 조회 후 콤마로 이어서 조회 대상 컬럼 리스트를 정의한다.

loc을 사용하지 않는 경우 customerData[targetColumns] 형태로 컬럼만 조회도 가능하다.

또한, 주의할 점은 컬럼 선택 후 변경된 값을 변수에 저장하지 않으면 기존 변수는 변경되지 않는다. 따라서 동일 변수 또는 새로운 변수에 선택한 값을 저장해야 한다.

1.2.2 인덱스 활용하여 부분 컬럼 조회하기

다음으로 인덱스를 사용하는 경우를 실습을 통해 알아본다. 주의할 점은 iloc(index location)을 loc 대신 사용하고 iloc을 쓰면 앞에는 행 범위를 적고 콤마로 구분하여 뒤에는 컬럼 범위를 나타낸다. (예: .iloc[0:2, 0:2] 정의 시 각 행, 열은 0, 1 인덱스만 조회됨) 실습을 통해 고객 아이디(CUSTID)와 평균 구매 가격(AVGPRICE) 컬럼의 인덱스 (0,1,2)행을 조회한다.

```
# 타겟 행, 컬럼 정의 및 조회
customerDataCIndex = customerData.iloc[ 0:3, 0:2 ] ------------ ①

# 데이터 VIEW
customerDataCIndex.head()
```

① 앞에 행 조회 시 0:3으로 정의했기 때문에 마지막 3을 제외한 0에서 2까지의 인덱스 행이 조회된다. 또한, 이어서 컬럼은 0:2로 정의했기 때문에 0에서 1까지의 컬럼을 조회한다. 만약 연속되지 않는 컬럼 조회 시 [0,2] 형태로 컬럼 조회도 가능하며 전체 컬럼 조회 시 ":" 만 입력하면 전체 컬럼이 조회된다.

1.3 인덱스 설정하기

데이터를 조회하다 보면 인덱스가 순서대로 유지되지 않고 뒤죽박죽 변경되는 경우가 발생한다. 처음 데이터를 불러올 때는 인덱스가 0부터 순서대로 있지만 분석 과정에서 특정 행만 조회하거나 특정 조건으로 필터링하다 보면 인덱스가 꼬일 수밖에 없다. 인덱스는 어떻게 다시 초기화하는지와 특정 컬럼 정보를 인덱스로 설정하는 방법을 알아본다.

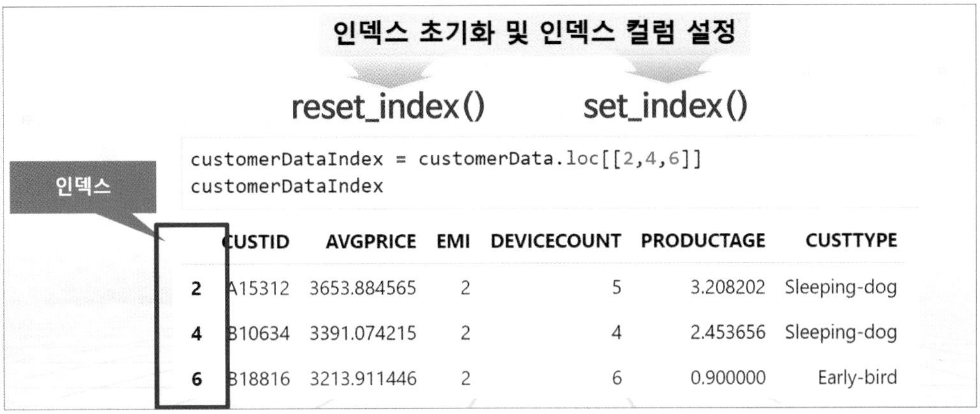

[그림 5-15] 인덱스 설정 방법

1.3.1 인덱스 초기화

인덱스 초기화는 reset_index()를 사용하여 초기화할 수 있다. 초기화 시 최상단의 데이터부터 0으로 시작하여 새로 생성한다. 실습 코드를 통해 알아본다.

```
customerDataIndexY = customerDataIndex.reset_index() --------- ①
customerDataIndexY
```

① reset_index()를 사용하여 초기화한 결과를 다른 변수에 저장했다. 단, 기존 인덱스 번호가 index 컬럼 이름으로 새로 생성된다. 기존 인덱스가 더 이상 필요 없다면 reset_ index(drop=True)와 같이 drop 파라미터를 사용하면 된다. reset_index도 반드시 변수에 결과를 저장해야 한다. 만약 동일한 변수에 초기화한 결과를 담으려면 inplace 파라미터를 같이 사용한다. 기존 인덱스를 버리고 기존 변수에 초기화한 결과를 저장하려면 '기존변수명.reset_index(drop=True, inplace=True)'로 저장 가능하다.

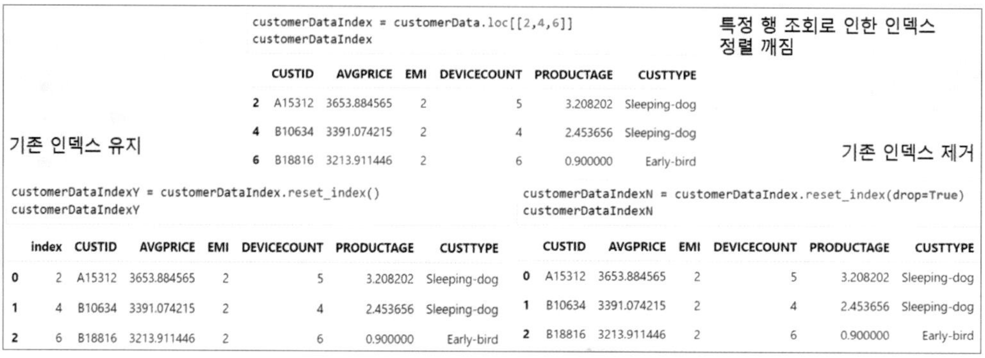

[그림 5-16] 인덱스 사용 방법 예시

1.3.2 인덱스 설정

인덱스 컬럼을 특정 컬럼에 부여할 수도 있다. set_index( ) 함수를 사용하여 CUSTID를 인덱스로 설정한다.

```
csDataNewIndex = customerData.set_index(keys=["CUSTID"]) ---------- ①
csDataNewIndex.loc["A13566":"A15312"]
```

① CUSTID를 인덱스로 설정 후 고객 아이디를 기준으로 A13566~A15312까지의 행을 모두 선택한다.

1.4 데이터 조작하기

데이터를 다루다 보면 값을 변경해야 하는 경우가 발생한다. 예를 들어 고객의 평균 구매 제품 지속년도 데이터를 분석하는데 1년 이하의 데이터(0.2, 0.5 등)는 모두 1년으로 통일하고, 1년 초과 2년 이하 데이터는 2로, 이외에는 모두 3이라는 구간 대푯값을 생성하여 데이터를 정제할 수 있다. 데이터의 값을 어떻게 변경하는지 다양한 방법으로 접근하여 실습한다.

분석할 데이터 중 지속년도를 구간 데이터로 정제해서 분석하려면 어떻게 하지?

지속년도	구간
1년 이하	1
1년 < 지속년도<= 2년	2
지속년도 > 2년	3

[그림 5-17] 데이터 정제 미션

1.4.1 np.where 활용

당연히 파이썬에서는 다양한 데이터 정제 로직이 존재한다. 개발자에게 가장 편한 방식은 조건문을 통해 구현하는 방법이다.

```
# numpy 라이브러리
import numpy as np

#컬럼 추가 생성 및 조건에 따른 컬럼명 변경
customerData["PRODUCTAGE_NEW"]=₩
np.where(customerData["PRODUCTAGE"] < 1,    1,    customerData["PRODUCTAGE"] )
```

조건식 | 참 | 거짓

거짓인 경우 추가조건 가능

[그림 5-18] 데이터 정제 np.where 활용

실습을 통해 알아본다.

```
import pandas as pd
import numpy as np

# CSV 파일을 읽어 DataFrame 변수에 저장하기
customerData = pd.read_csv("../dataset/customerdata.csv")

customerData["AGE_NEW"]=\ ---------------------------------- ①
np.where( customerData.PRODUCTAGE <= 1, 1, \
          np.where(customerData.PRODUCTAGE <= 2, 2, 3))

customerData.head()
```

① 신규 컬럼(AGE_NEW)을 정의하고 np.where 함수 조건식에 지속 연도가 1년 이하인 경우 1 거짓인 경우 다시 조건문이 선언되었다. 이외 남은 데이터에 대해서 2년 이하면 2, 또 이 외의 데이터는 3으로 값을 생성하여 신규 컬럼(AGE_NEW)에 할당한다. 신규 컬럼의 경우는 반드시 대괄호를 사용하여 생성 후 값을 정의해야 한다. 이미 존재하는 컬럼인 경우는 customerData.PRODUCTAGE로 사용 가능하다. 실행 결과는 [그림 5-19]와 같다.

```
import pandas as pd
import numpy as np

# CSV 파일을 읽어 DataFrame 변수에 저장하기
customerData = pd.read_csv("../dataset/customerdata.csv")

customerData["AGE_NEW"]=\
np.where(customerData.PRODUCTAGE <= 1, 1,\
    np.where(customerData.PRODUCTAGE <= 2, 2, 3))

customerData.head()
```

	CUSTID	AVGPRICE	EMI	DEVICECOUNT	PRODUCTAGE	CUSTTYPE	AGE_NEW
0	A13566	4273.900000	3	6	1.679181	Big-Screen-lover	2
1	A14219	3642.441950	2	4	2.682023	Sleeping-dog	3

[그림 5-19] 데이터 정제 np.where 예시

1.4.2 loc 활용

데이터 조회 시 사용했던 loc을 활용하여 조건에 따라 특정 컬럼값을 변경할 수 있다. 조건문과 다르게 모든 예외 조건을 전부 정의해야 하지만 코드 가독성이 뛰어나다.

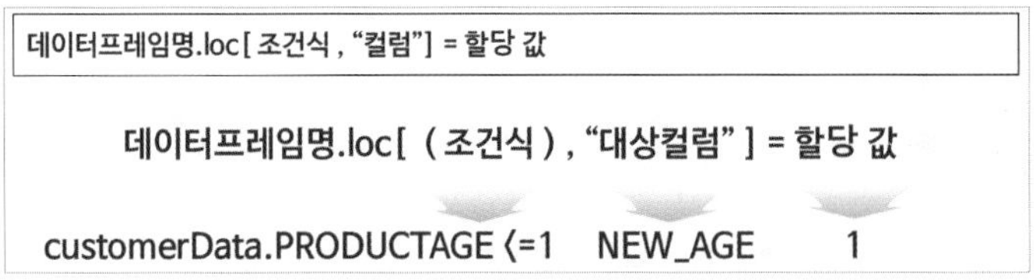

[그림 5-20] 데이터 정제 loc 활용 예시

실습을 통해 알아본다.

```
# 조건 설정
condition1 = customerData.PRODUCTAGE <= 1 --------------- ①
condition2 = (customerData.PRODUCTAGE > 1) & \
             (customerData.PRODUCTAGE <= 2)
condition3 = customerData.PRODUCTAGE > 2

# 값 할당
customerData.loc[ condition1, "NEW_AGE" ] = 1 ---------- ②
customerData.loc[ condition2, "NEW_AGE" ] = 2
customerData.loc[ condition3, "NEW_AGE" ] = 3

customerData.head()
```

① 조건식을 미리 변수에 정의한다.

② loc 내 조건에 따라 컬럼에 값을 할당한다.

np.where와 비슷하지만 np.where은 앞에 있는 조건부터 순차적으로 값이 할당되어 선행 조건을 나중에 추가로 정의하지 않아도 되지만 loc 활용 시에는 할당값에 대한 모든 조건을 전부 명시해 주어야 하기 때문에 실수로 값을 할당하지 못하는 경우 범위에 포함된되지 않은 부분은 빈 값으로 할당된다. 하지만 모든 조건이 명확하게 정의되어 코드의 가독성이 높다.

1.4.3 함수 활용

함수를 활용하여 컬럼값을 변경 가능하다.

```
def 함수명 ():

return x

데이터프레임명[컬럼명] = 데이터프레임명.컬럼명.apply(함수명)
```

[그림 5-21] 데이터 정제 함수 활용 예시

실습을 통해 알아본다.

```
def agePeriods(inAge): ---------------------------------------------------- ①
    if inAge <= 1:
        return 1
    elif inAge <= 2:
        return 2
    else:
        return 3

customerData["NEW_AGE"] = customerData.PRODUCTAGE.apply(agePeriods) ----- ②
customerData
```

① 함수는 입력값을 받아 구간별로 대푯값을 리턴한다.

② customerData에서 지속 연도(PRODUCTAGE) 값에 대해 함수를 적용한 후 결괏값을 신규 컬럼(NEW_AGE)에 할당한다.

이상 데이터 정제 및 데이터 조작을 위해 총 3가지 방법 (np.where, loc, 함수)을 알아보았다. 간단한 조건 처리는 np,where로 구현하면 되지만, 조건이 복잡해지면 함수화하여 구현하는 것이 코드의 가독성 면에서 유리하다. 각 사용처별 처리 속도를 비교해 보면 [표 5-1]과 같다.

[표 5-1] 데이터 정제 로직 별 비교

순서	함수 유형	활용성	속도 (customerData 기준, timeit 활용)
1	np.where	일회성 정제 시 유용함	2.93ms
2	loc	명확한 조건식에 활용 가능	7.79ms
3	함수	복잡한 제어 로직에 유용함	3.18ms

1.5 데이터 컬럼 간 연산하기

데이터프레임을 다루다 보면 같은 행의 다른 컬럼값들을 활용하여 연산해야 하는 경우가 발생한다. 예를 들어 제품의 가격 정보와 할인 가격 컬럼 정보가 있는 경우 할인율 정보를 새로 만들기 위하여 두 개의 컬럼(가격, 할인가격) 간 연산을 수행해야 하는 경우이다. pandas는 동일 행에 대한 컬럼 간 연산을 쉽게 할 수 있다. 단, 컬럼값에서 문자열 함수를 적용하기 위해서는 문자형으로 astype(str)을 사용하여 변경 후 .str 입력한 후 사용 가능하다.

```
데이터프레임명["컬럼명"] = 데이터프레임명["컬럼명"].str[0:4] + "test"
```

customerData["NEW_COLUMN"] = customerData.CUSTID.str[1:]+"_"+customerData.EMI.astype(str)
customerData.head()

```
customerData["NEW_COLUMN"] = customerData.CUSTID.str[1:]+"_"+customerData.EMI.astype(str)
customerData.head()
```

	CUSTID	AVGPRICE	EMI	DEVICECOUNT	PRODUCTAGE	CUSTTYPE	NEW_COLUMN
0	A13566	4273.900000	3	6.4	1.679181	Big-Screen-lover	13566_3
1	A14219	3642.441950	2	4.0	2.682023	Sleeping-dog	14219_2
2	A15312	3653.884565	2	5.0	3.208202	Sleeping-dog	15312_2
3	A16605	3713.211107	2	6.6	1.000000	Early-bird	16605_2
4	B10634	3391.074215	2	4.2	2.453656	Sleeping-dog	10634_2

[그림 5-22] 컬럼 간 연산 예시

실습을 통해 알아본다.

```
customerData["NEW_COLUMN"] = \ ------------------------------------- ①
customerData.CUSTID.str[ 1: ] + "_" + customerData.EMI.astype(str)
customerData.head()
```

① 신규 컬럼(NEW_COLUMN)을 생성하여 고객번호(CUSTID)에서 두 번째 이상 값을 선택하는 문자열 함수를 사용하기 위하여 .str[1:]을 정의한다. 이후 문자열을 붙이기 위해 + 연산을 사용하여 "_"를 붙인 후 무이자 할부 이용 건수 컬럼(EMI)을 문자열로 변환하여 추가로 붙인다.

1.6 데이터 정렬하기

데이터 분석 시 특정 컬럼을 기준으로 정렬해서 보면 데이터의 이해가 훨씬 쉬워지는 경우가 있다. 예를 들어 고객 데이터에서 무이자 할부 기준 내림차순(큰 숫자부터 점점 작아지게), 평균 구매 가격 기준 오름차순(작은 숫자부터 점점 커지게)으로 정렬하면 무이자 할부 이벤트를 진행하였을 때 무이자 할부를 많이 사용하는 고객들을 평균구매가격이 적은 순서대로 데이터가 표시되어 구매 금액 분포를 쉽게 살펴볼 수 있다. 결국 정렬은 데이터를 정리해서 볼 수 있는 수단이다. 또한, 로직을 적용한 다음 데이터 순서가 뒤죽박죽되어 있으면 로직이 제대로 반영되었는지 확인하는 과정이 어렵지만 정렬해서 보면 데이터에 대한 확인이 훨씬 쉬워진다. 파이썬에서는 정렬 시 sort_values 함수를 사용하여 특정 컬럼값 기준 데이터를 정렬할 수 있다.

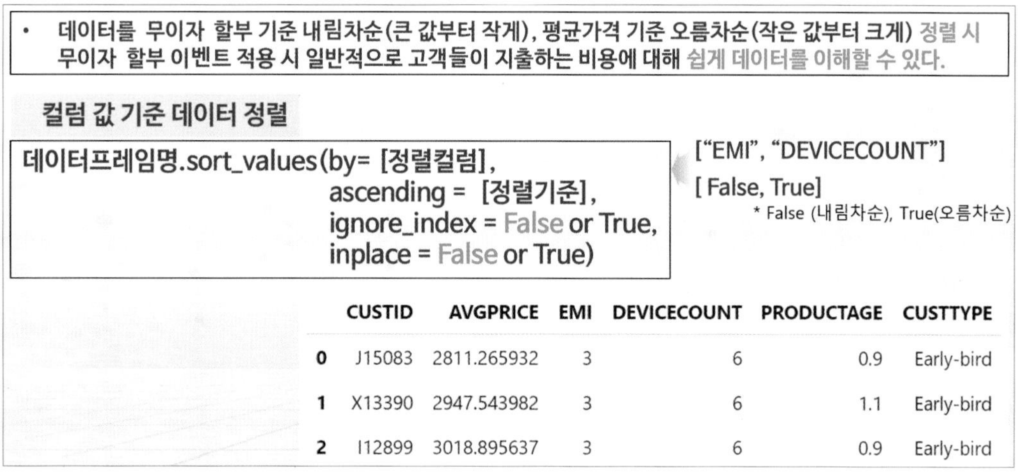

[그림 5-23] 정렬함수 개념

sort_values 괄호 이후 shift+tab을 누르면 함수에 대한 설명 및 사용법을 알 수 있지만 기본적으로 많이 사용하는 함수의 파라미터 위주로 실습한다.

[표 5-2] 정렬 함수 주요 파라미터

순서	파라미터	설명	비고
1	by	정렬 기준 컬럼	["EMI", "AVGPRICE"]
2	ascending	정렬 방법	[False, True] * 기본 오름차순
3	ignore_index	기존 인덱스 무시 후 초기화	[False, True] * 기본 유지 False
4	inplace	함수 적용 후 변수에 바로 적용	[False, True] * 기본 적용 안 함 False

실습을 통해 고객 데이터를 무이자 기준(EMI) 내림차순, 평균가격 기준(AVGPRICE) 오름차순 정렬을 해본다.

```
sortKey = ["EMI","AVGPRICE"] ------------------------------- ①
customerData.sort_values(by = sortKey, \ ------------------ ②
                         ascending=[False,True], \
                         inplace=True)
customerData.head()
```

① 정렬키를 리스트로 정의한 후 데이터프레임에 sort_value 함수를 적용하여 정렬키는 sortKey로 정의한다. 단 각 컬럼별 정렬 순서 정의 시 [False, True]와 같이 정의할 수 있다. 기본은 True 오름차순 정렬이다.

1.7 데이터 그룹별 집계하기

분석할 데이터가 많을 때 분석 방향을 전혀 못 잡는 경우가 있다. 현재 살펴보는 고객 데이터(customerdata.csv)만 해도 150건밖에 되지 않지만 데이터의 특징을 쉽게 파악하지 못한다. 당연히 어디서부터 분석을 해야 할지 기준을 못 잡는 것이다. 이때 데이터의 특징을 가장 쉽게 알 수 있는 방법이 그룹별로 집계하여 통계값을 만들어 그룹별 특성을 뽑아낼 수 있다. 예를 들어 고객 데이터에서 무이자 할부 이용 건수 기준 평균 구매 가격을 계산하면 무이자 할부 이용 범주별 고객의 평균 지출 비용을 쉽게 확인할 수 있다. 특정 그룹별 특징을 파악하거나 분석 업무를 하는 데 있어 집계 함수는 매우 중요한 역할을 한다.

	EMI	MEAN_AVGPRICE
0	1	3119.031810
1	2	3441.429664
2	3	3559.487188

[그림 5-24] 집계 함수 예시

하나의 예를 더 살펴본다. 지역, 상품 시기별 거래량을 수집하는 데이터가 있다. 데이터를 지역, 상품 기준 집계한다면 PRD2 상품이 잘 팔리고 있다는 결과를 도출할 수 있다.

입력 데이터

지역	상품	시기	거래량
A01	PRD1	상반기	3000
A01	PRD1	하반기	4000
A01	PRD2	상반기	8000
A01	PRD2	하반기	7000
A02	PRD2	상반기	10000
A02	PRD2	하반기	12000

그룹별 분리

지역	상품	시기	거래량
A01	PRD1	상반기	3000
A01	PRD1	하반기	4000

지역	상품	시기	거래량
A01	PRD2	상반기	8000
A01	PRD2	하반기	7000

지역	상품	시기	거래량
A02	PRD2	상반기	10000
A02	PRD2	하반기	12000

집계함수(평균) 산출 및 병합

지역	상품	평균 거래량
A01	PRD1	3500
A01	PRD2	7500
A02	PRD2	11000

[그림 5-25] 거래 실적 데이터 활용 지역/상품 집계 예시

하지만 집계 레벨을 지역,상품이 아닌 지역으로만 한정한다면 [그림 5-26]과 같이 A02 지역이 잘 팔린다는 정보밖에 알지 못한다. 현재 분석 방향이 지역별로 전략을 짜야하는 상황이라면 지역 레벨로 집계 후 인사이트를 얻어야 방향성을 제대로 잡는 것이고, 만약 상품에 대한 마케팅 전략을 고려한다면 지역/상품 레벨로 분석을 진행해야 하는 것이다.

입력 데이터

지역	상품	시기	거래량
A01	PRD1	상반기	3000
A01	PRD1	하반기	4000
A01	PRD2	상반기	8000
A01	PRD2	하반기	7000
A02	PRD2	상반기	10000
A02	PRD2	하반기	12000

그룹별 분리

지역	상품	시기	거래량
A01	PRD1	상반기	3000
A01	PRD1	하반기	4000
A01	PRD2	상반기	8000
A01	PRD2	하반기	7000

지역	상품	시기	거래량
A02	PRD2	상반기	10000
A02	PRD2	하반기	12000

집계함수(평균) 산출 및 병합

지역	평균 거래량
A01	5500
A02	11000

[그림 5-26] 거래실적 데이터 활용 집계 예시

파이썬에서 집계 함수 구현 시 groupby 함수를 사용한다.

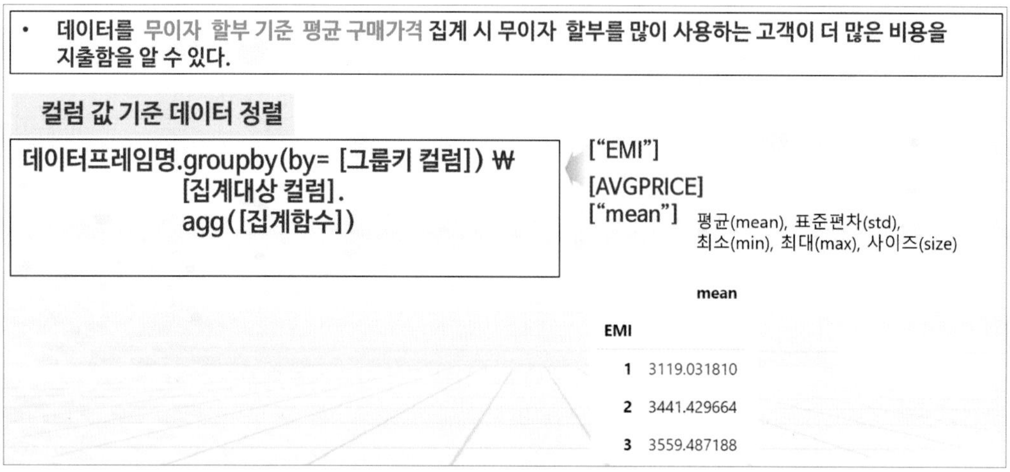

[그림 5-27] 집계 함수 개념

자주 사용하는 집계 함수는 다음 표와 같다.

[표 5-3] 자주 사용되는 집계 함수

순서	집계 함수	설명	비고
1	count	아이템 전체 개수	
2	first, last	첫 번째 및 마지막 아이템	
3	mean, median	평균값, 중간값	
4	min, max	최소값, 최대값	
5	std, var	표준편차 및 분산	
6	prod	그룹 데이터의 곱	
7	sum	그룹 데이터의 합	
8	quantile	사분위수	

실습을 통해 고객 데이터를 무이자 기준(EMI) 평균 구매가격(AVGPRICE)의 평균을 산출한다.

```
# 평균 구하기
groupKey = ["EMI"] ------------------------------------------ ①
meanValue = customerData.\ ---------------------------------- ②
            groupby(by=groupKey)["AVGPRICE"].agg(["mean"])

meanValue.rename(columns={"mean":"MEAN_AVGPRICE"}, ---------- ③
                 inplace=True)

meanValue = meanValue.reset_index() ------------------------- ④
```


① 집계 기준 키를 정의한다.

② 고객데이터를 기준 키("EMI") 기준 집계하기 위해 groupby 함수를 사용한다. 파라미터 by에 집계 기준 키를 맵핑한다. 무이자 할부 이용 건수별 평균 구매가격의 균을 계산하기 위하여 대상 컬럼 정보 ["AVGPRICE"]를 정의한다. 단, 평균 구매가격들의 평균을 계산하기 위하여 집계 함수(sum, mean, std 등)를 mean으로 정의한다.

③ 집계 결과는 집계 함수 이름으로 컬럼명이 변경되는데 이름을 "MEAN_AVGPRICE"로 변경하기 위하여 rename 함수를 사용하여 변경한다. 변경 효과를 meanValue 변수에 즉시 적용시키기 위하여 inplace 파라미터에 True 값을 적용한다.

④ 집계 함수 사용 시 집계 대상 기준 무이자 할부(EMI) 컬럼이 인덱스 컬럼으로 설정되는데 reset_index 함수를 사용하여 초기화하면 EMI 컬럼이 기본 컬럼에 반영되고 인덱스는 0부터 다시 생성된다.

1.8 고급 연산 실습하기

파이썬은 데이터 분석을 위한 다양한 연산 함수를 제공한다. 통계적 분석 시 많이 활용되는 이동 구간에 대한 연산을 어떻게 계산하는지 알아본다. 예를 들어 과거 2020년도 3주차에 제품이 300개가 팔렸는데 3주차가 다른 주차 대비 잘 팔리는지 안 팔리는지를 비율로 추출해야한다고 가정하자. 3주차 기준 한 달간의(1주~5주) 평균 판매량을 계산한 후 3주차의 실제 판매량을 나누어 주면 [그림 5-28]과 같이 원래 180개 정도 팔리는 시즌에 300개가 팔리는(약 1.6배) 주차 상승 효과 지수를 추출할 수 있다. 이런 식으로 과거 데이터의 모든 주차에 대해서 지수를 만든다면 미래 예측 시 추출한 값을 활용할 수 있다. (예: 미래 3주차 예측 시 1.6배 상승효과 적용)

연주차 정보	2020 01	2020 02	2020 03	2020 04	2020 05	2020 06	2020 07	2020 08	2020 09	2020 10	2020 11
판매량	100	200	300	200	100	150	100	120	300	500	300
추세선 (이동평균, 5)	200	200	180	190	170	134	154	234	264	305	367

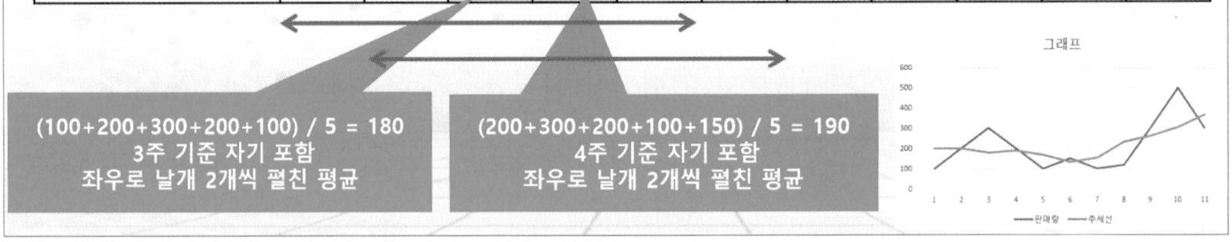

[그림 5-28] **이동평균 개념**

과거 모든 주차에 대해 주차 효과를 계산하기 위해서는 구간을 설정하여 계속 이동시켜야 한다. 당연히 인덱스를 활용하여 어떻게든 함수를 만들어 풀어갈 수 있지만 파이썬은 통계 분야에서 많이 사용하는 이동 구간 개념을 쉽게 풀 수 있도록 rolling 함수를 제공한다. rolling 함수에 window=5, center=True를 설정하면 구간은 5로 설정하여 [그림 5-28]과 같이 특정 주차 기준 자기 포함 좌우로 날개를 2개씩 펼치면서 구간을 이동한다는 뜻이다.

만약 window=5, center=False 설정 시 각 주차 정보와 과거 4개 주차를 구간값으로 설정한다. 그리고 구간 값들에 대한 집계 함수(평균, 표준편차 등)를 계산할 수 있다. 알아두면 유용한 파라미터로 min_periods는 window=5 설정 시 [그림 5-28]에서 좌우로 날개를 펼치려 할 때 5개 구간을 충족하지 못하는 주차가 발생할 수 있다. 202001 주차는 우측으로 2개밖에 펼칠 수 없어 3개 구간의 평균을 산출해야 한다. 만약 min_periods 파라미터를 설정하지 않으면 아예 계산하지 않지만 설정 시 (min-periods=1) window에서 설정한 구간 개수 조건을 만족하지 않아도 최소 한 개만 있으면 그 값으로 3인 경우 3개의 평균값을 계산하여 빈 값이 없도록 모두 계산할 수 있다.

이동평균 산출 방법은?

연주차 정보	2020 01	2020 02	2020 03	2020 04	2020 05	2020 06	2020 07	2020 08	2020 09	2020 10	2020 11
판매량	100	200	300	200	100	150	100	120	300	500	300
추세선 (이동평균, 5)	200	200	180	190	170	134	154	234	264	305	367

데이터프레임명["컬럼명"].rolling(window=5, center=True, min_periods=1).mean()

대상 컬럼 / 구간 / 기준점 / 최소 구간 / 함수(mean, std)

[그림 5-29] 이동평균 파이썬 구현 방법

실습을 통해 알아본다. 먼저 과거 실적 데이터를 불러와서 특정 제품("ST0001")만 선택 후 연주차별로 정렬한다.

```
import pandas as pd

# 데이터 불러오기
kopoData = pd.read_csv("../dataset/kopo_product_volume.csv")

# 데이터 선택 (ST0001 제품)
kopoDataA01 = kopoData.loc[ kopoData.PRODUCTGROUP == "ST0001" ]

# 데이터 정렬
sortKey = ["REGIONID","PRODUCTGROUP","YEARWEEK"]
kopoSortedData = kopoDataA01.sort_values(sortKey, ignore_index=True)
kopoSortedData.head()
```

```
import pandas as pd

# 데이터 불러오기
kopoData = pd.read_csv("../dataset/kopo_product_volume.csv")

# 데이터 선택 (ST0001 제품)
kopoDataA01 = kopoData.loc[ kopoData.PRODUCTGROUP == "ST0001" ]

# 데이터 정렬
sortKey = ["REGIONID","PRODUCTGROUP","YEARWEEK"]
kopoSortedData = kopoDataA01.sort_values(sortKey, ignore_index=True)
kopoSortedData.head()
```

	REGIONID	PRODUCTGROUP	YEARWEEK	VOLUME
0	A01	ST0001	201401	513598
1	A01	ST0001	201402	438251

[그림 5-30] 판매실적 정보 불러오기

데이터를 살펴보면 지역, 상품, 연주차별로 과거 판매실적을 집계한 데이터이다.

	REGIONID	PRODUCTGROUP	YEARWEEK	VOLUME
0	A01	ST0001	201401	513598
1	A01	ST0001	201402	438251
2	A01	ST0001	201403	420290
3	A01	ST0001	201404	458431
4	A01	ST0001	201405	482381

Column Name	Column Type	Column description	키	길이	비고
REGIONID	str	지역 정보	1		미국, 영국 등
PRODUCT	str	상품 정보	1		TV, 냉장고 등
YEARWEEK	int	연주차 정보	1		
QTY	float	판매량 정보			음수 반품 값 有

[그림 5-31] 실습 데이터 이해

rolling 함수를 사용하여 판매량의 이동평균을 계산한다.

```
# 이동평균 산출 (구간:5, 중심기준)
kopoSortedData["MA5"] = kopoSortedData["VOLUME"].rolling(window=5, ----- ①
                                                          center=True,
                                                          min_periods=1).mean()
kopoSortedData.head()
```


① 정렬된 데이터에서 판매량(VOLUME)의 이동평균 값을 계산하기 위하여 rolling 함수를 적용한다. window는 이동 구간을, center는 구간 데이터를 정의할 때 자신을 중앙에 위치하겠다는 파라미터이다. 예를 들어 201405 주차차 판매량의 이동평균을 5구간으로 계산하는 경우 center=True인 경우 201403~201407이 구간으로 설정되고 center=False인 경우 201401~201405가 구간으로 설정된다. min_periods는 평균 산출 시 최소로 필요한 구간 데이터이다. 정렬한 상태에서 201401 주차의 경우 위/아래 2개 구간을 계산하려 해도 201402, 201403 데이터는 있어도 과거 데이터가 없어서 3개 구간의 평균밖에 구하지 못한다. 이때 min_periods = 1 옵션을 설정하면 정의한 구간 데이터가 전부 없어도 최소 1개만 있어도 평균을 구하겠다는 의미이다.

```
# 이동평균 산출 (구간:5, 중심기준)
kopoSortedData["MA5"] = kopoSortedData["VOLUME"].rolling(window=5,
                                                          center=True,
                                                          min_periods=1).mean()
kopoSortedData.head()
```

	REGIONID	PRODUCTGROUP	YEARWEEK	VOLUME	MA5
0	A01	ST0001	201401	513598	457379.666667
1	A01	ST0001	201402	438251	457642.500000
2	A01	ST0001	201403	420290	462590.200000
3	A01	ST0001	201404	458431	473953.000000
4	A01	ST0001	201405	482381	510381.200000

[그림 5-32] 이동평균 산출 결과

각 연주차별 추세 선을 산출했다면, 연주차별 판매 효과를 각 행별로 실제 판매량/이동평균 결과를 연산하여 연주차별 효과를 계산할 수 있다.

```
# 연주차별 효과 산출
kopoSortedData["EFFECT"] = kopoSortedData.VOLUME / \
kopoSortedData.MA5
kopoSortedData
```

계산 결과는 [그림 5-33]과 같다.

```
kopoSortedData["EFFECT"] = kopoSortedData.VOLUME / \
kopoSortedData.MA5
kopoSortedData
```

	REGIONID	PRODUCTGROUP	YEARWEEK	VOLUME	MA5	EFFECT
0	A01	ST0001	201401	513598	457379.666667	1.122914
1	A01	ST0001	201402	438251	457642.500000	0.957627
2	A01	ST0001	201403	420290	462590.200000	0.908558
3	A01	ST0001	201404	458431	473953.000000	0.967250
4	A01	ST0001	201405	482381	510381.200000	0.945139

[그림 5-33] 연주차별 효과 산출 결과

마지막 단계는 미래 예측에 사용하기 위하여 과거 연도의 특성을 뺀 주차별 특성을 계산하는 단계이다. 지역, 상품 및 주차별로 평균 EFFECT를 집계하여 주차별 효과를 계산한다.

```
# 주차 컬럼 생성
kopoSortedData["WEEK"] = kopoSortedData["YEARWEEK"].astype(str).str[4:6] --- ①

# 지역, 상품, 주차별 효과 산출
groupKey = ["REGIONID","PRODUCTGROUP","WEEK"] ---------------------------- ②
```

```
weeklyEffect = kopoSortedData.\ ---------------------------------------- ③
               groupby(by=groupKey)["EFFECT"].\
               agg(["mean"]).reset_index()
weeklyEffect.rename(columns={"mean":"WEEKLY_EFFECT"}, inplace=True) ----- ④
weeklyEffect
```

① 기존 데이터에서 주차 컬럼을 추가로 생성한다. YEARWEEK 컬럼에 문자열 함수를 사용하기 위하여 타입을 str로 변경 후 주차 정보만 추출한 신규 컬럼(WEEK)을 생성한다.

② 전체 데이터를 지역, 상품, 주차별로 집계하기 위하여 그룹 키를 정의한다.

③ 그룹 키로 집계한 후 평균 EFFECT 값을 계산한다.(2014~2016년 데이터인 경우) 05주차의 주차 효과는 201405, 201505, 201605 3개 연도의 EFFECT 평균으로 계산된다.

④ 집계 함수 결과로 mean 컬럼이 생성되며 컬럼명을 식별하기 쉽게 WEEKLY_EFFECT로 변경한다.


```
kopoSortedData["WEEK"] = kopoSortedData["YEARWEEK"].astype(str).str[4:6]

# 지역, 상품, 주차별 효과 산출
groupKey = ["REGIONID","PRODUCTGROUP","WEEK"]
weeklyEffect = kopoSortedData.\
               groupby(by=groupKey)["EFFECT"].\
               agg(["mean"]).reset_index()
weeklyEffect.rename(columns={"mean":"WEEKLY_EFFECT"}, inplace=True)
weeklyEffect
```

	REGIONID	PRODUCTGROUP	WEEK	WEEKLY_EFFECT
0	A01	ST0001	01	0.924172
1	A01	ST0001	02	0.909825
2	A01	ST0001	03	0.900726
3	A01	ST0001	04	0.946500
4	A01	ST0001	05	0.949494
5	A01	ST0001	06	1.112679

[그림 5-34] 주차별 효과 산출 결과

1.9 데이터 병합하기

데이터를 병합하는 경우는 크게 두 가지로 나눌수 있다. 한 가지는, 데이터에 속성 정보(컬럼)를 추가하는 경우다. 예를 들어 제품의 출고 가격 정보만 관리하는 팀에서 마케팅팀으로부터 할인 가격 정보를 받아 제품의 출고 가격에 할인 가격 정보를 추가하는 경우 데이터를 병합한다.

다른 하나는, 데이터를 위아래로 합치는 경우로 미국 거래 실적 데이터만 수집하다가 동일한 형태의 인도 거래 실적을 별도로 수집하는 경우 두 개의 데이터를 합치는 경우이다.

1. 속성 값을 추가하는 경우
2. 동일한 컬럼 데이터를 합치는 경우

[그림 5-35] 데이터 병합 종류

1.9.1 속성값을 추가하는 경우

데이터는 기본적으로 중복데이터를 제외하고 값의 수정삭제가 용이하게 하기 위하여 하나의 테이블로 관리하지 않는다. 예를 들어 회사 내 기준 정보 담당 부서에서는 지역 코드와 지역 이름 정보를 관리한다. 이 부서는 새로운 거래 지역이 생기거나 기존 정보가 삭제 또는 변경 시 정보를 업데이트한다. 다른 부서인 유통 관리팀에서는 지역 코드별로 과거 판매 실적을 관리한다. 기준 정보팀에서는 지역 코드별 지역명 정보를 관리하고 유통 관리팀에서는 지역 코드만 가지고 있기 때문에 지역 코드를 키로 기준 정보 데이터에서 지역명 정보를 추가할 수 있다.

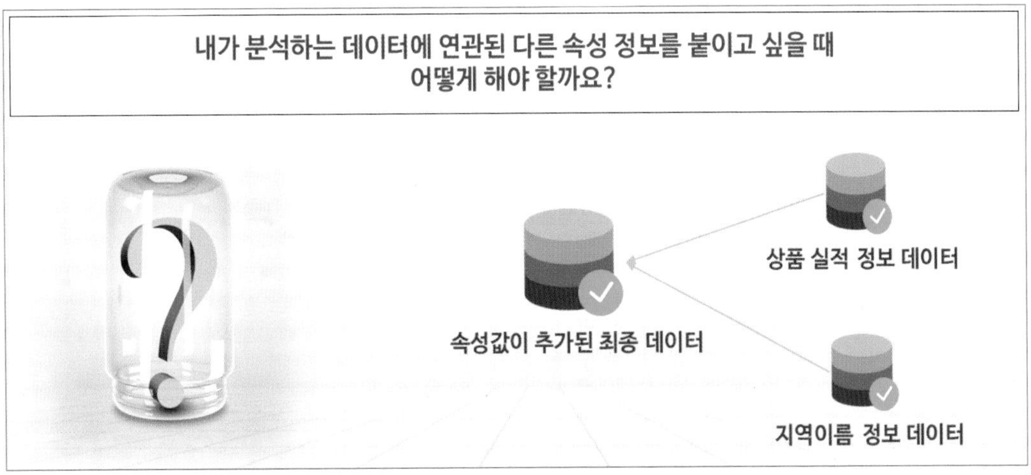

[그림 5-36] 데이터 속성 추가

먼저 실습할 데이터를 불러온다.

```
import pandas as pd

# CSV 파일을 읽어 Data Frame 변수에 저장하기
joinSellout = pd.read_csv("../dataset/join_kopo_product_volume.csv") ---- ①
print(joinSellout.head())

joinMaster = pd.read_csv("../dataset/join_region_master.csv", encoding = "ms949") --- ②
print(joinMaster.head())
```

① kopo_product_volume.csv 파일은 지역 코드 기준 과거 판매실적을 저장한 데이터이다.

② join_region_master.csv 파일은 지역 코드별 지역명 정보를 맵핑한 데이터로 한글이 포함되어 "ms949" 인코딩 방법을 활용해 데이터를 읽어온다. 데이터의 명세서는 다음 그림과 같다.

	REGIONID	REGIONNAME
0	A01	한국
1	A02	미국
2	A03	프랑스
3	A04	독일

	REGIONID	PRODUCT	YEARWEEK	QTY
0	A01	ST0001	201901	3000
1	A01	ST0001	201902	3500
2	A02	ST0002	201901	4000
3	A02	ST0003	201902	7000

Column Name	Column Type	Column description	키	길이	NULL 허용	비고
REGIONID	VARCHAR	지역ID 정보	1	40	N	
REGIONNAME	VARCHAR	지역이름 정보		40	Y	

Column Name	Column Type	Column description	키	길이	NULL 허용	비고
REGIONID	VARCHAR	지역ID 정보	1	40	N	
PRODCUT	VARCHAR	지역이름 정보	1	40	N	
YEARWEEK	VARCHAR	연주차정보	1	10	N	
QTY	NUMBER	거래량				

[그림 5-37] 조인 대상 테스트 데이터 설명

데이터 속성 추가를 위해 조인을 하는데 먼저 조인 개념에 대해서 이해해 본다. 일반 조인 방식은 [그림 5-38]과 같다.

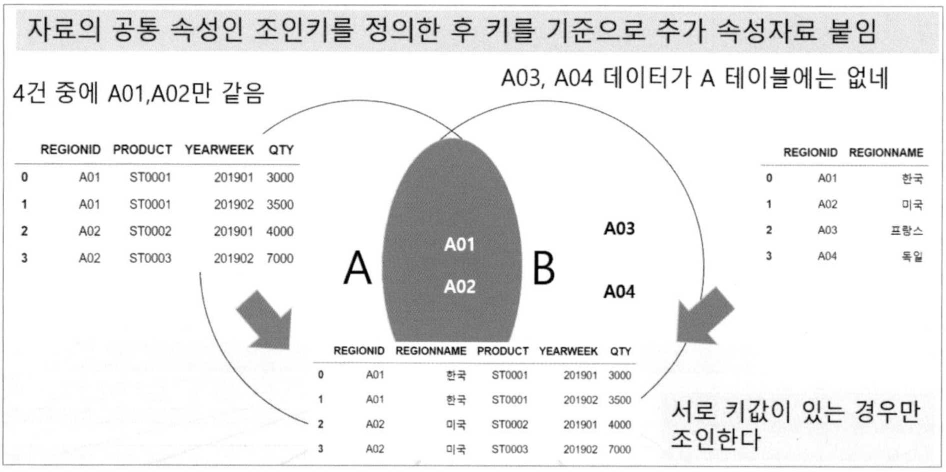

[그림 5-38] 기본 조인 방법 (INNER 조인)

그림을 보면 좌측 상단의 자료(join_kopo_product_volume)는 실적 자료로 지역 코드 정보(REGIONID) 컬럼이 있다. 우측 상단의 기준 정보 자료(join_region_master)에는 지역 코드별 지역명 정보가 있다. 실적 자료를 기준으로 지역명 속성을 추가하려면 기준 정보 자료에서 공통 속성인 지역 코드 정보를 키로 병합해야 한다. 여기서 지역 코드 정보가 조인키가 된다. 주의할 점은 속성을 추가하기 위한 기준 정보 데이터에서 조인키 정보는 중복 데이터가 있으면 안 된다. 만약 "A01" 지역이 기준 정보 자료에 한국 외 다른 데이터가 있다면 두 개 정보를 다 붙이게 되어 갑자기 데이터가 뻥튀기되어 늘어나게 된다. 따라서 데이터 조인 시에는 조인키를 명확히 설정하고 데이터를 조인해야 한다. 기본 조인 시 INNER 조인 방식으로 실행되며 양 데이터에 조인키(예: REGIONID)가 존재하는 데이터끼리만 병합하는 방식이다. [그림 5-38]과 같이 붙이려는 데이터에 "A03", "A04" 공통적으로 존재하는 조인키(REGIONID)가 아니기 때문에 데이터 병합 시 제거된다.

다른 조인 방식 중 LEFT JOIN 방식은 다르다. 기준이 되는 데이터는 무조건 유지하고 추가하려는 자료에 조인키(예: REGIONID)가 없다면, 빈 값으로 추가하고 기준이 되는 데이터는 유지한다. 특히 데이터 분석 영역에서는 요청한 분석 자료가 기준이 되어 인사이트를 찾아야 하기 때문에 분석 대상 자료에 누락이 없어야 하므로 LEFT JOIN을 많이 사용한다.

이 외에도 RIGHT 조인, FULL OUTER 조인 등 다른 방식들이 있으나 가장 많이 사용되는 INNER 조인과 LEFT 조인만 다룬다.

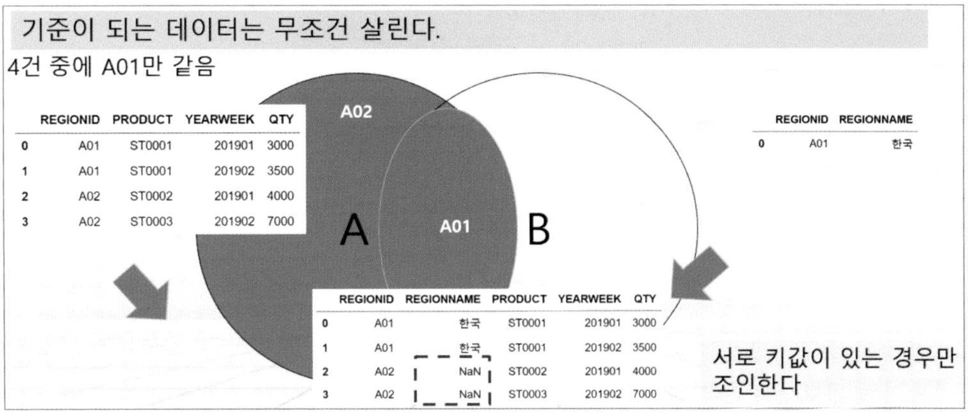

[그림 5-39] LEFT 조인 방법

파이썬에서 데이터 조인을 위해서는 merge 함수를 사용한다. merge 함수의 주요 파라미터를 살펴본다. left는 기준이 되는 데이터 프레임을 정의하고, right에는 추가로 붙일 데이터를 정의한다. left_on, right_on에는 서로 데이터를 병합하기 위한 키(예: REGIONID) 정보가 된다. 만약 두 데이터 프레임에서 조인키(예:지역코드) 컬럼명이 다른 경우에만 left_on, right_on을 정의하고 만약 조인키 컬럼명이 같은 경우에는 on 파라미터만 정의해도 된다(예: on = "REGIONID"). how 파라미터는 조인 방식으로 "inner", "left", "right", "outer"를 정의할 수 있다. 단 따로 how를 정의하지 않으면 inner 조인 방식으로 실행된다.

```
pd.merge( left = 데이터프레임명1,
          right = 데이터프레임명2,
          left_on = "데이터프레임1 조인키",
          right_on = "데이터프레임2 조인키",
          how = "조인방법")
```

[그림 5-40] 파이썬 JOIN 구현 방법

실습을 통해 직접 구현한다.

```
# 데이터 조인
mergeResult = pd.merge(left = joinSellout, --------------------- ①
                       right = joinMaster,
                       left_on="REGIONID",
                       right_on = "REGIONID",
                       how="inner")\
[["REGIONID","REGIONNAME","PRODUCT","YEARWEEK","QTY"]] --------- ②
mergeResult.head()
```

① 실적 정보(joinSellout)를 기준으로 기준 정보(joinMaster)를 조인한다. 조인키는 지역 코드 정보(REGIONID)이며 INNER 조인 사용을 위해 how 옵션에 inner로 입력하였다. inner 옵션은 기본이기 때문에 쓰지 않아도 상관은 없다.

② 조인 후 필요한 컬럼만 선택하였다.

1.9.2 동일한 컬럼 데이터를 합치는 경우

데이터를 분석하다 보면 중간에 분기 로직에 의하여 전체 데이터(100개) 중 50건은 통계적 방식으로 판매량을 예측하고 나머지 50건은 머신러닝 기법을 사용하여 로직을 작성할 수 있다. 결국 로직은 다르지만, 최종 출력 결과는 동일한 컬럼 형태로 다시 합쳐야 한다. 이 경우는 위/아래로 데이터가 합쳐지는 경우이며 보통 concat 함수를 사용하여 데이터를 조작한다.

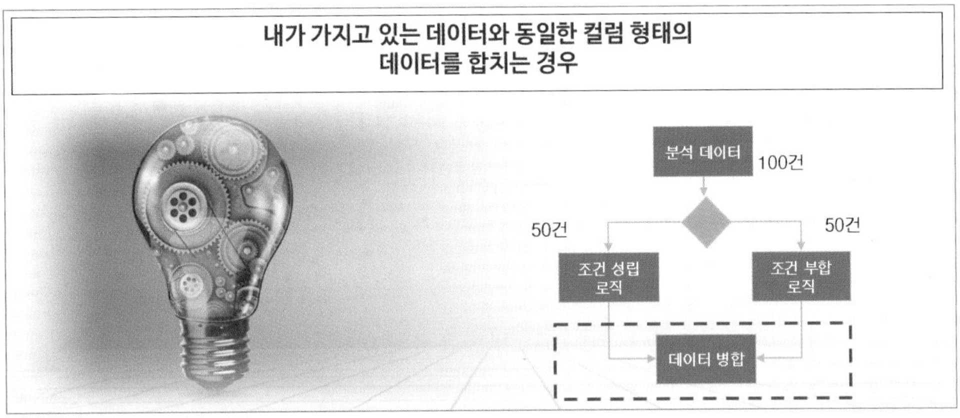

[그림 5-41] 파이썬 데이터 병합 방법

먼저 실습을 통해 알아본다.

```
import pandas as pd
# CSV 파일을 읽어 Data Frame 변수에 저장하기
joinSellout = pd.read_csv("../dataset/join_kopo_product_volume.csv") --- ①
print(joinSellout.head())

# A01 데이터 정제
a01data = joinSellout[(joinSellout['REGIONID']=='A01')] ---------------- ②
print(len(a01data))

# A02 데이터 정제
a02data = joinSellout[(joinSellout['REGIONID']=='A02')] ---------------- ③
print(len(a02data))
```

```
# 데이터 결과 값 MERGE
mergedata = pd.concat([a01data, a02data], axis=0) --------------------- ④
print(len(mergedata))
```

① 지역 코드 기준 과거 판매실적을 저장한 kopo_product_volume.csv 파일을 불러온다.

② 동일 컬럼을 유지한 상태에서 "A01" 지역 데이터만 추출한다.

③ "A02" 지역만 추출한다.

④ 컬럼이 동일한 데이터를 위, 아래로 합치기 위하여 pd.concat 함수를 사용하여 붙이려는 데이터를 리스트로 정의한 후 axis 파라미터를 0으로 정의하면 위, 아래로 2개의 데이터가 합쳐진다.

concat을 활용한 데이터프레임 추가하는 방법을 실습한다.

```
st01data = pd.read_csv("../dataset/st0001data.csv")

maxDate = st01data.WEEK.max()

fcstWindow = 1000

columns = st01data.columns
regionid = st01data.loc[0,].REGIONID
productgroup = st01data.loc[0,].PRODUCTGROUP
for i in range(0, fcstWindow):
    yearweek = maxDate + i + 1
    volume=0
    indf = pd.DataFrame( [[regionid,productgroup, yearweek, volume] ], --- ①
                        columns= columns) -------------------------------- ②
    st01data = pd.concat([st01data, indf], axis=0)
st01data.reset_index(drop=True, inplace=True) ---------------------------- ③
st01data
```

① 주차 정보가 반복문을 통해 증가하는 새로운 데이터프레임을 생성한다.

② 컬럼명이 동일한 데이터프레임을 위아래로 병합한다.

③ 인덱스 컬럼을 초기화한다.

결국 데이터 병합은 데이터 분석에 따라 속성(컬럼)값을 추가하거나 데이터를 추가로 생성 시 사용된다. 특히 분석 작업은 하나의 데이터 소스로만 분석하기보다 다양한 데이터들을 수집하고 관련 있는 정보는 병합하여 새로운 인사이트를 찾아가는 과정이기 때문에 병합하는 방법은 분석 시 집계만큼이나 중요한 포인트이다.

1.10 결측값 처리하기

데이터를 다루다 보면 결측값(비어 있는 값)을 어떻게 처리해야 할지 고민하게 되는 상황이 가끔 발생한다. 예를 들어 예측모델 담당 팀에서 제품의 가격 정보와 할인 정보를 각기 다른 시스템에서 받아와서 사용하는데 할인 정보만 들어오고 제품의 가격 정보가 들어오지 않은 경우 어떻게 처리해야 할까?(예: A 빼빼로 할인 가격: 200원, A 빼빼로 정가: 없음) 정보를 반영하지 않을 수 없는 상황이고 심하면 할인 가격/정가를 통해 할인율을 계산하는 경우 프로그램에 오류를 발생할 수도 있는 상황이 된다. 그 때문에 정가 정보를 반영하기 위하여 제품 가격 정보를 최근 가격 정보에서 가져오던지 유사 제품의 평균 가격 정보로 매핑하는 등의 로직을 생성해야 한다. 결국 연계 시스템을 통해 입력으로 받은 데이터를 바로 사용하는 것이 아니라 데이터에 이상이 있는지 여부를 확인하기 위해 결측값도 조회해 보고 채우는 방법도 학습해야 한다.

먼저 결측값 처리를 위해 실습할 데이터를 불러온다. 결측값은 NaN(Not a Number)로 표시되어 있다.

```
# PANDAS 라이브러리 불러오기
import pandas as pd

sampleData = pd.read_excel("../dataset//missingValue.xlsx")
sampleData.head()
```

	regionid	product	week	qty	target
0	A01	PRODUCT1	1	NaN	20.0
1	A01	PRODUCT1	2	2.0	NaN
2	A01	NaN	3	NaN	10.0
3	A01	PRODUCT1	3	4.0	NaN

[그림 5-42] 결측값 샘플 데이터

1.10.1 결측값 조회

결측값 조회는 먼저 데이터 내 null 값이 존재하는 컬럼을 확인하고 각 컬럼별로 세부 조회 및 채우는 방법을 고민해야 한다. 컬럼 중 null 존재 여부를 한 번에 확인하기 위해서는 '데이터프레임명.isnull().any()'로 조회 가능하다. 이후 특정 컬럼에 결측값 여부 행 조회는 loc 함수를 사용하여 조건식을 사용하면 된다. 조건식에서 결측값 존재 시 isnull() 반대의 경우는 notnull() 함수를 사용하여 조회 가능하다.

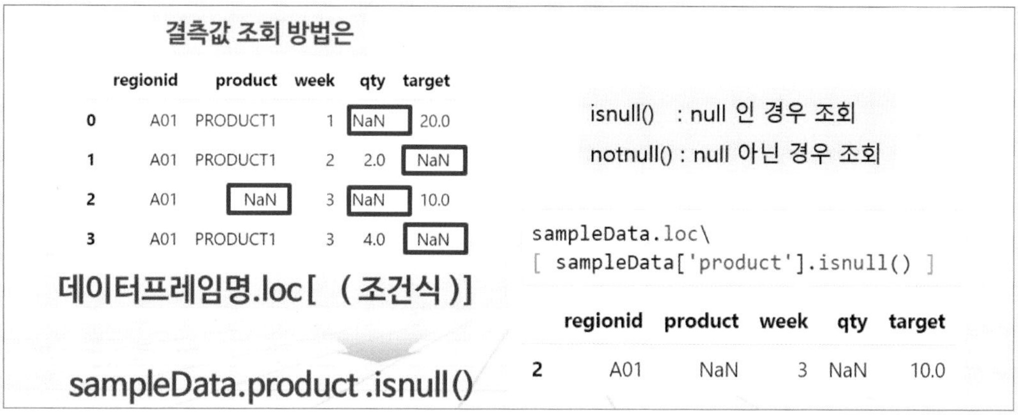

[그림 5-43] 결측값 조회 방법

```
# 컬럼값 내 null 존재 여부 확인
sampleData.isnull().any() ---------------------------------- ①
# product 컬럼 내 null 존재 행 조회
sampleData.loc[ sampleData["product"].isnull() ] ------------ ②
```

① 데이터프레임 내 null 존재하는 컬럼을 확인한다.

② loc 함수는 loc [조건식]으로 행 조회가 가능하며 null 조회 시에는 isnull( ) 함수를 사용하여 null 존재하는 행만 조회한다.

실행 결과는 [그림 5-44]와 같다.

```
sampleData.isnull().any()

regionid     False
product       True
week         False
qty           True
target        True
dtype: bool
```

```
sampleData.loc\
[ sampleData['product'].isnull() ]
```

	regionid	product	week	qty	target
2	A01	NaN	3	NaN	10.0

[그림 5-44] 결측값 조회 결과

컬럼별 결측값의 개수를 확인하기 위해서는 '데이터프레임명.info()' 또는 '데이터프레임명.isnull().sum()'으로 확인 가능하다.

• **[데이터프레임명].info() 또는 [데이터프레임명].isnull().sum()**

```
sampleData.info()

<class 'pandas.core.frame.DataFrame'>
RangeIndex: 4 entries, 0 to 3
Data columns (total 5 columns):
 #   Column    Non-Null Count  Dtype
---  ------    --------------  -----
 0   regionid  4 non-null      object
 1   product   3 non-null      object
 2   week      4 non-null      int64
 3   qty       2 non-null      float64
 4   target    2 non-null      float64
dtypes: float64(2), int64(1), object(2)
memory usage: 288.0+ bytes
```

```
sampleData.isnull().sum()

regionid    0
product     1
week        0
qty         2
target      2
dtype: int64
```

[그림 5-45] **결측값 개수 확인 방법**

```
# 데이터프레임 정보 확인
sampleData.info() ---------------------------- ①
# 결측값 개수 카운트
sampleData.isnull().sum() -------------------- ②
sampleData.notnull().sum()
```

① 데이터프레임 전체 조회 시 [그림 5-45]와 같이 데이터프레임 요약 정보가 표시되며 각 컬럼별 not-null 개수를 확인 가능하다.

② 각 컬럼별 결측값 및 정상값의 개수 조회를 통해 전체 null 개수 분포를 확인할 수 있다.

1.10.2 결측값 채우기

결측값 채우는 방법은 다양하지만 가장 간단한 방법은 특정값으로 결측값을 채우는 것이다.

fillna( ) 함수를 활용하여 특정 컬럼값을 채우거나 전체 컬럼을 채울 수 있다.

fillna( ) 실습을 해보자.

```
# 전체 null 값 0으로 채움
fillNaAll = sampleData.fillna(0) ------------------------------------ ①

# 특정 컬럼값 채움
sampleData["product"] = sampleData["product"].fillna("PRODUCT1") ----- ②
sampleData["qty"] = sampleData["qty"].fillna(0)
sampleData["target"] = sampleData["target"].fillna(0)

# 딕셔너리 활용 다중 컬럼값 채움
sampleData = sampleData.fillna({"product":"PRODUCT1", ---------------- ③
                                "qty":0,
                                "target":20})

sampleData
```

① fillNaAll 변수에 sampleData에서 모든 결측값을 0으로 채운 결과가 저장된다.

② sampleData의 qty 컬럼을 0으로 채운 결과가 qty 컬럼에 저장된다. 다른 컬럼들도 동일하게 변경 가능하다.

③ 한 번에 각 컬럼의 결측값을 채우기 위해서는 딕셔너리를 사용하여 key는 컬럼명, value는 채울 값으로 설정한 후 한 번에 채울 수 있다.

	regionid	product	week	qty	target
0	A01	PRODUCT1	1	0.0	20.0
1	A01	PRODUCT1	2	2.0	0.0
2	A01	PRODUCT1	3	0.0	10.0
3	A01	PRODUCT1	3	4.0	0.0

[그림 5-46] 결측값 채운 결과

결측값은 결측값이 존재하는 데이터 위 또는 아래에 있는 값으로도 채울 수 있다.

[표 5-4] fillna 응용

순서	메소드	설명	비고
1	ffill (forward fill)	결측값을 앞 방향으로 채움	행 기준 위에 있는 값으로 아래를 채워 나감
2	bfill (backward fill)	결측값을 뒷 방향으로 채움	행 기준 아래 있는 값으로 위를 채워 나감

fillna( )의 method 파라미터를 변경하며 실습한다.

```
# PANDAS 라이브러리 불러오기
import pandas as pd

sampleData = pd.read_excel("../dataset//missingValue.xlsx")

#  위에 데이터로 아래 채우기
print(sampleData.fillna(method="ffill"))
#  아래 데이터로 위 채우기
print(sampleData.fillna(method="bfill"))
```

실습 결과는 ffill은 이전 행의 데이터로 채우다 보니 맨 앞에 있는 행은 채워지지 않고 bfill은 마지막 행이 채워지지 않는 점을 볼 수 있다. 상황에 따라 ffill 사용 후 변수에 저장 후 최상단의 행을 다시 채우기 위해 bfill을 사용하여 모든 결측값을 채워갈 수 있다.

```
#  위에 데이터로 아래 채우기
print(sampleData.fillna(method="ffill"))

#  아래 데이터로 위 채우기
print(sampleData.fillna(method="bfill"))

  regionid   product  week  qty  target
0      A01  PRODUCT1     1  NaN    20.0
1      A01  PRODUCT1     2  2.0    20.0
2      A01  PRODUCT1     3  2.0    10.0
3      A01  PRODUCT1     3  4.0    10.0
  regionid   product  week  qty  target
0      A01  PRODUCT1     1  2.0    20.0
1      A01  PRODUCT1     2  2.0    10.0
2      A01  PRODUCT1     3  4.0    10.0
3      A01  PRODUCT1     3  4.0     NaN
```

[그림 5-47] ffill 및 bfill 비교

결측값은 fillna 함수를 활용하여 숫자인 경우 컬럼 내 존재하는 데이터의 평균 등의 통계값으로 채울 수도 있다. 실습을 통해 확인한다.

```
print( sampleData.fillna(sampleData.mean()) )
```

```
sampleData.fillna(sampleData.mean())
```

	regionid	product	week	qty	target
0	A01	PRODUCT1	1	3.0	20.0
1	A01	PRODUCT1	2	2.0	15.0
2	A01	NaN	3	3.0	10.0
3	A01	PRODUCT1	3	4.0	15.0

[그림 5-48] 평균값으로 값 채우기

결측값은 데이터 정제 작업 시 꼭 필요한 작업이다. 데이터를 불러온 후 결측값 처리를 우선시하고 이후 데이터 정제 및 처리를 통해 최종 원하는 결과를 계산해야 한다. 결측값이 처리되지 않은 로직들은 결국 로직이 아주 정밀하게 돼 있어도 결측값으로 인하여 제대로 된 연산이 안 되어 원하는 결과를 도출하지 못할 수 있다.

기억합시다

대단원	소단원	핵심 포인트
데이터 분석 및 데이터 전처리	원하는 행 조회하기	원하는 데이터만 추출하는 방법을 기억한다. 데이터프레임명[조건식]
	원하는 컬럼 조회하기	원하는 컬럼 정보만 추출하는 방법을 기억한다. 데이터프레임명[[대상 컬럼명]]
	인덱스 설정하기	데이터 조회를 통해 변경된 인덱스를 초기화하는 방법 및 특정 컬럼을 인덱스 컬럼으로 변경하는 방법을 기억한다. - reset_index, set_index
	데이터 조작하기	다양한 데이터 조작 방법을 기억한다. - np.where, loc, 함수 활용 방법
	데이터 컬럼 간 연산하기	컬럼 간 연산은 자유롭게 가능하지만 자료형에서 배운 문자열 연산을 위해 .str 사용법 및 컬럼의 자료형을 변환 방법(astype) 등 사용법을 기억한다.
	데이터 정렬하기	데이터 정렬을 통해 인사이트 찾는 방법을 기억한다.
	데이터 그룹별 집계하기	특정 그룹의 특성 파악 및 그룹별 로직 구현을 위해 다양한 그룹의 특성 찾는 방법(groupby)을 기억한다.
	고급 연산 실습하기	이동 구간(rolling)을 통해 추세선 생성하는 방법을 기억한다.
	데이터 병합하기	다양한 데이터 소스를 병합하기 위해 필요한 속성(컬럼)을 추가하기 위한 조인 방법은 pd.merge로 구현하고 데이터를 위아래로 병합하는 방법은 pd.concat을 사용한다는 점을 기억한다.
	결측값 처리하기	결측값은 데이터 전처리 작업의 가장 앞단에서 처리해야 하며 결측값을 조회하고 채우는 방법(fillna)을 기억한다.

단원 정리 문제

01. 다음 중 스프레드시트 형태의 데이터를 처리하기 위해 사용한 라이브러리는?

① BeautifulSoup
② Requests
③ Pandas
④ Matplotlib
⑤ Numpy

02. dataset 폴더 내 kopo_customerdata.csv 파일을 열고 STATENAME, GENDER 컬럼을 첫 5개 행만 조회하는 로직을 구현한다.

03. dataset 폴더 내 kopo_product_volume.csv 파일을 열고 window=5, center=True, min_periods=1로 설정하여 이동 표준편차를 계산하여 새로운 컬럼 ["MSTD"]을 생성하는 로직을 구현한다.

PART VI

파이썬 라이브러리 활용

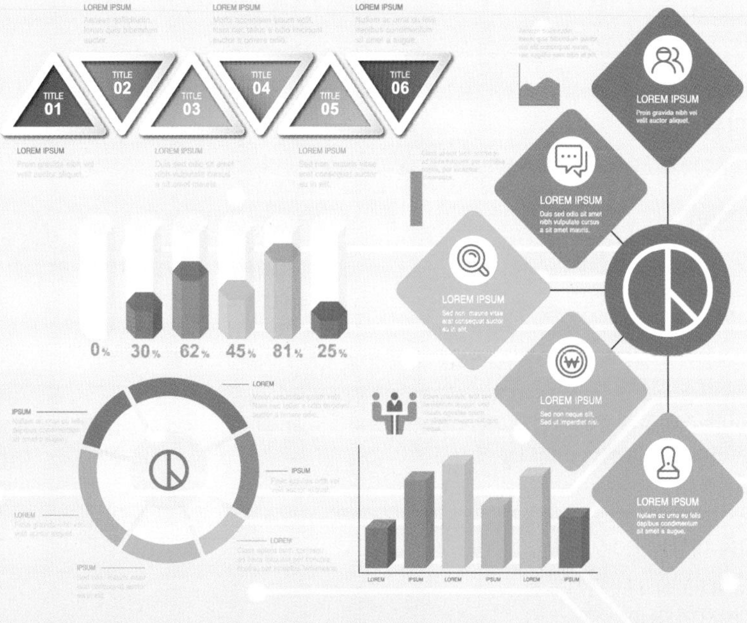

단원 개요

[단원명]

파이썬 라이브러리 활용

[단원 소개]

- 파이썬의 강점은 다양한 라이브러리를 활용하여 문제를 해결하는 데에만 집중할 수 있게 해준다. 라이브러리를 활용하여 쉽게 데이터를 시각화하고 이미지 또는 영상 데이터를 조작하는 방법을 학습한다.

[교육 대상]

- 데이터 분석가 / 인공지능 전문가
- 데이터 엔지니어

내용	학습 내용
시각화 라이브러리	- 원하는 데이터를 다양한 각도로 시각화할 수 있는 방법을 실습한다. - 탐색적 데이터 분석을 위한 통계기반 시각화 방법을 실습한다.
OpenCV 라이브러리	- 이미지 데이터 수집/저장 방법을 실습한다. - 이미지 데이터 조작 방법을 실습한다. - 영상 데이터 수집, 저장 및 제어 방법을 실습한다. - 딥러닝 분야에서 이미지/영상 제어가 필요한 이유를 이해한다.

BIGDATA & Artificial Intelligence

01 시각화 라이브러리

학습 내용
1. 원하는 데이터를 다양한 각도로 시각화할 수 있는 방법을 실습한다.
2. 탐색적 데이터 분석을 위한 통계 기반 시각화 방법을 실습한다.

대량의 데이터를 일반 스프레드 시트 형태로 보면 한눈에 데이터의 특징을 찾기가 쉽지 않다. 하지만 시각화해서 보면 데이터의 특징을 쉽게 파악할 수 있다. 다음 그림과 같이 제품의 지역 상품, 주차별 과거 평균 거래량을 불러온 후 2개 제품(ST0001, ST0002)에 대한 데이터를 시각화해서 표현하면 ST0002 제품(파란색)이 ST0001(초록색)보다 일반적으로 적게 팔리지만 특정 주차(46)에는 판매량이 급등하여 더 많이 팔린다는 점을 쉽게 파악할 수 있다. 이와 같이 데이터를 단순히 스프레드 시트 형태인 테이블로 보면 데이터의 특성을 파악하기 힘들지만 시각화해서 보면 데이터의 특징을 한눈에 파악할 수 있으며 동시에 새로운 인사이트를 찾는 데도 도움을 준다.

데이터의 특성을 쉽게 파악할 수 있고 인사이트를 얻는데 도움이 된다.

	REGIONID	PRODUCTGROUP	WEEK	MEAN_VOLUME
0	A01	ST0001	1	559479.666667
1	A01	ST0001	2	483233.333333
2	A01	ST0001	3	457317.333333
3	A01	ST0001	4	500629.000000
4	A01	ST0001	5	541937.000000
5	A01	ST0001	6	674120.000000
6	A01	ST0001	7	677071.333333
7	A01	ST0001	8	604892.666667
8	A01	ST0001	9	591500.666667
9	A01	ST0001	10	747184.000000

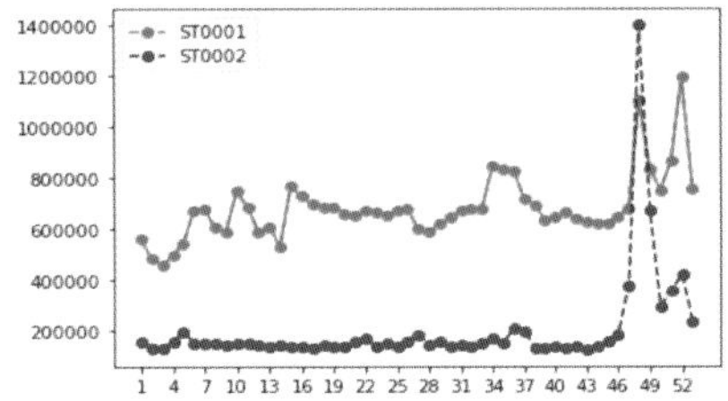

[그림 6-1] 데이터 시각화 예시

1.1 matplotlib 활용 차트 그리기

가장 많이 사용되는 matplotlib를 활용하여 차트를 그려본다. 라이브러리 관리 사이트인 pypi.org에서 검색해 보면 파이썬에서 그래프 표시를 가능하게 하는 라이브러리라고 정의되어 있다.

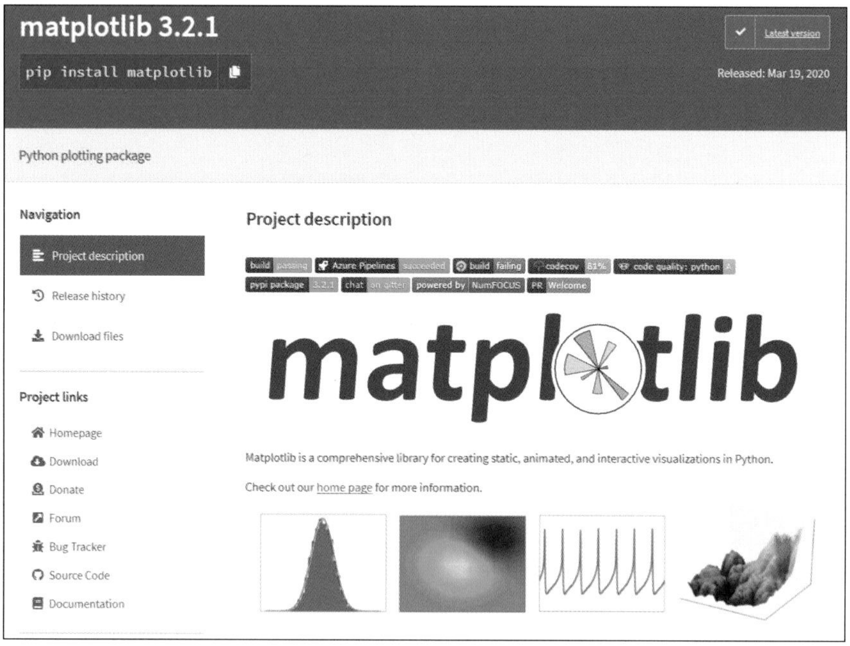

[그림 6-2] 파이썬 시각화 라이브러리

1.1.1 차트 그리기

가장 기본이 되는 라인 차트를 실습한다. 라인 차트는 x축과 y축이 있는 기본 차트로 시간의 순서(x축 값)에 따라 데이터의 상태(y축 값)를 표현하는 데 많이 사용된다.

먼저 실습할 데이터를 불러온다.

```
import pandas as pd

# ST0001 및 ST0002 제품 실적 데이터
groupDataS01 = pd.read_csv("../dataset/ST0001DATA.csv")
groupDataS02 = pd.read_csv("../dataset/ST0002DATA.csv")
```

데이터를 살펴보면 각 상품(ST0001, ST0002)에 대한 지역, 상품, 주차별 과거 평균 판매 실적 자료가 저장되어 있다.

ST0001DATA.csv

	REGIONID	PRODUCTGROUP	WEEK	MEAN_VOLUME
0	A01	ST0001	1	559479
1	A01	ST0001	2	483233
2	A01	ST0001	3	457317
3	A01	ST0001	4	500629
4	A01	ST0001	5	541937

ST0002DATA.csv

	REGIONID	PRODUCTGROUP	WEEK	MEAN_VOLUME
0	A01	ST0002	1	158086
1	A01	ST0002	2	128312
2	A01	ST0002	3	127417
3	A01	ST0002	4	157127
4	A01	ST0002	5	197415

[그림 6-3] 데이터 예시

데이터를 불러온 다음 ST0001 상품을 matplotlib를 사용하여 라인 차트를 그리는 실습을 한다.

```
#필요 라이브러리 정의
import matplotlib.pyplot as plt -------------------- ①

# jupyter 상에서 바로 그래프 시현
%matplotlib inline -------------------------------- ②

x=groupDataS01.WEEK ------------------------------- ③
y=groupDataS01.MEAN_VOLUME
# x=list(groupDataS01.WEEK)
# y=list(groupDataS01.MEAN_VOLUME)

# X축 값 범위 지정
```

```
plt.xticks( range(min(x),max(x),3) ) --------------- ④
plt.plot(x,y) ------------------------------------- ⑤
```

① matplotlib에서 그래프를 출력하는 pyplot 라이브러리에 plt 별칭을 부여한다.

② %matplotlib inline은 Jupyter 환경에서 바로 차트를 볼 수 있게 하는 매직 명령어이다.

③ x(가로축), y(세로축)에 표시될 데이터를 선언한다. x축 변수에는 주차 정보를 y축에는 판매 실적 정보를 각각 저장한다. # 주석으로 작성된 코드는 데이터프레임의 특정 컬럼값이 아닌 리스트 형태의 데이터가 입력되어도 상관없기 때문에 가이드로 작성하였다.

④ xticks x축 좌표 값을 몇 개나 표현할지 조절하는 함수이다. x축 값을 별도로 지정하지 않는 경우 x축 데이터가 많아 글자가 짤리는 현상이 발생한다. 따라서 xticks로 x축에 표시할 데이터를 3개씩 텀을 두고 최소 min(x), 최대 max(x) 값 사이로 표시한다.

⑤ plt.plot함수에 주차 및 평균거래량 정보를 x축, y축에 할당하여 데이터를 시각화한다.

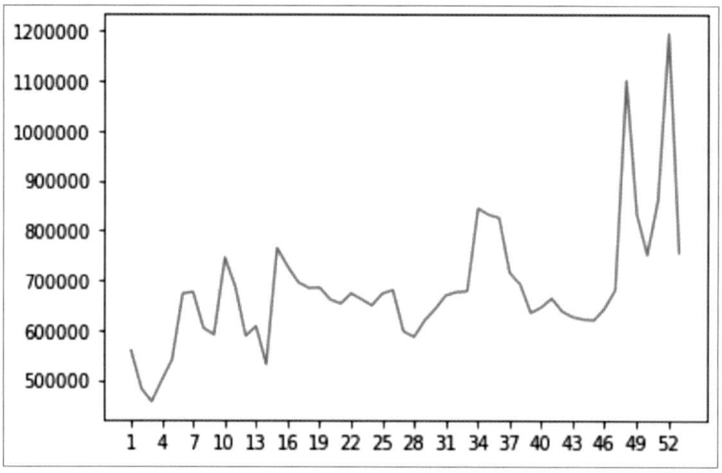

[그림 6-4] 라인 차트 출력 결과

1.1.2 차트 꾸미기

차트를 다른 사람과 공유하려면 각 축에 대한 라벨(제목)과 차트 제목 등을 표시한다면 훨씬 가독성이 높아진다. 혼자 작업하더라도 다양한 종류의 데이터를 차트에 표현 시 라벨(제목) 등을 각 데이터마다 잘 정의하여 꾸민다면 차트만 봐도 데이터의 특징을 알 수 있다. 가장 많이 사용되는 축 라벨, 차트 제목, 선 꾸미는 설정 방법을 실습한다.

```
# x축 값 범위 지정
plt.xticks( range(min(x),max(x),3)  )
# X, Y축 라벨
plt.xlabel("week") ------------------------------ ①
plt.ylabel("avg_volume")
# 차트 제목
plt.title("weekly trend")
# 선 색상, 종류, 굵기 변경
plt.plot(x,y, "bo-", lw=2.5) -------------------- ②
```

① x, y 축 라벨 및 전체 차트의 제목을 설정한다.

② plt.plot 함수를 사용하여 차트를 그릴 때 선 색상, 종류 및 굵기 순으로 옵션을 설정할 수 있다. "bo-"는 파란 색상의 o 마커를 실선으로 표시한다는 설정이다. lw(line weight)는 선 굵기 정보이다. 선의 색상, 마커, 종류 추가 설정 정보는 [그림 6-5]를 참고한다. plot.plot 함수 설명은 shift+tab 키를 눌러 확인할 수 있다.

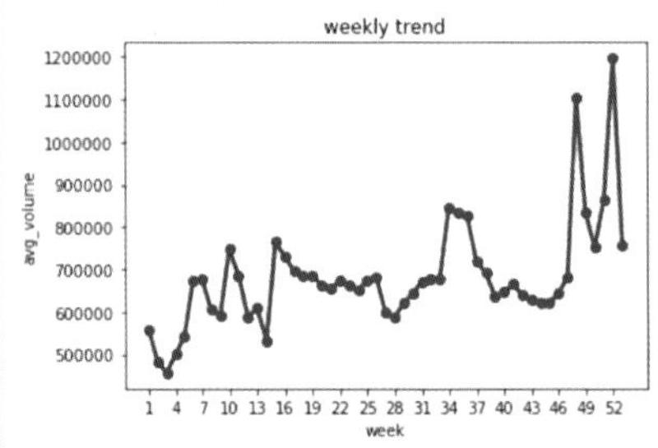

marker	description
"o"	circle marker
"^"	triangle marker
"*"	star marker

line stype	description
"-"	solid line
"--"	dashed line
":"	dotted line

color	description
"b"	blue
"g"	green
"r"	red
"c"	cyan
"m"	magenta
"y"	yellow
"k"	black
"w"	white

[그림 6-5] 차트 결과 및 설정 내용

1.1.3 다중 차트 라벨 설정

분석 시 2개 이상의 차트를 그리고 값을 비교하는 일은 많이 발생한다. ST0001과 ST0002 판매 실적 비교를 위해 차트를 생성한 후 각 차트의 라벨 정의 및 표식을 설정하는 방법을 실습한다.

```
x=groupDataS01.WEEK
y=groupDataS01.MEAN_VOLUME
y2=groupDataS02.MEAN_VOLUME ------------------------ ①
plt.xticks( range(min(x),max(x),3) )
plt.plot(x,y,"go--", label="ST0001") --------------- ②
plt.plot(x,y2,"bo-", label="ST0002")
# 각 차트 별 표식 생성
plt.legend(loc=0) ---------------------------------- ③
```

① x, y 값 외에 y2 변수를 추가한 후 ST0002의 판매량 데이터를 저장한다.

② 차트를 2개 생성한다. 생성 시 각 차트의 라벨을 별도로 명시한다.

③ 차트에 표식을 생성하기 위하여 생성 위치 정보 0(best)를 포함하여 생성해야 한다. 0은 가장 최적의 위치로 표식을 설정하며, 차트의 빈공간을 찾아 생성한다.

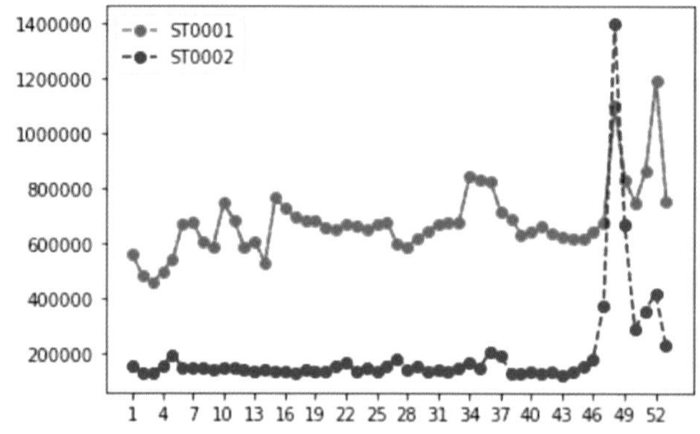

character	description
"best"	0
"upper right"	1
"upper left"	2
"lower left"	3
"lower right"	4

[그림 6-6] 차트 표식 생성

1.2 matplotlib 활용 시각화 고급

간단한 차트 작성에 대하여 이해도가 높아진 다음에는 서브 플롯, 이중 축 등 다양한 고급 차트 시각화 기능도 살펴보아야 한다. 먼저 figure 함수를 사용하여 차트를 그릴 도화지를 생성하고 다중 서브 플롯을 그리는 것과 이중 축으로 높이가 다른 값을 서로 비교하는 방법을 학습한다. figure 개념은 차트를 그리기 위한 도화지를 생성하는 것이다. 당연히 도화지를 초기화하고 전체 크기를 설정할 수 있다. 다음은 서브 차트를 도화지에 add_subplot 함수로 추가하는 방법이다 각 서브 플롯을 Axes라고 명칭한다. 서브 플롯 생성 시에는 수학 시간에 배운 행렬로 도화지에 영역을 생성하고 하나씩 추가한다고 생각하면 된다. [그림 6-7]을 보면 도화지에 2행 1열 영역을 생성하고, Axes #1 차트는 첫 번째 상단 영역에 배치되어 있고, Axes #2는 두 번째 하단 영역에 배치되어 있다. 이 경우 서브 플롯 생성 시 axes1 = add_subplot(2, 1, 1) 2행 1열의 첫번째에 위치, axes2 = add_subplot(2, 1, 2)와 같이 행, 열 및 추가할 차트의 순서를 정의할 수 있다.

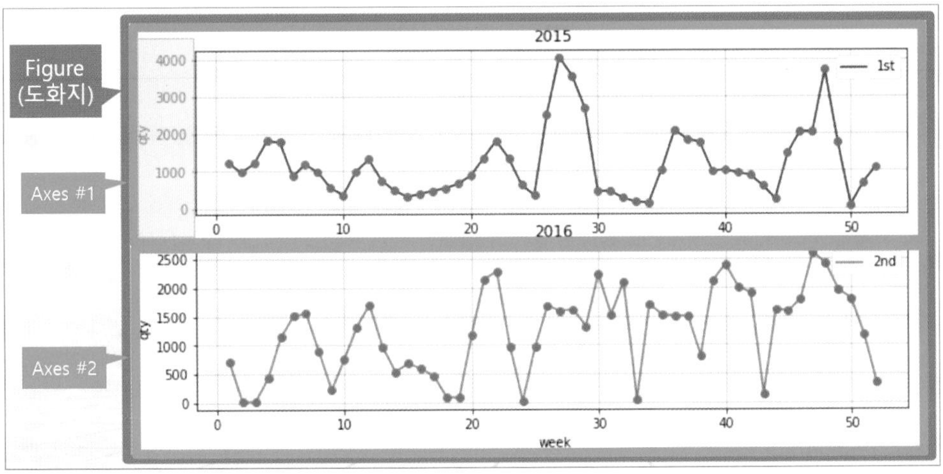

[그림 6-7] 차트 구성의 이해

1.2.1 서브플롯 그리기

먼저 데이터를 새로 불러온다. x축은 주차 정보를 y축에는 제품별 판매실적을 대입한다.

```
import pandas as pd

groupDataS01 = pd.read_csv("../dataset/ST0001DATA.csv")
groupDataS02 = pd.read_csv("../dataset/ST0002DATA.csv")

# 필요 라이브러리 정의
import matplotlib.pyplot as plt
# 팝업 창 활용하여 차트 시연
x=groupDataS01.WEEK
y=groupDataS01.MEAN_VOLUME
y2=groupDataS02.MEAN_VOLUME
fig = plt.figure(figsize=(14,4)) -------------------------------- ①
# 첫 번째 차트
ax1 = fig.add_subplot(121) --------------------------------------- ②
ax1.plot(x,y, 'bo-',lw=1.5, label = 'ST0001') ------------------ ③
ax1.grid(True) --- (3)
ax1.legend(loc=0)
ax1.set_xlabel('ax1_index')
ax1.set_ylabel('ax1_value')
ax1.set_title('ax1_title')
# 두 번째 차트
ax2 = fig.add_subplot(122) --------------------------------------- ④
ax2.plot(x,y2, 'go-', lw=1.5, label='ST0002') ------------------ ⑤
ax2.grid(True) --------------------------------------------------- ⑥
ax2.legend(loc=0)
ax2.set_xlabel('ax2_index')
ax2.set_ylabel('ax2_value')
ax2.set_title('ax2_title')
```

① 먼저 figure 함수를 활용하여 x축 14 y축 4 크기의 도화지를 그린다.

② 도화지에 add_subplot 함수를 활용하여 ax1 변수에 서브플롯 한 개를 생성한다. 121은 앞에 두 자리는 레이아웃 1행 2열을 뜻하고 마지막 1은 그중 첫 번째 열에 차트를 배치한다는 의미이다.

③ ax1 서브 플롯에 "ST0001" 판매실적 차트를 생성한다. 그리드 선을 표기하고, 최적의 위치에 레전드를 생성하고 x, y축 라벨 및 타이틀을 생성한다.

④ 도화지에 add_subplot 함수를 활용하여 ax2 변수에 서브 플롯 한 개를 추가한다. 122는 앞에 두 자리는 레이아웃 1행 2열에 마지막 2는 두 번째 열에 차트를 생성한다는 뜻이다.

⑤ ax2 서브 플롯에 "ST0002" 판매실적 차트를 생성한다.

⑥ "ST0001" 색상 및 라벨 이름만 다르게 하여 차트를 꾸민다.

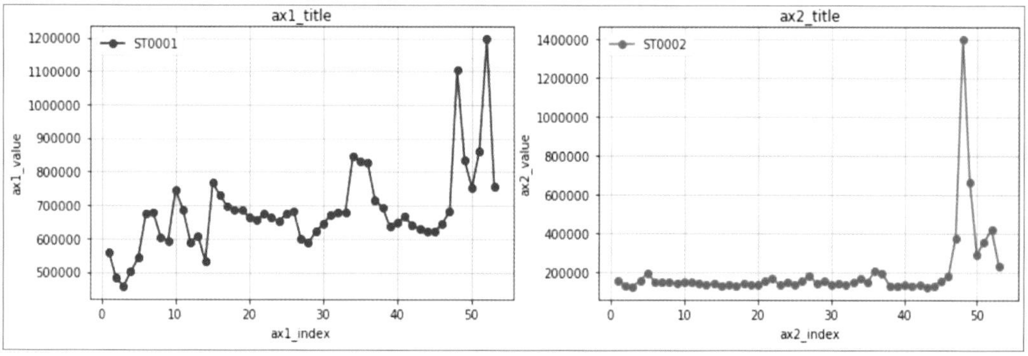

[그림 6-8] 서브 플롯 화면 예시

1.2.2 이중 축 그리기

이중 축은 x축을 공유한 상태에서 높이가 다른 두 변수를 비교할 때 사용한다. 예를 들어 주차별 판매량과 주차별 할인 비율을 하나의 영역에 그린다고 생각해 보자. 이중 축을 사용하지 않고 plt.plot을 두 번 실행하여 그린다면 판매량과 할인 정보는 값의 높이가 달라 할인 정보는 바닥에 거의 일자 형태로 그려질 것이다. 하지만 이중 축은 x축은 동일하게 사용하면서 y축을 별도로 사용하여 값을 표현하기 때문에 높이가 다른 2개의 데이터를 비교할 때 많이 사용된다.

```
# 이중 축
fig = plt.figure(figsize=(14,4)) ---------------------------- ①
ax1 = fig.add_subplot(1,1,1) -------------------------------- ②
#figure, ax1 = plt.subplots(figsize=(10,5))
ax1.plot(x,y, 'bo-',lw=1.5, label = 'ST0001') --------------- ③
ax1.grid(True)
ax1.legend(loc=0)
ax1.set_ylabel('ax1_value')
ax1.set_xlabel('ax1_index')
plt.title('subplot')
ax2 = ax1.twinx() ------------------------------------------- ④
ax2.plot(x,y2, 'go-', lw=1.5, label='ST0002') -------------- ⑤
ax2.legend(loc=4) ------------------------------------------- ⑥
ax2.set_ylabel('ax2_value')
```

① 먼저 figure 함수를 활용하여 x축 14, y축 4 크기의 도화지를 그린다.

② 도화지에 add_subplot 함수를 활용하여 ax1 변수에 서브 플롯 한 개를 생성한다. 111은 1행 1열 레이아웃 안에 1개의 차트를 그린다는 의미이다.

③ ax1 서브 플롯에 "ST0001" 판매실적 차트를 생성한다. 그리드 선을 표기하고, 최적의 위치에 레전드를 생성하고 x, y축 라벨 및 타이틀을 생성한다.

④ ax1 차트의 동일 x축을 사용하는 이중 축 차트를 ax2 변수에 저장한다.

⑤ 이중 축 차트에 "ST0002" 판매실적 차트를 그린다.

⑥ x축 라벨은 같이 쓰기 때문에 레전드와 y축 라벨만 정의한다.

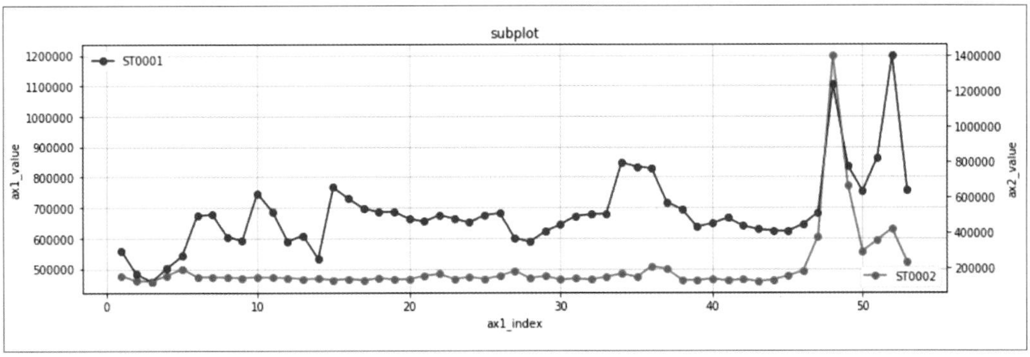

[그림 6-9] 이중 축 화면 예시

실습으로 dataset 폴더 내 feature_regression_example.csv 파일을 열고 2015년도 데이터만 추출한 뒤 x축에는 week 정보를, y축에는 이중 축으로 qty와 pro_percent를 그려본다. 하단의 코드는 데이터를 불러오는 예시 코드이다.

```
import pandas as pd

featuresData =  pd.read_csv("../dataset/feature_regression_example.csv")

featuresData2015 = featuresData[ (featuresData.YEARWEEK >= 201501) &
                                 (featuresData.YEARWEEK <= 201552)]

featuresData2015.head()
```

1.2.3 막대 차트 그리기

크고 작음을 막대로 표현하여 한눈에 데이터의 양을 쉽게 확인할 수 있다.

```
#필요 라이브러리 정의
import matplotlib.pyplot as plt

x=groupDataS01.WEEK
```

기본편

VI. 파이썬 라이브러리 활용

```
y=groupDataS01.MEAN_VOLUME

fig = plt.figure(figsize=(10,5)) ---------------------------------- ①
ax1 = fig.add_subplot(1,1,1) -------------------------------------- ②
ax1.bar(x,y, color=“ blue ” , width=0.8, label='ST0001') ---------- ③
ax1.legend(loc=0)
ax1.set_xlabel('x value')
ax1.set_ylabel('x ** 2 value')
```

① 먼저 figure 함수를 활용하여 x축 10, y축 5 크기의 도화지를 그린다.

② 도화지에 add_subplot 함수를 활용하여 ax1 변수에 서브 플롯 한 개를 생성한다. 111은 1행 1열 레이아웃 안에 1개의 차트를 그린다는 의미이다.

③ ax1 서브 플롯에 “ST0001” 판매실적 차트를 생성한다. 단, 막대 차트를 그리기 위하여 bar 함수를 활용한다. 단순히 차트 한 개만 그리는 경우에는 plt.figure(figsize=(10,5)) 도화지를 생성하고 plt.bar(x,y, width=0.8) 형태로 실행 가능하다.

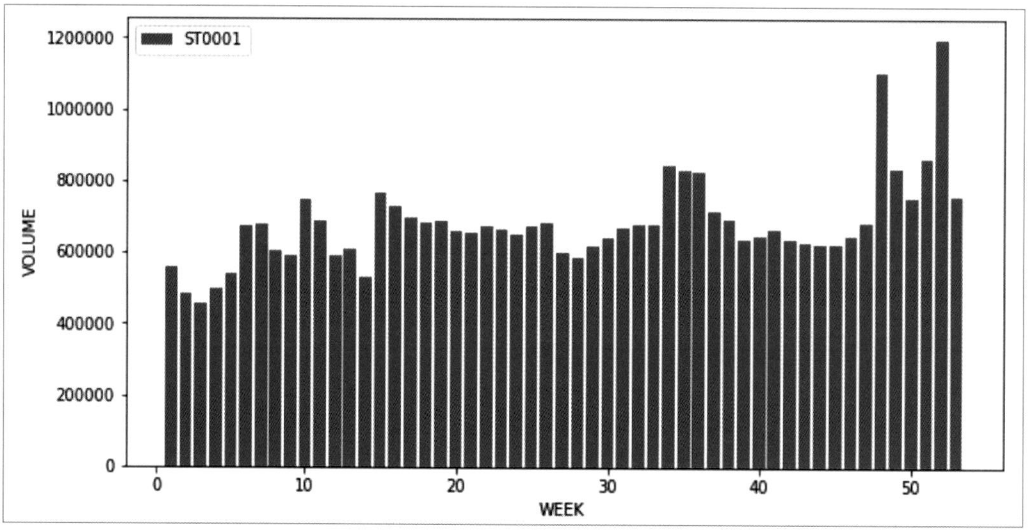

[그림 6-10] 막대 차트 화면 예시

1.2.4 파이 차트 그리기

파이 차트는 모든 데이터의 합을 100으로 하고 각 영역의 비율을 쉽게 확인할 수 있는 차트다.

```
# 필요 라이브러리 정의
import matplotlib.pyplot as plt

# 라벨 및 값 정의
groupLabel = ['A', 'B', 'C'] ------------------------- ①
groupValue = [95, 54, 25]

# 파이 차트 시각화
fig = plt.figure(figsize=(10,5)) -------------------- ②
ax1 = fig.add_subplot(1,1,1) ------------------------ ③
ax1.pie(x=groupValue,       -------------------------- ④
        labels=groupLabel,
        autopct="%1.2f%%",
        textprops= {'fontsize': 12 } )
ax1.legend(loc=0)
```

① 먼저 파이 차트의 구성 라벨 변수와 값을 정의한다.

② figure 함수를 활용하여 x축 10, y축 5 크기의 도화지를 그린다.

③ 도화지에 add_subplot 함수를 활용하여 ax1 변수에 서브 플롯 한 개를 생성한다. 111은 1행 1열 레이아웃 안에 1개의 차트를 그린다는 의미이다.

④ ax1 서브 플롯에 파이 차트를 그린다. x는 groupValue를 labels은 group Label을 맵핑한 후 자동 퍼센트 계산을 사용해 소수점 2째 자리까지 표기한다.

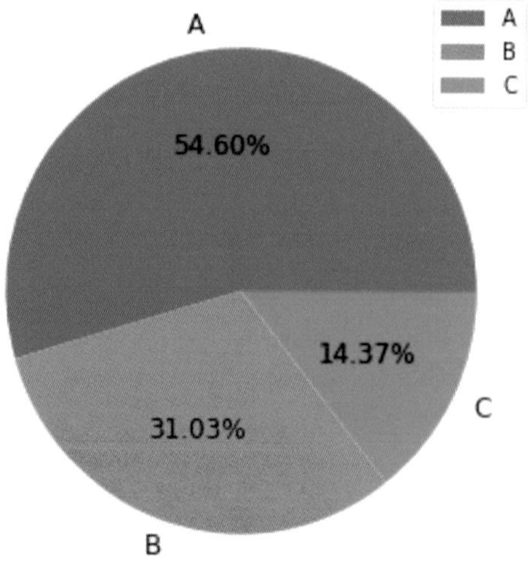

[그림 6-11] 파이 차트 화면 예시

1.3 seaborn 활용 통계 차트 생성

seaborn은 Matplotlib 기반으로 다양한 색상 테마와 통계용 차트 등의 기능을 추가한 시각화 라이브러리다. 또한, 세부 집계용 차트도 파라미터를 통해 간단하게 그룹별 차트를 시각화할 수 있어 데이터 탐색 시 시간을 절약할 수 있다. 주의할 점은 아나콘다 설치 버전에 따라 seaborn 라이브러리 선언 시 에러(DLL load failed 지정된 프로시저를 찾을 수 없습니다.)가 발생할 수 있다. 해결 방법은 scipy(통계) 및 seaborn(시각화) 라이브러리 재설치를 통해 버전을 맞춤으로써 해결할 수 있다. 명령 프롬프트 실행 후 scipy 재설치(pip uninstall scipy 실행 후 pip install scipy) 후 seaborn 재설치(pip uninstall seaborn 실행 후 pip install seaborn)하면 에러를 해결할 수 있다.

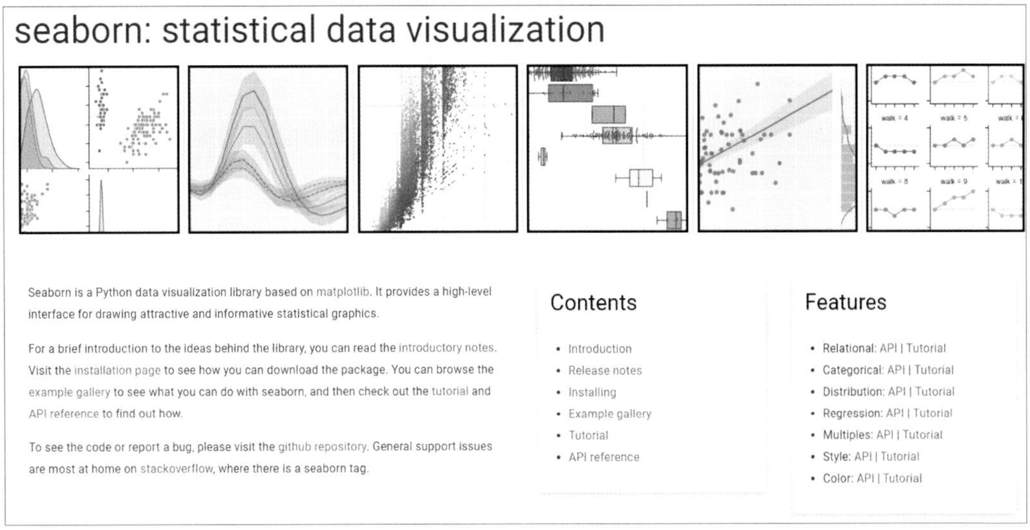

[그림 6-12] seaborn 웹페이지

실습할 차트는 다음 표를 참고한다.

[표 6-1] 차트 요약

순서	변수 (컬럼)	seaborn	차트 이름	설명
1	단일 변수 차트	count plot	카운트 차트	변수의 빈도수 분포
		dist plot	히스토그램	연속형 변수의 빈도수 분포
2	두 변수 이상 차트	bar plot	막대 차트	특정 변수를 기준으로 다른 변수 값을 비교
		box plot	박스 차트	변수의 통계 수치(이상치, 사분위수 등) 분포
		line plot	선 차트	x축 y축에 변수 연결
		lm plot	산점도	두 개 변수의 관계 분포 (상관관계)
		joint plot	조인트 차트	산점도 및 히스토그램을 같이 확인

dataset 폴더 내 데이터를 활용하여 실습한다. 먼저 customerData.csv 파일을 불러온다.

```
import seaborn as sns
import pandas as pd
```

```
%matplotlib inline
```

```
csData = pd.read_csv("../dataset/customerdata.csv")
csData.head(2)
```

데이터는 6개의 컬럼으로 이루어져 있는 고객 정보 데이터이다. 고객번호별 고객의 평균 제품 구매 시 사용하는 비용(AVGPRICE), 제품 구매 시 무이자 할부 이용 건수(EMI), 총상품을 구매한 건수(DEVICECOUNT), 평균적으로 제품 구매 후 새로운 모델로 재구매까지 걸리는 시간(PRODUCTAGE) 및 고객의 성향을 나타내는 유형 정보(CUSTTYPE)가 저장되어 있다.

	CUSTID	AVGPRICE	EMI	DEVICECOUNT	PRODUCTAGE	CUSTTYPE
0	A13566	4273.900000	3	6	1.679181	Big-Screen-lover
1	A14219	3642.441950	2	4	2.682023	Sleeping-dog
2	A15312	3653.884565	2	5	3.208202	Sleeping-dog
3	A16605	3713.211107	2	6	0.900000	Early-bird

컬럼명	컬럼 유형	컬럼 설명	키	길이	NULL 허용	비고
CUSTID	문자	고객번호	1	40	N	
AVGPRICE	숫자	평균 구매가격				
EMI	숫자	무이자 할부 이용건수				
DEVICECOUNT	숫자	상품 구매건수				
PRODUCTAGE	숫자	평균 상품 지속년도				
CUSTTYPE	문자	고객 타입 정보				

[그림 6-13] 시각화 대상 데이터

1.3.1 카운트 차트 (count plot)

특정 컬럼을 기준으로 데이터의 빈도수 분포를 확인하기 위하여 사용되는 차트이다.

```
sns.countplot(data = csData, x="EMI", hue="CUSTTYPE") ---------- ①
```

① countplot 함수를 적용할 수 있으며 data 파라미터에는 고객 정보 데이터 csData를 맵

핑하고 x변수 (x축 값)에는 무이자 할부 값을 맵핑한다. seaborn의 가장 큰 특징은 그룹별 차트를 분리하여 볼 수 있는데 그룹키를 hue 파라미터에 정의하면 된다. 실습 코드는 무이자 할부(EMI)별 빈도수를 시각화 한다. 추가로 hue 파라미터에 CUSTTYPE을 정의하여 무이자 할부 값을 고객유형별로 세분화 하여 시각화 한다.

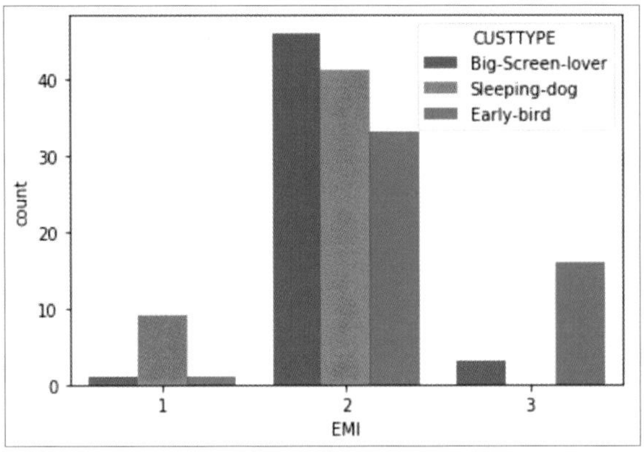

[그림 6-14] 카운트 차트 예시

1.3.2 히스토그램 (dist plot)

히스토그램은 측정값이 존재하는 범위를 몇 개의 구간으로 나눈 다음 기둥 모양의 차트로 표현한다. 기둥의 밑변은 구간으로 하고 그 구간에 속하는 측정값의 출현 빈도수에 비례하는 면적을 갖는 기둥이다. 다만 선으로 표현하여 가장 많은 분포의 값을 눈으로 쉽게 식별할 수 있다.

```
figure = plt.figure(figsize=(18,6)) ------------------------- ①

ax1 = plt.subplot(1,2,1) ------------------------------------ ②
sns.distplot(csData.AVGPRICE, kde = False, ax=ax1 )
ax2 = plt.subplot(1,2,2) ------------------------------------ ③
sns.distplot(csData.AVGPRICE, hist = False, ax=ax2 )
```

① 다양한 seaborn 차트를 그리기 위하여 서브 차트 크기 (18,6)로 도화지를 그렸다.

② 첫 번째 서브 플롯은 1행 2열 중 첫 번째 열에 위치하게 한 후 기본 히스토그램을 생성한다.

③ 두 번째 서브 플롯은 1행 2열 중 두 번째 열에 위치하게 한 후 커널 밀도함수를 생성한다. 커널은 적분(그래프 면적)이 1인 형태로, 쉽게 말하면 히스토그램의 빈도를 부드럽게 만든 차트이다.

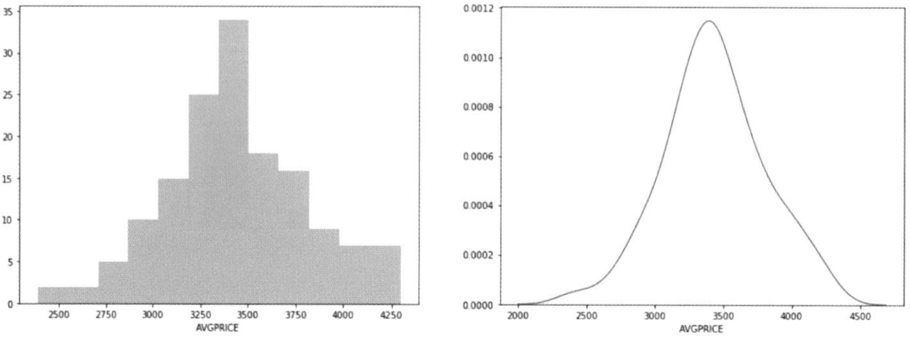

[그림 6-15] **히스토그램 예시**

1.3.3 바 차트(bar plot)

하나의 변수를 기준으로 다른 변수의 평균을 그래프로 표현할 때 사용하는 차트이다. 보통 히스토그램은 분포를 표현하는 반면 바 차트는 데이터를 분류하는데 사용된다. 차이를 알아 보면 바 차트는 분류 기준(x축 값)을 잘 선정하고 데이터를 비교하는 것이고 히스토그램은 빈도수를 보는 것이다.

```
sns.barplot(x="EMI", y="AVGPRICE", data = csData,
        hue = "CUSTTYPE", ci = “ sd ” ) --------------------- ①
```

① barplot을 활용하여 고객 타입별 무이자 할부(EMI)의 평균 구매가격의 평균값을 바 차트로 표현하였다. ci는 바 차트 중앙에 있는 검정선을 의미하며 표준편차를 뜻한다. 검

정선은 만약 신뢰 구간 ci(Confidence interval) 값을 sd(표준편차)로 정의하지 않은 경우 95% 신뢰 구간을 표시한다. 신뢰 구간은 통계학에서 주어진 신뢰도로 전체 모수는 어느 범위에 있을지 구간으로 표현한 것이다. (95% 신뢰 구간 = 표본평균 ± 1.96 * 표본표준편차 / SQRT(표본 크기))

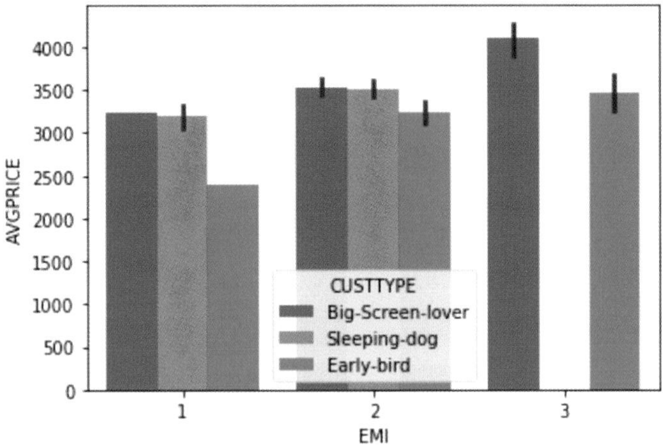

[그림 6-16] 바 차트 예시

1.3.4 박스 차트 (box plot)

박스 차트는 데이터의 분포를 쉽게 확인 가능한 차트이다. 또한, 이상치 데이터도 표시하여 준다. 따라서 박스 차트를 활용하면 데이터의 특성을 쉽게 확인할 수 있다.

```
sns.boxplot(data=csData, x="EMI", y="AVGPRICE") ------------- ①
```

① boxplot을 활용하여 고객 데이터의 무이자 할부(EMI)별 평균 구매가격의 데이터 분포를 박스 차트로 표시하였다.

데이터의 분포를 대표하는 수치 개념이 등장하였다. 중앙값, 사분위수(Quartile)이다. 중앙값은 데이터를 크기대로 정렬하였을 때 가장 가운데 수를 말한다. 만일 데이터의 수가 짝수인 경우는 중앙에 위치한 2개 수의 평균을 구한다. 예를 들어 (1, 3, 5)의 중앙값은 3(1, 3, 5, 7)의 중앙값은 3과 5의 평균인 4가 된다. 사분위수(quartile)는 데이터를 크기별 오름차순으로 정렬했을 때 1/4(1사분위수), 2/4(2사분위수), 3/4(3사분위수) 위치에 있는 수를 말한다. 2사분위수는 중앙값과 같다. 사분 범위(IQR)은 3사분위수와 1사분위수의 간격을 말한다. 즉 데이터의 50%가 존재하는 범위이다. 이 범위는 이상치에 영향을 받지 않는 아주 정상적인 데이터 범위를 의미한다. 1사분위수에서 1.5*사분범위(IQR)을 빼면 하한선, 3사분위에서 1.5*사분범위(IQR)을 더하면 상한선으로 설정하여 이상치 탐지도 가능하다. 각각의 상한선 하한선 범위 내에 데이터가 분포하면 이상치가 없고, 상/하산선 범위 밖에 데이터가 있으면 이상치로 판단한다.

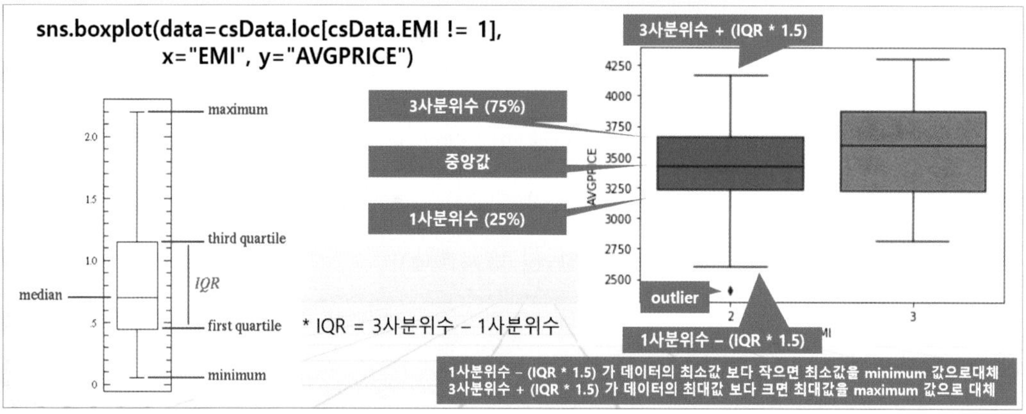

[그림 6-17] 박스 차트 예시

파이썬에서 수 계산은 numpy 라이브러리를 사용하면 다양한 표준편차 및 통계 지표들을 계산할 수 있다. 실습을 통해서 알아본다.

```
import numpy as np
import pandas as pd

csData = pd.read_csv("../dataset/customerdata.csv") ---------- ①
# 무이자 할부 2건 사용한 고객 데이터의 평균 구매가격 정보를 리스트로 변환
boxData = list(csData.loc[ (csData.EMI==2) ].AVGPRICE) -------- ②

# 사분위수(Quartile), 사분 범위(IQR) 계산
```

```
q1 = np.percentile(boxData, 25) #Q1 (first quartile) ---------- ③
q2 = np.percentile(boxData, 50) #Q2 (median)
q3 = np.percentile(boxData, 75) #Q3 (third quartile)
iqr =(q3-q1)
print("Q1={} Q2={} Q3={} IQR={}".format(q1, q2, q3, iqr))

# 하한선, 상한선 계산
minimum = q1 - (iqr * 1.5) ---------------------------------- ④
maximum = q3 + (iqr * 1.5)
print("하한선={} 상한선={}".format(minimum, maximum))

# 데이터의 최소, 최대값 계산
minValue = min(boxData) ---------------------------------------- ⑤
maxValue = max(boxData)
print("데이터 최소값={} 데이터 최대값={}".format(minValue, maxValue))

csData[csData.EMI==1].AVGPRICE.describe()
```


① 고객 데이터를 불러온다.

② 고객 데이터에서 무이자 할부 건수(EMI)가 2건인 데이터만 조회한 후 AVGPRICE 컬럼 데이터를 리스트 형태로 타입을 변환한다.

③ np.percentile 함수를 사용하여 25%, 50%, 75% 지점의 데이터값을 변수에 저장 후 출력한다. 출력 시 문자열로 {}를 정의하고 각 {}에 들어갈 변수를 .format에 순서대로 정의하면 깔끔하게 데이터를 출력할 수 있다.

④ 데이터의 하한선, 상한선 값을 계산한 후 변수에 저장한다.

⑤ 마지막으로 실제 불러온 데이터의 최소값과 최대값을 변수에 저장한다. 실행 결과는 [그림 6-17]과 같다.

```
import numpy as np
import pandas as pd

csData = pd.read_csv("../dataset/customerdata.csv")
# 무이자 할부 2건 사용한 고객데이터의 평균구매가격정보를 리스트로 변환
boxData = list(csData.loc[ (csData.EMI==2) ].AVGPRICE)

# 사분위수(Quartile), 사분범위(IQR) 계산
q1 = np.percentile(boxData, 25) #Q1 (first quartile)
q2 = np.percentile(boxData, 50) #Q2 (median)
q3 = np.percentile(boxData, 75) #Q3 (third quartile)
iqr =(q3-q1)
print("Q1={} Q2={} Q3={} IQR={}".format(q1, q2, q3, iqr))

# 하한선, 상한선 계산
minimum = q1 - (iqr * 1.5)
maximum = q3 + (iqr * 1.5)
print("하한선={} 상한선={}".format(minimum, maximum))

# 데이터의 최소, 최대값 계산
minValue = min(boxData)
maxValue = max(boxData)
print("데이터 최소값={} 데이터 최대값={}".format(minValue, maxValue))
```

```
Q1=3231.4292423914726 Q2=3418.4801205622753 Q3=3656.799297103615 IQR=425.3700547121425
하한선=2593.374160323259 상한선=4294.854379171829
데이터 최소값=2411.00883826542 데이터 최대값=4166.53312994377
```

[그림 6-18] 데이터 분포 통계지표 확인 결과

1.3.5 선 차트 (line plot)

seaborn을 통해서도 라인 차트 구현이 가능하다. 고객 데이터 외 시간의 순서가 존재하는 데이터를 활용하여 시각화한다.

```
import pandas as pd
featuresData = pd.read_csv("../dataset/feature_regression_example.csv")
featuresData.head()
```

데이터는 다음과 같다.

	REGIONID	PRODUCTGROUP	PRODUCT	ITEM	YEARWEEK	YEAR	WEEK	QTY	HOLIDAY	HCLUS	PROMOTION	PRO_PERCENT
0	SEOUL_BANK_001	PG02	PRODUCT0010	ITEM0115	201501	2015	1	1225	Y	1	Y	0.209442
1	SEOUL_BANK_001	PG02	PRODUCT0010	ITEM0115	201502	2015	2	968	N	4	Y	0.209442

Column Name	Column Type	Description	Key	Length	Comments
REGIONID	str	지역 정보	1	20	미국, 영국 등
PRODUCTGROUP	str	상품군 정보		20	모바일
PRODUCT	str	상품 정보		20	노트북, 핸드폰
ITEM	str	실제 판매 아이템 정보	1	20	실제모델 이름
YEARWEEK	int	연주차	1		201701
QTY	float	판매량			
HOLIDAY	str	홀리데이 여부		20	Y: 존재, N: 미 존재
HCLUS	int	홀리데이			
PROMOTION	str	프로모션 여부		20	Y: 존재, N: 미 존재
PRO_PERCENT	float	할인율			

[그림 6-19] 특성 데이터

실습을 통해 라인 차트를 그린다.

```
sns.lineplot(data=featuresData.loc[featuresData.YEAR==2015],\ ----------- ①
                                   x="WEEK", y="QTY")
```

① lineplot 함수를 사용하여 상품 특성 데이터 중 2015년도의 데이터만 x축에는 연주차 정보를 y축에는 거래 실적을 그린다.

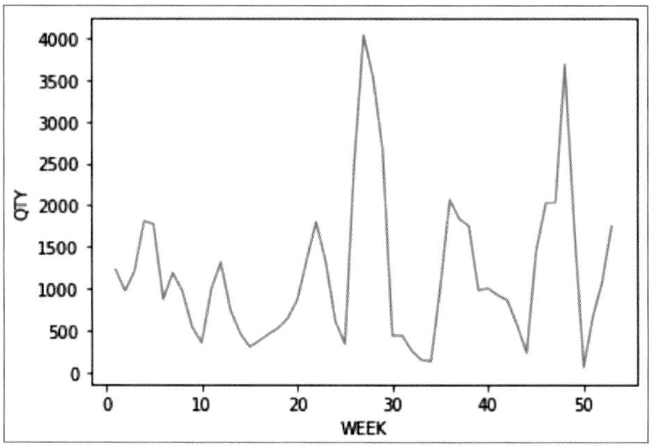

[그림 6-20] 라인 차트 예시

1.3.6 LM 차트 (lm plot)

LM(Linear Model) 차트는 데이터의 상관관계를 확인하기 위한 차트이다.

```
sns.lmplot(data=featuresData, x="PRO_PERCENT",y="QTY") ---------- ①
```

① x축에는 상품 할인율을 y축에는 거래량에 대한 상관관계 차트를 그린다.

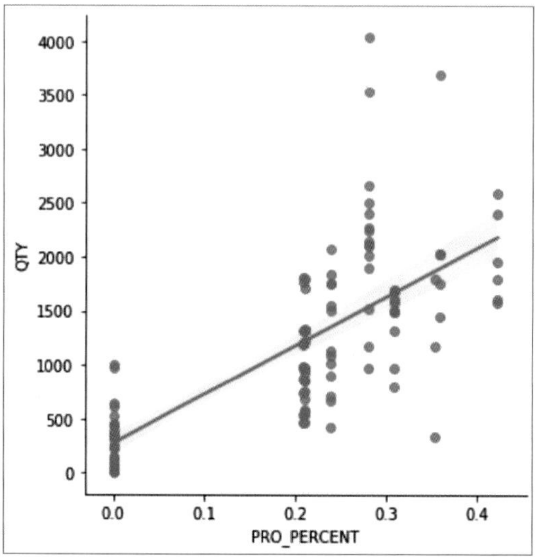

[그림 6-21] LM 차트 예시

데이터의 모든 숫자 형태의 상관관계를 확인 가능하다.

```
featuresData.corr() -------------------- ①
```

① 데이터의 모든 숫자 형태의 데이터에 대한 상관관계를 표로 출력한다.

	YEARWEEK	YEAR	WEEK	QTY	HCLUS	PRO_PERCENT
YEARWEEK	1.000000	0.961051	0.213022	0.037392	-0.030681	0.300320
YEAR	0.961051	1.000000	-0.065302	-0.048803	0.067443	0.208435
WEEK	0.213022	-0.065302	1.000000	0.307541	-0.349205	0.347462
QTY	0.037392	-0.048803	0.307541	1.000000	-0.544920	0.712772
HCLUS	-0.030681	0.067443	-0.349205	-0.544920	1.000000	-0.552991
PRO_PERCENT	0.300320	0.208435	0.347462	0.712772	-0.552991	1.000000

[그림 6-22] 상관관계 표시 예시

1.3.7 조인트 차트 (joint plot)

만약 데이터가 연속적인 실수이며 데이터의 관계를 차트로 표시하기 위해서는 조인트 플롯을 사용하여 산점도화 히스토그램을 시각화할 수 있다.

```
sns.jointplot(data=csData, x= "AVGPRICE", y = "PRODUCTAGE") -------- ①
```

① x축은 평균 구매가격, y축은 평균 지속년도로 데이터를 조인해서 분포도를 확인한다.

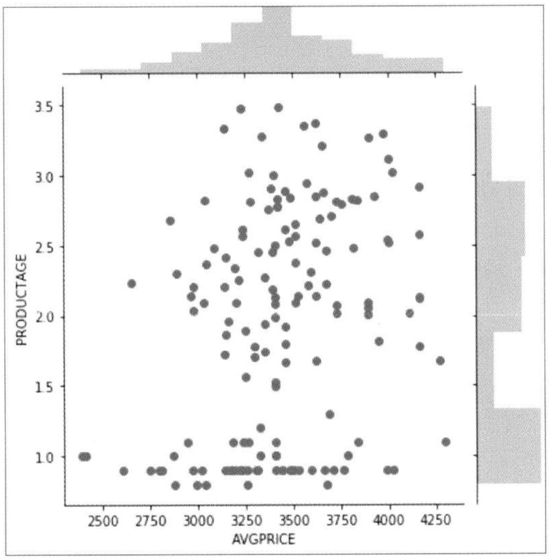

[그림 6-23] 조인트 차트 예시

02 OpenCV 라이브러리

학습 내용
1. 이미지를 파이썬을 활용하여 불러올 수 있다.
2. 영상 데이터를 파이썬을 활용하여 불러올 수 있다.

이미지 또는 영상 데이터도 결국은 데이터로 표현할 수 있다. 영상 데이터를 기계에 학습시키기 위해서는 언제나 고해상도 컬러 이미지 또는 영상의 프레임 이미지가 필요한 것은 아니다. 데이터를 학습하기 위하여 특성을 추출할 수 있을 정도로만 정제한 후 학습을 시킨다면 대량의 데이터를 빠르게 학습 가능하여 더 좋은 결과를 낼 수 있다. 따라서 파이썬에서 OpenCV 라이브러리를 활용하여 어떻게 이미지/영상 데이터를 조작 정제하는지 실습한다. 이미지 처리를 하기 위해 pip install opencv-python을 명령 프롬프트에서 실행하여 라이브러리를 설치한다.

[그림 6-24] opencv-python 소개

라이브러리 설치 후 먼저 이미지 데이터에 대해서 이해한다. images 폴더 내 two.jpg 파일을 불러온 후 데이터프레임으로 형 변환을 하여 csv 파일로 저장한다. 아직 이미지를 어떻게 불러오는지는 모르지만 이미지 데이터에 대한 이해로 생각하고 실습 코드를 무작정 작성해 본다.

```
import cv2
import pandas as pd

# 이미지 불러오기
imgpath = "../images/two.jpg"
img = cv2.imread(imgpath, cv2.IMREAD_GRAYSCALE) ------------- ①

# 세로, 가로, 채널 수
imgData = pd.DataFrame(img) ----------------------------------- ②
imgData.to_csv("./img_data.csv", index=False) --------------- ③
```

① 이미지를 그레이스케일로 불러온다.

② 불러온 데이터를 데이터프레임 형태로 변환한다.

③ 데이터를 작업 중인 파이썬 코드와 같은 폴더에 img_data.csv 파일로 저장한다. 저장한 데이터를 불러와 본다. 결국 이미지는 (28 * 28 픽셀)의 숫자 2 이미지 정보였는데 엑셀로 보면 28행 28열 데이터 셀 내 RGB 코드 (0~255) 값이 매핑되어 있음을 확인할 수 있다. 자세히 보면 숫자 2가 보일 것이다. 결국 컴퓨터가 이미지를 학습하는 것도 이와 같은 데이터의 특징을 학습한다는 점을 이해해야 한다.

	A	B	C	D	E	F	G	H	I	J	K	L	M	N	O	P	Q	R	S	T	U	V	W	X	Y	Z	AA	AB
1	0	1	2	3	4	5	6	7	8	9	10	11	12	13	14	15	16	17	18	19	20	21	22	23	24	25	26	27
2	3	0	10	0	0	3	0	2	7	0	0	13	0	0	0	0	0	8	0	1	0	0	3	1	0	0	0	0
3	0	7	0	0	10	0	0	1	0	19	6	0	9	11	0	4	5	0	4	0	0	7	8	0	0	0	0	0
4	0	11	0	0	1	0	10	2	3	0	0	1	0	0	1	1	3	15	0	3	20	0	0	0	0	0	0	0
5	7	0	2	9	0	0	13	0	9	16	135	255	254	169	142	159	125	18	18	0	0	9	0	0	0	0	0	0
6	11	0	0	1	6	2	0	71	120	226	255	237	237	255	255	255	255	222	90	0	9	0	8	2	0	0	0	0
7	0	0	6	0	14	0	12	222	255	236	221	223	224	206	199	212	247	255	248	51	0	13	1	0	0	0	0	0
8	0	6	12	0	4	0	23	197	198	85	21	14	0	0	16	22	90	250	253	54	9	0	0	3	0	0	0	0
9	7	0	0	2	0	3	1	0	0	0	0	0	11	0	0	8	148	255	255	43	3	5	0	10	0	0	0	0
10	0	0	0	0	0	0	0	0	0	15	0	5	0	0	1	3	193	255	234	56	0	0	18	0	0	0	0	0
11	0	0	0	0	0	0	0	0	0	0	0	0	9	9	0	98	243	252	243	12	0	4	0	14	0	0	0	0
12	0	0	0	0	0	0	0	0	0	22	0	0	0	4	19	204	255	255	143	0	16	0	6	3	0	0	0	0
13	0	0	0	0	0	0	0	0	0	0	5	0	2	2	169	255	255	226	17	4	13	0	21	0	0	0	0	0
14	0	0	0	0	0	0	0	0	5	0	0	23	0	107	255	248	247	115	0	0	0	8	0	3	0	0	0	0
15	0	0	0	0	0	0	0	0	2	23	0	0	89	234	255	246	143	5	8	0	0	5	0	6	0	0	0	0
16	0	0	0	0	0	0	0	0	0	0	24	28	240	255	253	183	28	0	0	7	14	0	8	0	0	0	0	0
17	0	0	0	0	0	0	0	0	6	0	57	234	253	252	227	34	5	3	0	0	0	2	4	0	0	0	0	0
18	0	2	4	0	10	0	2	1	5	37	236	251	248	255	73	0	14	0	0	3	6	4	2	0	4	0	6	1
19	10	0	1	0	0	1	13	0	98	224	255	255	249	71	0	0	0	1	12	4	0	0	9	11	0	5	0	0
20	0	0	8	8	0	1	0	38	231	255	251	239	194	16	0	21	3	0	0	1	0	0	0	0	0	20	0	0
21	0	11	0	0	7	3	15	195	255	237	255	239	247	255	181	60	44	5	0	7	4	0	23	52	9	0	0	15
22	0	12	0	0	4	0	0	168	241	255	235	255	255	255	248	255	237	211	200	187	152	144	198	255	178	21	0	8
23	1	0	0	5	2	0	0	4	61	149	113	139	188	247	248	254	250	245	252	255	255	255	255	244	250	46	2	1
24	8	0	0	0	0	12	18	0	0	8	0	0	0	44	53	88	156	151	170	211	250	255	220	163	80	0	0	8
25	0	3	4	0	8	0	2	2	0	8	0	4	8	0	0	0	3	0	0	7	2	0	0	1	1	0	5	0
26	0	0	0	0	0	0	0	0	0	0	0	0	0	0	0	0	0	0	0	0	0	0	0	0	0	0	0	0
27	0	0	0	0	0	0	0	0	0	0	0	0	0	0	0	0	0	0	0	0	0	0	0	0	0	0	0	0
28	0	0	0	0	0	0	0	0	0	0	0	0	0	0	0	0	0	0	0	0	0	0	0	0	0	0	0	0
29	0	0	0	0	0	0	0	0	0	0	0	0	0	0	0	0	0	0	0	0	0	0	0	0	0	0	0	0

[그림 6-25] 이미지 데이터의 이해

2.1 OpenCV 활용 이미지 조작 실습

2.1.1 이미지 불러오기/저장하기

가장 기본이 되는 이미지 데이터를 불러오고 저장하는 실습을 진행한다. 이미지를 불러오기 위해서는 imread 함수를 사용하고 저장 시에는 imwrite를 사용하여 파일로 저장 가능하다.

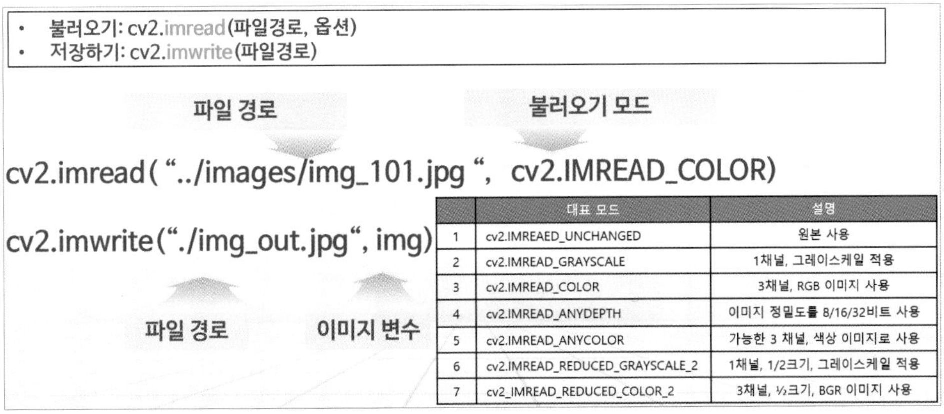

	대표 모드	설명
1	cv2.IMREAED_UNCHANGED	원본 사용
2	cv2.IMREAD_GRAYSCALE	1채널, 그레이스케일 적용
3	cv2.IMREAD_COLOR	3채널, RGB 이미지 사용
4	cv2.IMREAD_ANYDEPTH	이미지 정밀도를 8/16/32비트 사용
5	cv2.IMREAD_ANYCOLOR	가능한 3 채널, 색상 이미지로 사용
6	cv2.IMREAD_REDUCED_GRAYSCALE_2	1채널, 1/2크기, 그레이스케일 적용
7	cv2_IMREAD_REDUCED_COLOR_2	3채널, ½크기, BGR 이미지 사용

[그림 6-26] 이미지 불러오기 및 저장하기

실습을 통해서 알아본다.

```
import cv2 ------------------------------------------- ①

# 이미지 불러오기
imgpath = "../images/sparkkorea.jpg" ---------------- ②
img = cv2.imread(imgpath, cv2.IMREAD_COLOR)

# 세로, 가로, 채널 수
print(img.shape) ------------------------------------ ③

# 이미지 저장하기
cv2.imwrite("./sparkkorea_out.jpg", img) ------------ ④
```

① opencv 라이브러리를 정의한다.

② 파일이 존재하는 위치 정보를 변수에 정의한다.

③ shape 함수를 사용하여 데이터의 형태를 확인한다. shape 값이 (284, 586, 3)이면 이미지의 세로, 가로, 색상 차원의 수 (B,G,R)을 의미한다.

④ 이미지 저장은 imwrite 함수를 사용하여 현재 작업 중인 파이썬 코드와 같은 위치에 sparkkorea_out.jpg 이름으로 img 변수를 저장한다.

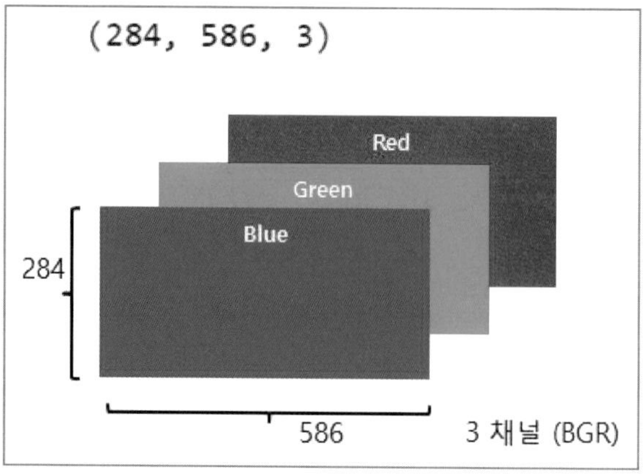

[그림 6-27] 이미지 shape 예시

2.1.2 이미지 시각화하기

불러온 이미지를 시각화한다. cv2 라이브러리의 imshow 함수를 활용하면 쉽게 윈도우 창으로 시각화 가능하다. 또한, matplotlib의 imshow 함수를 사용해도 가능하다. 하지만 opencv 라이브러리는 일반적인 RGB 순서로 데이터를 배치하지 않고 BGR 순으로 데이터를 저장하기 때문에 데이터의 색상이 원본과 다르게 표시된다.

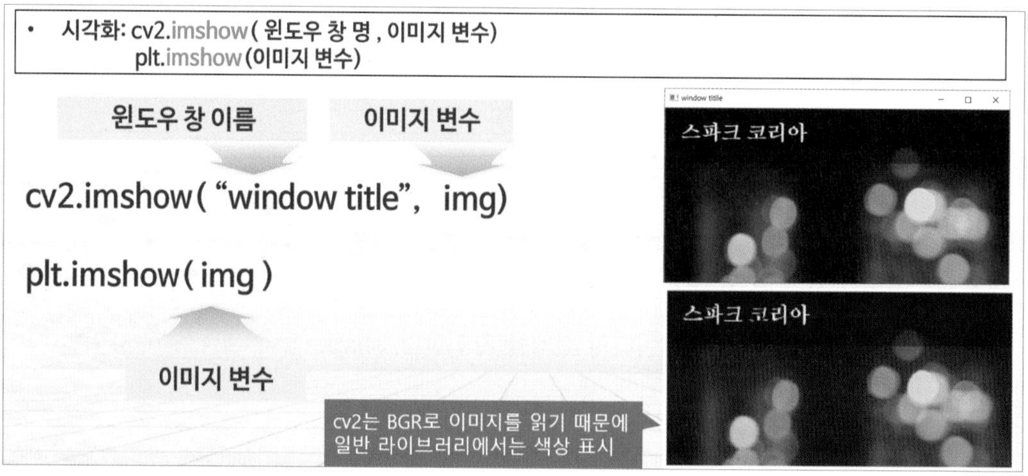

[그림 6-28] 이미지 시각화 사용법

먼저 cv2에서 제공하는 imshow 함수를 실습을 통하여 직접 확인한다.

```
import cv2 -------------------------------------- ①

# cv2 라이브러리 활용
cv2.imshow("window titile", img) --------------- ②
# 키 입력 무제한 기다림
inputKey = cv2.waitKey(0) ---------------------- ③
cv2.destroyAllWindows()
```

① 컴퓨터 비전 라이브러리 cv2와 시각화 라이브러리 matplotlib를 선언한다.

② imshow 함수를 활용해 "window title" 이름의 윈도우를 생성한 후 이미지를 맵핑한다. 여기서 주의할 점은 윈도우에 이미지를 맵핑한 후 창을 언제까지 유지할지 정의해야 한다.

③ cv2.waitKey(0) 함수를 실행하면 파이썬이 키보드 입력을 무제한 기다린다. 키 입력이 들어오면 키 입력값을 inputKey에 저장한 후 cv2.destroyAllWindows( )가 실행되어 모든 창을 닫는다. 여기서 cv2.waitKey( )는 입력 파라미터로 시간(밀리세컨드)을 정의할 수 있다. 단 0은 무제한 기다린다는 의미이다. 만약 cv2.waitKey(3000)으로 코드를 바꾼다면 아무런 키를 입력하지 않아도 3초 후 cv2.destroyAllwindows( )가 작동하여 창이 종료된다.

[그림 6-29] cv2.imshow( ) 실행 예시

다음으로는 matplotlib를 활용하여 시각화한다.

```
import matplotlib.pyplot as plt
%matplotlib inline

# matplotlib 라이브러리 활용
plt.imshow(img) ------------------------------- ①
```

matplotlib 다른 코드와 연관되지 않고 바로 이미지가 표시되는 장점은 있으나 색상이 원하는 형태로 표시되지 않는다.

[그림 6-30] plt.imshow( ) 실행 예시

원인은 OpenCV가 일반적으로 사용하는 RGB 순서의 색상 채널이 아닌 BGR을 사용한다는 것이다. 안타깝게도 OpenCV 개발 당시에는 BGR이 오히려 개발자 입장에서 일반 방식이었다. 따라서 만약 matplotlib로 시각화하려면 색상의 채널 순서를 변경해야 한다.

```
b, g, r = cv2.split(img) ------------------- ①

matimg = cv2.merge( [r, g, b] ) ------------ ②

plt.imshow(matimg)
```

① 색상의 순서를 split 함수를 사용하여 b, g, r 변수에 각각 저장한다.

② 리스트로 각 변수를 r, g, b 순서로 병합한 후 다시 시각화하면 정상적으로 표시된다. OpenCV는 BGR 순서로 컬러 값을 처리한다는 점을 기억해야 한다.

2.1.3 이미지 색상 변경

이미지 색상 변경하는 방법을 다룬다. 이미지를 원본 상태를 유지하면 더 편한데 굳이 이미지 색상을 바꾸는 이유가 무엇일까? 단순하지만 우리가 대량의 이미지 파일을 기계에 학습시키려면 시간이 오래 걸린다. 하지만 이미지의 특성을 판단하는 경우 컬러가 굳이 필요 없는 경우(예: 숫자 인식 시 컬러는 중요한 요소가 아님) 3채널 컬러에서 그레이스케일로 변경하면 데이터의 양이 줄어 데이터 처리 속도가 빠르면서 이미지의 특성도 판단할 수 있다. 예를 들어 우리가 6이라는 숫자를 기계에 학습시킬 때 컬러와 그레이스케일과는 차이가 없다. 단지 6 아랫부분에 동그라미 패턴이 존재하는 점이 더 중요하다는 것이다. 컬러가 불필요한 경우에 이미지 색상을 변경하여 빠르게 학습시킬 수 있는 것이다.

색상 변경은 cvtColor 함수를 사용하여 기존 이미지 변수에, 변경 모드를 적용한다.

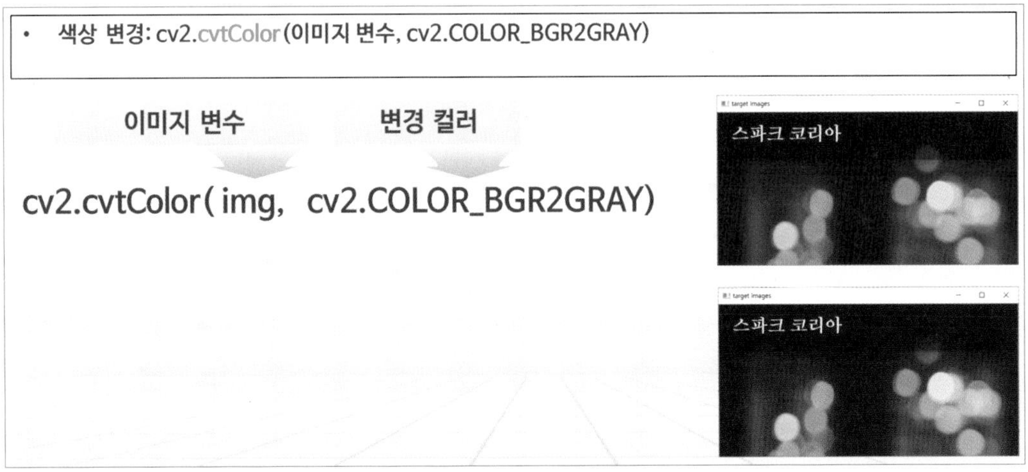

[그림 6-31] 이미지 색상 변경 실행 예시

실습을 통해 직접 컬러를 변경해 본다.

```
# 이미지 확인용
def imgshow(inImage): -------------------------------------- ①
    cv2.imshow("target images", inImage)
    inputKey = cv2.waitKey(0)
    cv2.destroyAllWindows()

# BRG2RGB
rgbImg = cv2.cvtColor(img, cv2.COLOR_BGR2RGB) ------------- ②
print(rgbImg.shape)
imgshow(rgbImg)

# COLOR TO GRAY
grayImg = cv2.cvtColor(img, cv2.COLOR_BGR2GRAY) ----------- ③
print(grayImg.shape)
imgshow(grayImg)
```

① 이미지 시각화 프로세스의 재사용을 위해 함수로 정의한다.

② 원본 이미지 변수(img)를 cvtColor 함수를 모드 cv2.BGR2RGB와 함께 사용하여 일반 색상 순서로 변경한 후 데이터의 형태를 출력한다. 출력 포맷은 순서만 바뀌었기 때문에 3채널 그대로 유지된다. 이후 팝업창을 띄워 시각화한다. 표시되는 화면은 cv2에서는 오히려 변경한 RGB 순서가 이상하게 표시된다.

③ 원본 이미지 변수(img)를 cv2.BGR2GRAY 모드를 적용하여 회색 형태로 변경한 후 데이터의 형태를 출력한다. 그레이스케일은 1채널만 사용하기 때문에 데이터 형태는 기존 (284, 586, 3) -> (284, 586)으로 변경된다. 시각화는 회색 톤으로 변경되어 표시된다.

[그림 6-32] 그레이스케일 변경 이미지 예시

2.1.4 이미지 사이즈 변경

이미지 사이즈 변경하는 방법을 다룬다. 이미지의 원본 사이즈를 유지하면 더 편한데 굳이 이미지 사이즈를 바꾸는 이유가 무엇일까? 사이즈도 단순하지만 우리가 대량의 이미지 파일을 기계에 학습시키려면 시간이 오래 걸린다. 하지만 고해상도 이미지가 굳이 필요 없을 경우 다양한 특성을 인식 할 수 있을 정도의 크기로 변경한다면 동일한 결과를 더 빠르게 낼 수 있다.

사이즈 변경은 resize 함수를 사용하여 기존 이미지 변수에, 변경 모드를 적용한다.

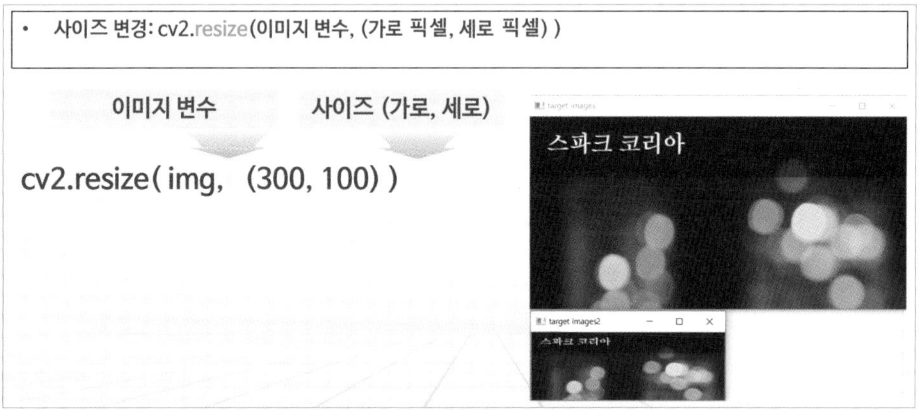

[그림 6-33] 이미지 사이즈 변경 방법

실습을 통해 직접 사이즈를 변경해 본다.

```
# 이미지 확인용
def imgshow(inImage1,inImage2): ---------------------- ①
    cv2.imshow("target images", inImage1)
    cv2.imshow("target images2", inImage2)
    inputKey = cv2.waitKey(0)
    cv2.destroyAllWindows()
```

① 먼저 이미지 시각화 함수를 변경하여 한 번에 창 2개를 사이즈 비교가 가능하도록 팝업시키고 키를 입력받아 모든 창을 끌 수 있도록 한다.

```
# 이미지 사이즈 조절
IMG_W = 300
IMG_H = 100
resizeImg = cv2.resize(img, (IMG_W, IMG_H)) ---------- ①
print(resizeImg.shape) ------------------------------- ②
imgshow(img, resizeImg)
```

① 이미지 사이즈를 정의한 가로(300), 세로(100)로 변경한다.

② 사이즈 변경된 데이터의 형태가 적용되어 행(높이), 열(가로) 형태의 데이터 (100, 300)이 출력된다.

③ 원본 이미지와 변경된 이미지를 비교 가능하도록 동시에 시각화한다.

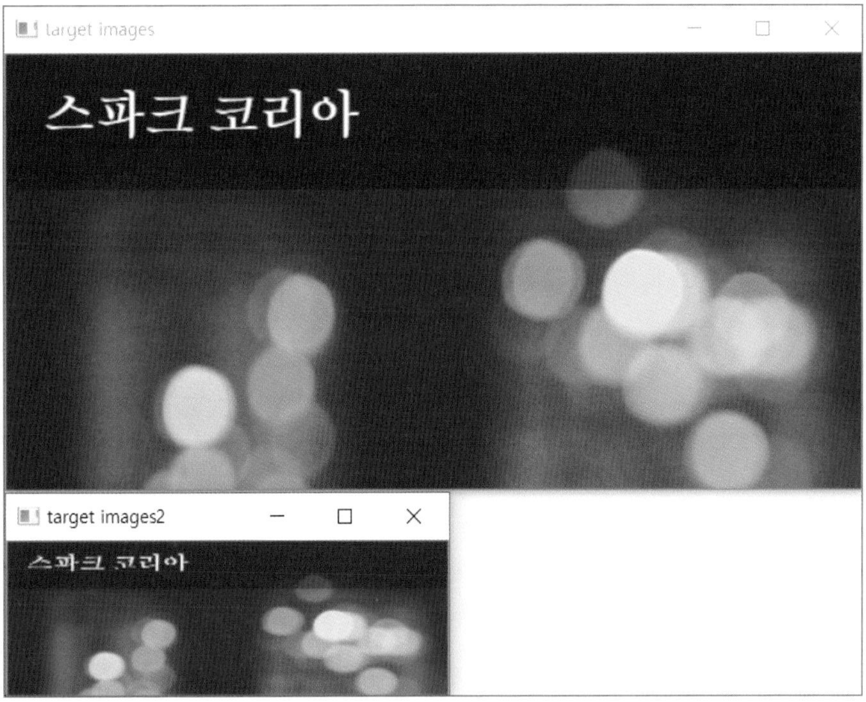

[그림 6-34] 이미지 사이즈 변경 결과 예시

2.1.5 이미지 제어 종합 실습

학습한 내용을 응용하여 실습한다. 단 키 입력값에 따라 데이터를 저장 및 종료하기 위하여 키 제어하는 내용을 먼저 표로 이해한다. 더 다양한 키코드는 "keycode" 키워드로 구글 검색하면 확인할 수 있다. 가장 많이 사용하는 키 코드는 다음 표와 같다.

[표 6-2] 자주 사용하는 키 코드

순서	숫자	설명
1	27	ESC 키
2	26	Ctrl + z
3	24	Ctrl + x

4	3	Ctrl + c
5	32	스페이스바
6	80	p
7	81	q

키 코드를 이해한 후 다음 실습을 진행한다.

```
import cv2

def showImage(imgPath):

    # 이미지 불러오기
    img = cv2.imread(imgPath, cv2.IMREAD_COLOR) ---------- ①
    gray = cv2.cvtColor(img, cv2.COLOR_BGR2GRAY)
    gray = cv2.resize(src=gray, dsize=(400, 200))
    cv2.imshow("sparkkorea", gray)

    # 키보드 입력 대시 (0: 무한 대기, 이외 밀리세컨드)
    inputKey = cv2.waitKey(0) ---------------------------- ②
    if inputKey == 27: # esc
        cv2.destroyAllWindows()
    elif inputKey == 26: # ctrl + z
        cv2.imwrite("./sparkkorea_out.jpg", gray)
        cv2.destroyAllWindows()
    else:
        cv2.destroyAllWindows()
    print(inputKey)
imgPath = "../images/sparkkorea.jpg"
showImage(imgPath)
```

① 이미지를 불러온 후 색상은 그레이스케일로, 사이즈는 (가로: 400, 세로: 200)으로 변경한 후 시각화한다.

② waitKey 함수를 활용하여 키 입력을 무제한 기다리도록 한다. 입력받은 키 코드를 변수로 받아 "ESC" 키에는 종료를, "ctrl+z" 키 입력 시에는 저장을 이외에는 종료를 하도록 코드를 구현한다.

2.1.6 이미지에 Drawing 적용

이미지에 그림 또는 텍스트를 그리는 방법을 알아보도록 한다. 공식 문서 사이트를(docs.opencv.org)를 참조하면 버전별로 사용법을 확인할 수 있다.

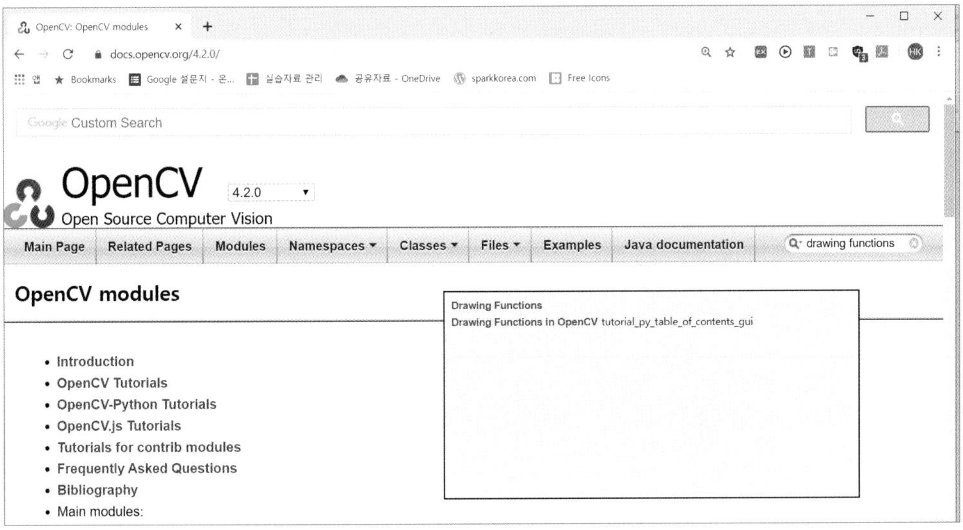

[그림 6-35] drawing function 자료 접근 방법

본 책에서는 가장 많이 활용되는 사각형 그리기와 텍스트 입력 부분을 다루도록 한다. 그리는 개념을 확실히 익히면 향후 얼굴인식모델 생성 후 인식영역을 사각형으로 쉽게 그려낼 수 있다. 먼저 사격형을 그리기 위해서는 rectangle 함수를 활용한다.

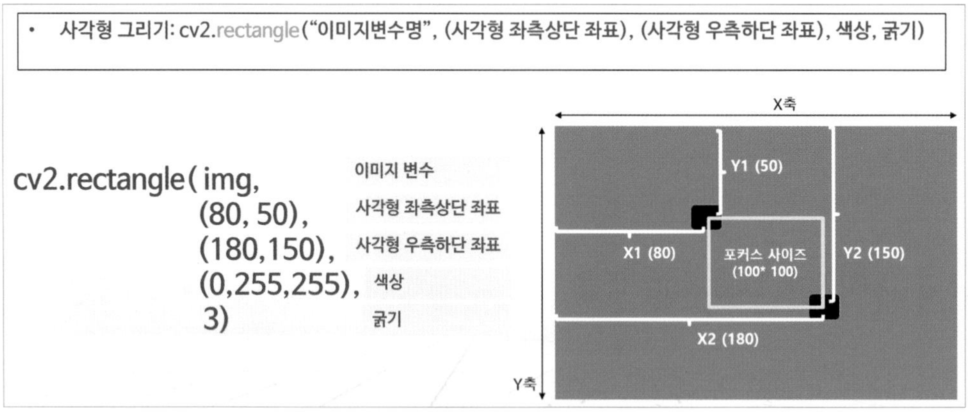

[그림 6-36] 이미지에 사각형 그리기

실습을 통해 직접 확인해 본다. 좌표 개념을 쉽게 이해하기 위하여 먼저 이미지를 불러오고 정사각형 (256, 256) 사이즈로 변경한다.

```
# 이미지 불러오기 및 크기 조절
sampleImg = cv2.imread("../images/sparkkorea.jpg")
# 이미지 사이즈 변경
resizedImg = cv2.resize(src=sampleImg, dsize=(256,256))
```

다음으로 사격형을 그린다.

```
# 불러온 이미지 내 사각형 그리기
cv2.rectangle( resizedImg, ------------------------ ①
            (80, 50),
            (180,150),
            (0,255,255),
            3)

cv2.imshow("rectImage", resizedImg) --------------- ②

inputKey = cv2.waitKey(0)
cv2.destroyAllWindows()
```

① resizedImg 변수에 좌측 상단을 기준으로 x축 80, y 축 50만큼 이동 후 사각형 시작점(좌측상담)을 생성한다. 사각형 종료점(우측하단)은 x축 180, y축 150만큼 이동 후 찍으면 사각형 영역을 할당한다. 마지막으로 사각형 색상은 노란색 BGR 채널 (0, 255, 255), 굵기는 3으로 생성한다. 변경된 resizedImg를 시각화하면 이미지 위에 사각형이 정상적으로 그려진 것을 확인할 수 있다.

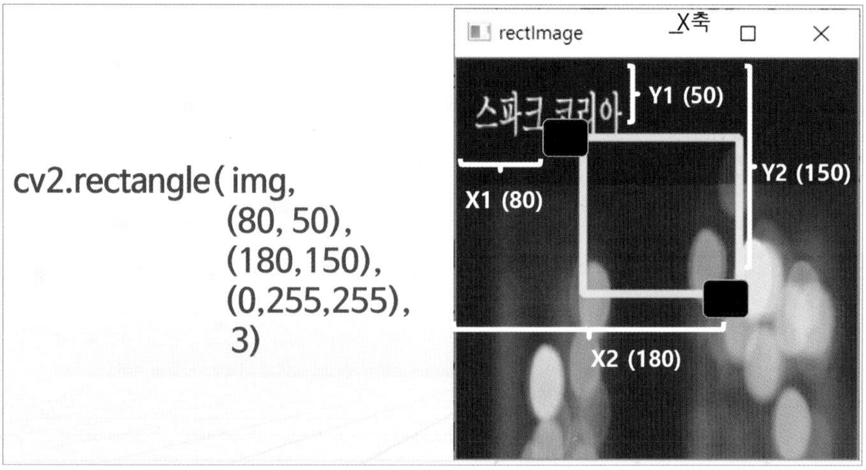

[그림 6-37] 이미지에 사각형 그리기 실행 결과 예시

향후 얼굴 인식을 위해 사용하는 하르 분류기(Haar cascade) 적용 시 하르 분류기가 인식한 얼굴의 시작점과 종료점을 리턴해 주면 학습한 내용을 활용하면 사각형을 쉽게 그릴 수 있다.

다음으로 이미지에 글자를 입력하는 방법을 학습한다. 글자를 입력하는 개념을 확실히 익히면 향후 얼굴 인식 또는 표정 인식 모델을 구현한 후 예측한 결과를 화면에 텍스트로 표시할 수 있다.

텍스트를 입력하기 위해서는 putText 함수를 활용한다.

• 글자 입력하기: cv2.putText ("이미지 변수명", 입력문자, (글자 좌측상단 좌표), 폰트, 크기, 색상 채널, 굵기)

```
# 이미지 불러오기 및 크기 조절
sampleImg = cv2.imread("../images/sparkkorea.jpg")
resizedImg = cv2.resize(src=sampleImg, dsize=(256,256))

# 불러온 이미지 내 사각형 그리기
cv2.putText( resizedImg,
        "spark",
        (80, 80),
        cv2.FONT_HERSHEY_SIMPLEX,
        1,
        (0,255,255),
        3)

cv2.imshow("textImage", resizedImg)
inputKey = cv2.waitKey(0)
cv2.destroyAllWindows()
```

[그림 6-38] 이미지에 텍스트 입력하기 실행 결과 예시

실습을 통해 직접 확인해 본다. 좌표 체계를 쉽게 이해하기 위하여 먼저 이미지를 불러오고 정사각형 (256, 256) 사이즈를 변경한다.

```
# 이미지 불러오기 및 크기 조절
sampleImg = cv2.imread("../images/sparkkorea.jpg")
# 이미지 사이즈 변경
resizedImg = cv2.resize(src=sampleImg, dsize=(256,256))
```

다음으로 입력한 텍스트를 위치시킨다.

```
# 불러온 이미지 내 사각형 그리기
cv2.putText( resizedImg, --------------------------- ①
            "spark",
            (80, 80),
            cv2.FONT_HERSHEY_SIMPLEX,
            1,
            (0,255,255),
            2)
```

```
cv2.imshow("textImage", resizedImg)
inputKey = cv2.waitKey(0)
cv2.destroyAllWindows()
```

① resizedImg 변수에 좌측 상단을 기준으로 x축 80, y축 80만큼 이동하여 텍스트 위치 시작점(좌측 상단)을 생성한다. 다음으로 표시할 텍스트와 위치를 정의한다. 마지막으로 폰트, 폰트 크기, 색상, 굵기를 정의하면 정의한 텍스트가 이미지에 표시된다. 폰트는 공식 사이트 문서에도 정의되어 있지만 [그림 6-39]를 통해 폰트별 차이점을 쉽게 이해할 수 있다.

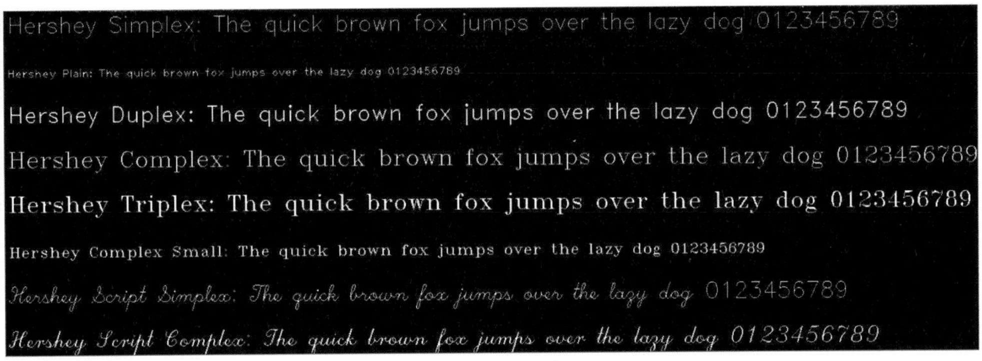

[그림 6-39] 주요 폰트별 예시

[그림 6-40] 텍스트 표시

2.2 OpenCV 활용 영상 조작 실습

2.2.1 영상 불러오기

가장 기본이 되는 영상 데이터를 불러오고 저장하는 실습을 진행한다. 영상은 일반 영상 파일이 될 수도 있고 컴퓨터에 연결된 웹 카메라 영상도 가능하다. VideoCapture 함수를 활용해서 영상을 캡처하고 cap.read() 함수로 캡처된 이미지들을 읽어 들인다. 단 연속된 캡처 이미지를 빠르게 보여 주면 사람은 실시간 영상으로 인식하게 된다.

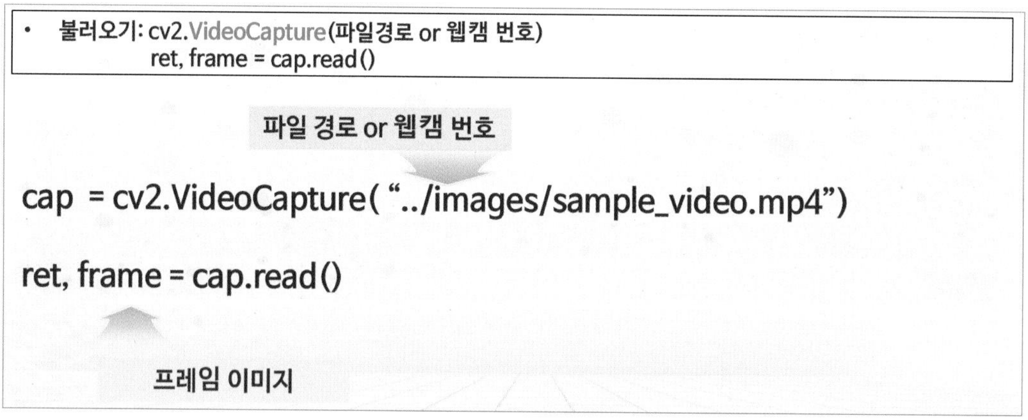

[그림 6-41] 영상 불러오기

실습을 통해서 알아본다.

```
import cv2
cap = cv2.VideoCapture("../images/sample_video.mp4") ---------- ①
#cap = cv2.VideoCapture(0)
```

① VideoCapture 함수를 사용하여 제공된 images 폴더 내 sample_video.mp4 파일 경로를 입력한다. 만약 실시간 웹캠 영상을 불러오고 싶다면 파일 경로 대신 내장 카메라

또는 외장 카메라 번호를 입력하면 된다. 노트북을 이용할 경우 기본 내장 카메라의 경우는 0, 추가로 USB등으로 외장카메라를 장착하면 1과 같이 카메라의 장치 번호를 입력해 주면 된다.

```
# 반복해서 프레임 표시
while (cap.isOpened): ---------------------------------- ①
    ret, frame = cap.read()

    if ret: ------------------------------------------- ②
        cv2.imshow("video", frame)

        # 33ms 30fps = 1000ms/30frame -> 1000/30 = 33
        inputKey = cv2.waitKey(33) -------------------- ③
        if inputKey == 27: ---------------------------- ④
            break
    else:
        break
# 영상 닫기
cap.release() ----------------------------------------- ⑤
cv2.destroyAllWindows()
```

① 영상이 정상적으로 열리는 동안은 반복해서 영상 프레임을 읽는다. 여기서 프레임은 영상 정지 이미지이다. ret, frame = cap.read() 프레임을 하나씩 읽는데 첫 번째 변수(ret)에 재생할 영상 프레임정보가 있으면 True, 없으면 False 값이 저장된다.

② 조건문을 사용하여 ret 변숫값이 True인 경우에 프레임 정보를 화면에 표시하고, 거짓일 경우에는 반복문을 나간다.

③ 프레임을 화면에 보여 주고 빠르게 다음 프레임을 보여 줘야 한다. 따라서 여기서는 cv2.waitKey(33)이 의미하는 것은 33밀리세컨드마다 화면에 프레임을 보여 주고 끈다는 의미이다. 보통 사람이 30 FPS(Frame Per Second)로 화면에 표시하면 실시간으로 영상이 끊김 없이 보여지기 때문에 30Frame/1000ms -〉 1프레임인 경우로 계산하면 30/1000 = 33 프레임, 결국 밀리세컨드당 33 프레임을 보여 줘야 하기 때문에 33(밀리세컨

드) 값이 들어간다.

④ 만약 ESC키를 누르면 영상을 중지하고 반복문을 빠져나온다. 반복문이 끝나면 영상 파일을 열고 있던 cap 변수를 해제시키고 열려 있는 모든 창을 닫아야 한다.

2.2.2 영상 저장하기

OpenCV 라이브러리를 활용하여 영상 저장도 가능하다. 다만 저장하기 위해서는 별도 코덱이 필요하다. 코덱을 설정하고 VideoWriter 함수를 활용하여 저장 변수(video)를 생성하고 반복문에서 화면을 표시할 때 저장 변수.writer를 활용하여 영상을 저장할 수 있다.

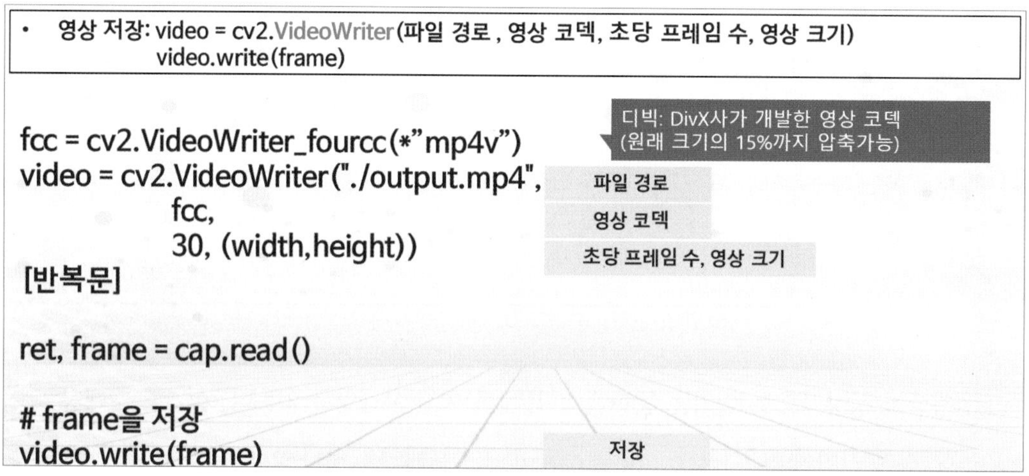

[그림 6-42] 영상 저장하기

실습을 통해서 알아본다.

```
import cv2

cap = cv2.VideoCapture("../images/sample_video.mp4") ----------- ①

width, height = int(cap.get(3)), int(cap.get(4)) --------------- ②
fcc = cv2.VideoWriter_fourcc(*'mp4v') ------------------------- ③
```

```
video = cv2.VideoWriter("./output.mp4", fcc, 30, (width,height)) ------- ④
while (cap.isOpened):

    ret, frame = cap.read()
    cv2.imshow("video", frame)
    # 비디오 저장
    video.write(frame) ------------------------------------- ⑤
    inputKey = cv2.waitKey(33)
    if inputKey == 27: # ESC키 종료
        break
video.release()
cap.release()
cv2.destroyAllWindows()
```

① 샘플 비디오를 불러온다.

② 영상 데이터의 가로, 세로 길이를 가져온다. 데이터 저장 시 동일 사이즈를 유지하기 위함이다.

④ 비디오 저장 코덱을 설정한다.

⑤ 비디오 저장을 위한 변수를 생성한다. 생성 시 저장 경로명, 코덱명, FPS(Frame Per Second), 화면 크기를 설정한다.

⑥ 반복하여 화면을 표시하는 중에 비디오 저장 변수 video에 write 함수를 사용하여 저장한다. 특정 조건에 write를 멈추면 일시 정지도 가능하다.

2.2.3 영상 이미지 캡처

영상에서 특정 이미지를 캡처해 보도록 한다. 향후 영상에서 특정 이미지를 캡처하고 추출한 이미지를 기준으로 예측 모델을 구동시키고 예측 결과를 이미지 위에 텍스트로 작성하면(putText 함수 활용) 영상 이미지에 대한 예측이 가능하다. Frame이라는 변수에 이미지 자료가 있기 때문에 frame 변수를 활용하여 사이즈 조정 및 색상 변경, 텍스트 표시 등의 작업을 한 후 저장도 가능하다.

- 영상 이미지 저장: cv2.imwrite(파일 경로 , frame)

키 눌렀을 경우 프레임(이미지) 저장

```
ret, frame = cap.read()

key = cv2.waitKey(33)
if key == 26 # ctrl + z
  cv2.imwrite(“./capture_out.jpg”, frame)
```

[그림 6-43] 영상 저장하기

실습을 통해 영상 내 프레임 이미지를 조작한 후 저장해 보겠다.

```
import cv2
cap = cv2.VideoCapture("../images/sample_video.mp4")
while (cap.isOpened):
    ret, frame = cap.read()
    cv2.imshow("video", frame)
    inputKey = cv2.waitKey(33)
    if inputKey == 27:
        break
    elif inputKey == 26: # ctrl+z --------------------------------- ①
        gray = cv2.cvtColor(frame, cv2.COLOR_BGR2GRAY) ---------- ②
        gray = cv2.resize(gray, (800, 500)) ---------------------- ③
        textValue = "smile"
        cv2.putText(gray, textValue, (40,100), ------------------ ④
                    cv2.FONT_HERSHEY_SIMPLEX,2,(0,255,255),2)
        cv2.imwrite("./img_out.jpg", gray) ---------------------- ⑤
    else:
        pass

cap.release()
cv2.destroyAllWindows()
```

① 영상 시연 중에 ctrl+z 키를 누르는 경우 실행된다.

② 프레임을 먼저 그레이스케일로 변경한다.

③ 사이즈를 가로(800), 세로(500)으로 변경한다.

④ "smile"이라는 문구를 이미지의 좌측 상단에 그린다.

⑤ 이미지를 현재 폴더 내 img_out.jpg 이름으로 저장한다.

실행 결과는 다음과 같다.

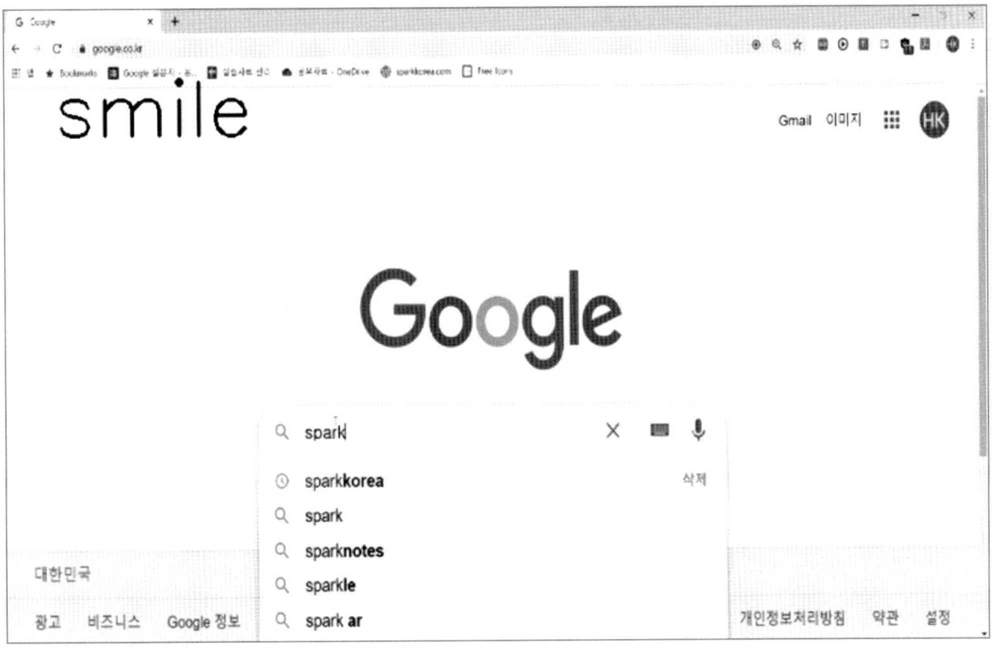

[그림 6-44] **영상 이미지 캡처**

영상 조작을 통해 영상을 화면에 표시하고 제어하는 방법을 실습을 통해 알아보았다. 결국 나중에 영상 내 예측 모델을 개발 시에는 결국 연속적인 영상 중에 이미지를 추출하여 이미지를 예측 모델에 적용하게 된다. 따라서 영상 내 이미지를 자유롭게 제어하는 방법을 정확하게 학습하면 컴퓨터 비전 분야의 딥러닝 모델을 배우는데 한결 편하게 다가갈 수 있다.

기억합시다

대단원	소단원	핵심 포인트
Python 라이브러리 활용	시각화 라이브러리	matplotlib 라이브러리 활용을 통한 시각화 방법을 이해한다. 차트를 비교하기 위해 서브 플롯 및 이중 축 생성법을 이해한다. seaborn을 활용한 통계적 데이터 탐색 방법을 이해한다.
	OpenCV 라이브러리	OpenCV를 활용한 이미지 색상, 사이즈, 드로잉 조작 방법을 이해한다. OpenCV를 활용한 영상 조작 방법을 이해한다.

단원 정리 문제

01. dataset 폴더 내 kopo_customerdata.csv 파일을 seaborn 라이브러리를 활용하여 인사이트를 얻기 위해 다양한 각도로 분석해 본다.

02. OpenCV 라이브러리를 활용하여 웹캠으로 자신의 영상을 캡처한다. 단, 화면에 보일 때 영상 가운데에 사각형 영역을 그려서 자신의 얼굴이 사각형 안에 들어 왔을 때 ctrl+z 키를 누르면 캡처가 되도록 프로그램을 구현한다.

PART Ⅶ

유형별로 실습하는 머신러닝

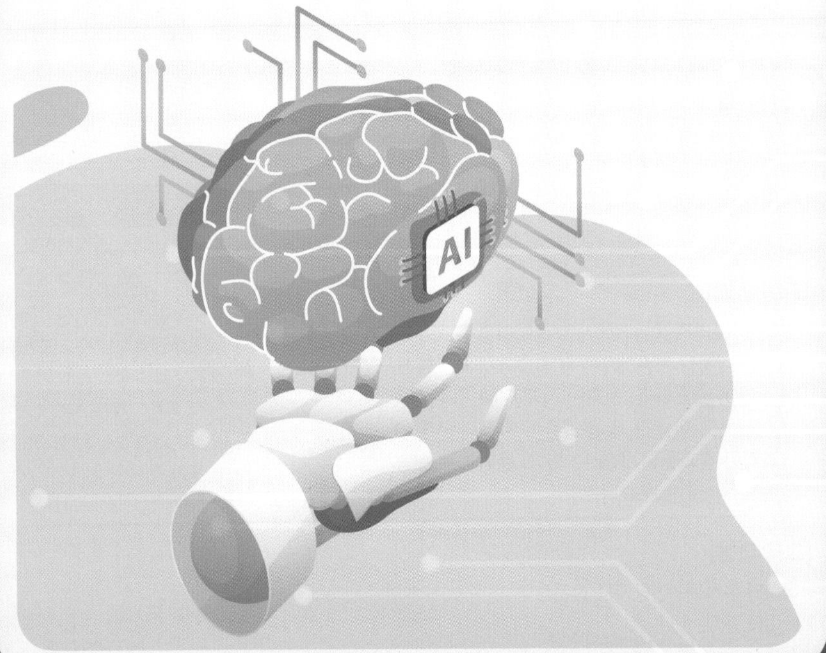

단원 개요

[단원명]

유형별로 실습하는 머신러닝

[단원 소개]

- 분석 시 통계적인 관점에서만 데이터를 분석하려면 모든 로직을 개발자가 구현해야 해서 시간과 노력이 많이 필요하다. 하지만 기계가 과거의 특성을 이해하고 학습한 후 결과를 도출한다면 훨씬 효과적인 결과물을 얻을 수 있다. 유형별로 실습을 통해 머신러닝을 알아본다.

[교육 대상]

- 데이터 분석가 / 인공지능 전문가
- 데이터 엔지니어

내용	학습 내용
데이터 분석 방법론	- 머신러닝 기법을 이해한다. - 머신러닝 모델 선택 방법을 이해한다.
지도 학습	- 지도학습 접근 방법을 이해한다. - 회귀모델 유형을 수요예측 실습을 통해 이해한다. - 분류모델 유형을 고객 예측 실습을 통해 이해한다. - 각 유형별 정확도 지표를 실습을 통해 이해한다.
비지도 학습	- 클러스터링 유형을 학생 과목별 성적 데이터 실습을 통해 이해한다.

BIGDATA & Artificial Intelligence

01 데이터 분석 방법론 (머신러닝)

학습 내용
1. 머신러닝 기법을 이해한다.
2. 머신러닝 모델 선택 방법을 이해한다.

다양한 데이터 소스(파일, 데이터베이스, 웹 등)를 활용하여 전처리 과정을 거친 후 모든 문제를 통계적 분석 방법으로 해결하다 보면 시간이 많이 소요되고 분석 및 개발하는 데 한계에 부딪히게 된다. 결국 인력이 많이 투입되고, 프로젝트 기간이 길어진다면 프로젝트 비용이 지나치게 커지게 된다. 이때 데이터의 특성을 잘 활용하여 일부는 기계에게 학습시킨 후 문제를 해결하거나 상황에 따라서 전체 문제를 기계에게 맡기는 머신러닝 기법을 활용한다면 많은 문제를 스마트하게 해결해 나갈 수 있다.

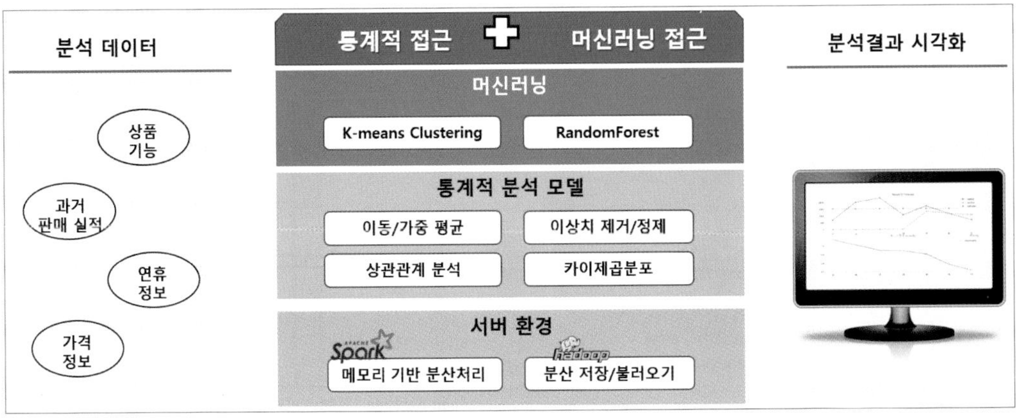

[그림 7-1] 머신러닝 적용

머신러닝 분석 방법을 큰 카테고리로 나누면 지도학습 방법과 비지도학습 방법이 있다.

지도학습은 미래에 알고 싶은 정답지와 정답지에 영향을 주는 문제지(특성 데이터)를 기계에게 학습시킨 후 미래에 문제지(특성 데이터)만 활용하여 정답지를 맞추는 방식이다. 예를 들어 회사에서 판매하는 TV 제품을 생각해 보자. 회사에서 알고 싶은 정답지는 판매량이고 판매량에 영향을 주는 문제지(특성 데이터)는 제품의 평점, 할인가격, 홀리데이와 같은 특성값들이다. 문제지는 결국 판매량에 영향을 주는 특성값이다. 기계가 특성(할인가격, 홀리데이)값과 정답지(제품 판매량) 관계를 열심히 학습한다면 미래에 특성값만 기계에 던져 주면 기계가 학습한 결과를 활용하여 미래 판매량을 예측할 수 있다. 결국 모의고사를 많이 풀어 학습 결과가 뛰어난 학생이 시험에서 우수한 성적을 획득할 수 있는 것과 같은 이치이다. 다만 정답지가 연속적인 숫자인 경우(예: 10, 20, 24) 회귀(Regression)모델을, 정답지가 카테고리 형태인 경우(예: VIP, DIAMOND, NORMAL 고객)는 분류(Classification) 모델을 적용하여 학습시킨다.

비지도학습은 지도할 수 있는 정답지가 없는 경우에 기계를 학습시키는 방법이다. 그중 기계가 알아서 데이터의 특성을 학습하여 유사 집단끼리 나누는 클러스터링 방법을 예로 들면, 제품 시연회에서 고객들의 특성(선호 화면 크기, 선호 색상 등)을 설문지를 통해 응답을 받고 비슷한 집단끼리 그룹으로 나누어 그룹별 마케팅 전략을 펼치는 것이다. 고객 한 명 한 명을 마케팅한다면 전략이 없지만 비슷한 집단으로 분류하고 집단 내에서 특징을 찾아 특징에 맞는 마케팅을 펼친다면 보다 효과적인 마케팅을 진행할 수 있다.

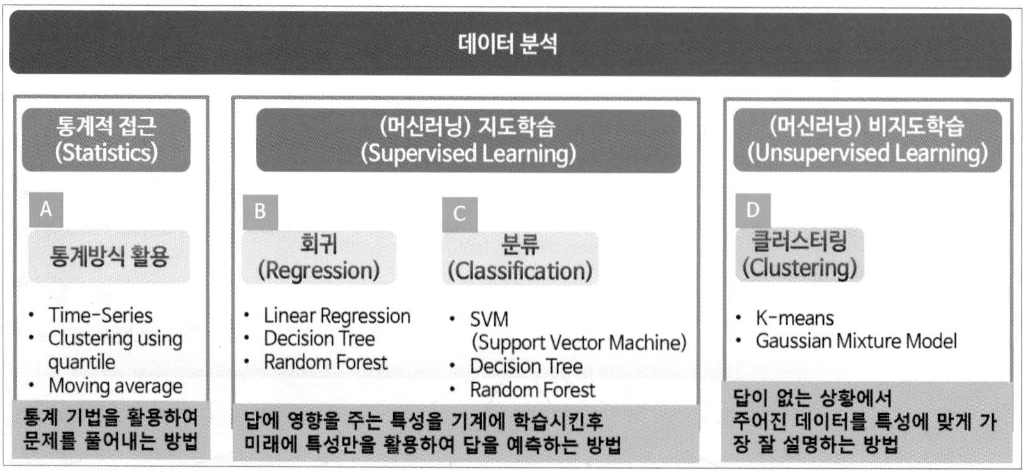

[그림 7-2] 데이터 분석 방법론

1.1 머신러닝 라이브러리 활용

파이썬에서 머신러닝을 구현하기 위하여 scikit-learn 라이브러리를 활용할 수 있다.

2007년 6월 구글의 서머 코드에서 처음 구현하였으며, 머신러닝을 파이썬으로 구현하기 위하여 지도학습 및 비지도학습 함수를 제공한다. 또한, 자주 사용되는 데이터 전처리 함수 및 예측 이후 결과 검증하는 함수도 제공한다.

[그림 7-3] scikit-learn 머신러닝 라이브러리

scikit-learn의 가장 큰 장점은 머신러닝 프로세스를 정확하게 이해하면 어떠한 문제가 발생해도 프로세스에 맞추다 보면 결과를 쉽게 찾아낼 수 있다.

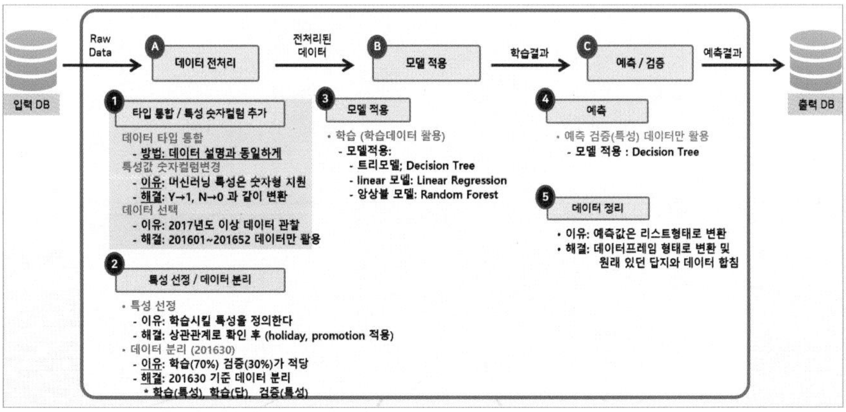

[그림 7-4] scikit-learn 머신러닝 구현 프로세스

1.2 모델 선택

머신러닝은 다양한 모델들이 존재한다. 만약 모델을 선택하는데 있어 가이드를 얻고 싶다면 scikit-learn은 공식 사이트에서 cheat sheet를 활용하면 된다. 결론적으로 말하면 모델 선택 기준을 이해하고 다양한 모델들을 프로젝트 종료 전에 경합시킨 후 가장 정확도가 높고 안정적이며 설명력이 뛰어난 모델을 선택하면 된다.

[표 7-1] 모델선택 기준

단계	단계 내용	설명	비고
1	데이터 검수 50 초과 유무 확인	YES: 2 단계로 진입 NO: 데이터 추가 확보 후 모델 선택	> 50 samples?
2	예측 문제가 분류 문제 여부 확인	YES: 3단계로 진입 NO: 4단계로 진입	predicting a category?
3	정답지 존재 여부 확인	YES: 지도학습(분류) 모델 선택 NO: 비지도학습(클러스터링) 모델 선택	Labeled Data?
4	수량 예측 여부 확인	YES: 지도학습(회귀) 모델 선택 NO: 5단계로 진입	predicting a quantity?
5	단순 데이터 탐색 여부 확인	YES: 차원축소 모델 선택 NO: 비지도학습(클러스터링) 모델 선택	just looking?

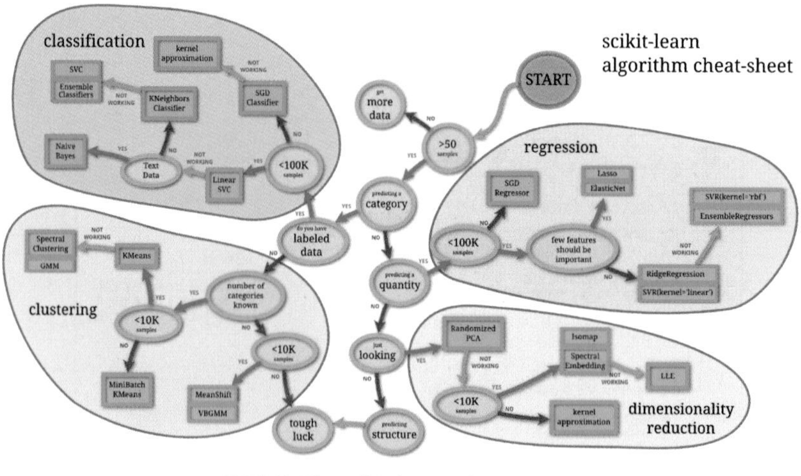

[그림 7-5] scikit-learn cheat sheet

BIGDATA & Artificial Intelligence

02 지도학습

학습 내용
1. 기계에 특성과 답지를 학습시킬 경우 어떻게 머신러닝을 구현하는지 학습한다.
2. 지도학습 알고리즘 구현 후 결과 검증 방법을 학습한다.

지도학습 방법은 현재 시점에서 알고 싶은 정답지와 정답지에 영향을 주는 특성값들을 과거 시점부터 어느 정도 수집되어 있는 경우 사용할 수 있다. 하지만 실전에서 지도학습 방식을 적용하기 위해서 꼭 필요한 데이터는 기계를 학습시킬 과거 데이터뿐만 아니라 미래 시점의 특성값도 알고 있어야 한다. 예를 들어 열심히 기계에 판매량에 영향을 주는 가격 할인 정보, 휴일 정보 등의 특성값을 학습시켜 두고 미래 시점의 특성값을 알 수 없다면 머신러닝을 통해 열심히 기계를 학습시켜도 특성값이 존재하는 시점에 대한 예측만 할 수 있다는 점이다. 따라서 머신러닝 프로젝트를 시작한다면 데이터 수집 방법을 심도 있게 고려해야 한다.

2.1 지도학습 접근 방법

지도학습은 과거의 특성과 답을 기계가 학습한 후 미래에 특성값들만 던져 주면 기계가 알아서 답을 생성하는 방식이다. 하지만 만약 프로젝트 시작 전 미래의 특성값을 확보할 계획이 없을 경우 어떻게 시스템적으로 특성값을 확보할지 계획해야 한다. 예를 들어 제품의 판매량을 예측하기 위하여 판매량에 가장 중요한 영향을 미치는 할인율 정보를 과거 시점에 수집하여 기계를 학습시킬 수 있다고 하자. 만약 미래의 할인율을 4주밖에 계획하지 못한다면 머신러닝을 활용하여 예측할 수 있는 기간은 미래 4주인 것이다. 단순해 보이는 개념이지만 실제 시스템으로 적용하려고 할 때 다양한 특성 정보를 활용하지 못하는 가장 큰 이유가 미래 시점에 특성값 확보가 어려운 데이터들이 많이 존재하기 때문이다.

일단 미래 시점의 특성값을 확보할 계획이 갖추어졌다고 가정한다. 그럼 내가 선택한 모델이 얼마나 정확한지 어떻게 알 수 있을까? 쉽게 생각하면 선택한 모델을 과거 시점 데이터만 가지고 학습할 구간과 예측할 구간으로 분리후 학습할 구간에서는 정답지와 특성을 활용하여 기계를 학습시키고, 예측할 구간에서는 기계에 특성값만 던져 주고 기계가 예측값을 생성하게 한 후 예측 구간도 이미 과거 구간이기 때문에 알고 있는 정답지와 비교하여 정확도를 계산해 보고 정확도가 괜찮은 경우 선택한 모델로 이제 미래를 예측하는 것이다. 단계별로 개념을 이해해 본다.

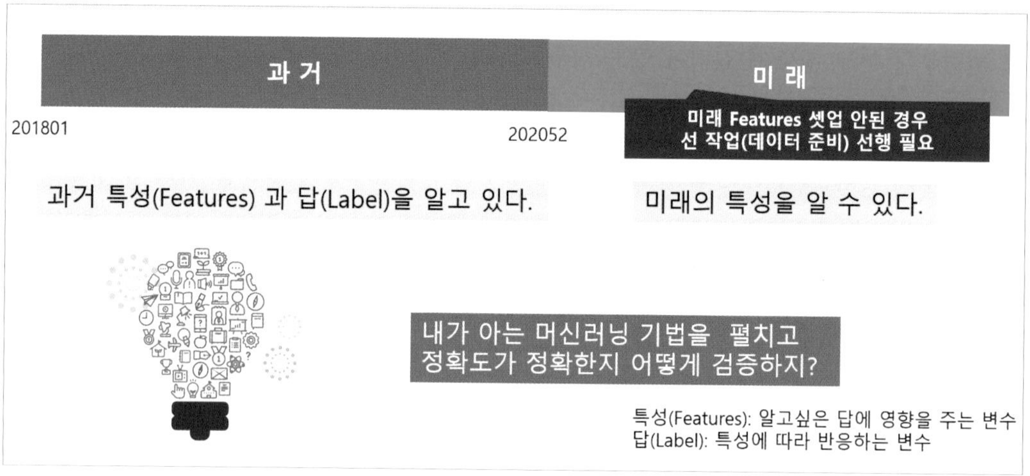

[그림 7-6] 모델의 정확도 검증 방법 고민

2.1.1 특성값 숫자형 변경 및 과거 시점 데이터 분리

먼저 머신러닝 수행 시 답지(예: 제품 판매량)에 영향을 주는 특성값(예: 가격할인 정보, 홀리데이 정보 등)은 파이썬에서 모두 숫자 형태로 변경해야 한다. 파이썬에서 기계가 학습하기 위해서는 특성값은 무조건 실수 또는 정수 형태의 숫자형으로 변경해야 한다. 예를 들어 데이터 중에 홀리데이 정보가 Y 또는 N으로 수집되었을 경우 Y->1, N->0 이런 식으로 수치형 데이터로 변경해야 한다.

이후 과거 수집한 데이터를 기계가 학습할 수 있는 훈련 데이터와 이미 정답은 알고 있지만 테스트로 예측해 볼 테스트 데이터로 분리한다. 미래 구간에 대해서 정답을 모르는 상황에서 과거 데이터를 전부 학습시키고 미래 시점을 예측한다면 정답을 모르기 때문에 모델에 대한 정확도가 높다/낮다를 측정할 수 없기 때문이다.

시간의 순서가 있는 데이터인 경우 훈련 데이터는 모의고사 문제가 되고 테스트 데이터는 최신 기출문제로 생각하면 이해하기 쉽다. 만약 시간의 순서가 없는 데이터라고 한다면 데이터는 랜덤하게 추출한다. 다만 당연히 기계가 학습할 데이터가 더 많아야 하기 때문에 때문에 훈련 데이터를 70% 정도, 테스트 데이터를 30% 정도로 나누는 게 적당하다. (데이터 분리 비율은 튜닝을 통해 더 정확도를 높게 만들 수 있다.)

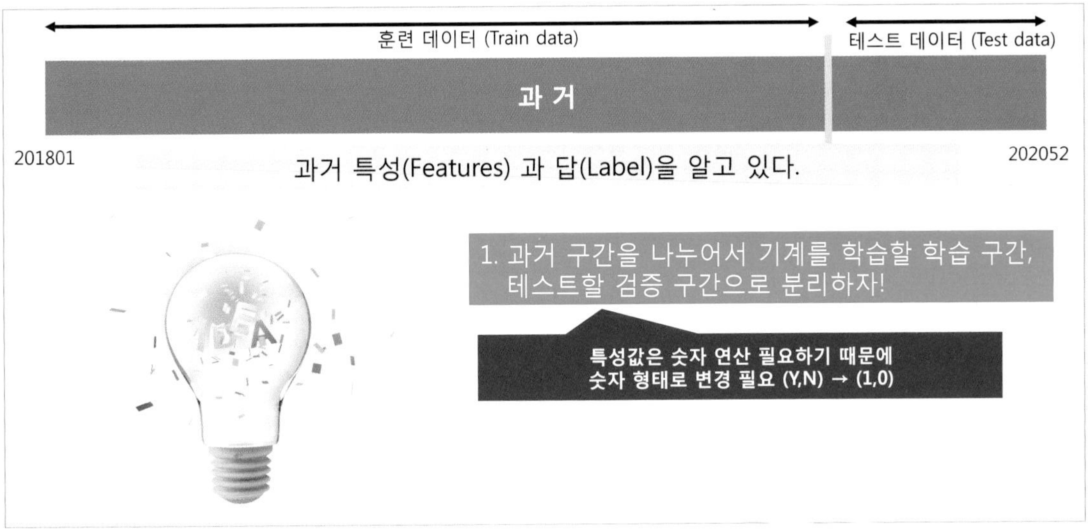

[그림 7-7] 과거 시점 데이터 분리

2.1.2 특성 및 답지 분리

다음 단계는 훈련 데이터와 테스트 데이터 모두 답지와 특성으로 분리해야 한다. 기계에 학습시킬 때 답지와 특성(문제지)를 분리시켜서 주입해야 한다. 학습결과에 테스트데이터의 특성(문제지)만 또 주입하면 예측결과를 도출할 수 있기 때문에 테스트데이터도 답지와 특성을 분리한다. 이후 생성된 예측값을 테스트 데이터의 답지와 비교하여 정확도를 계산할 수 있다.

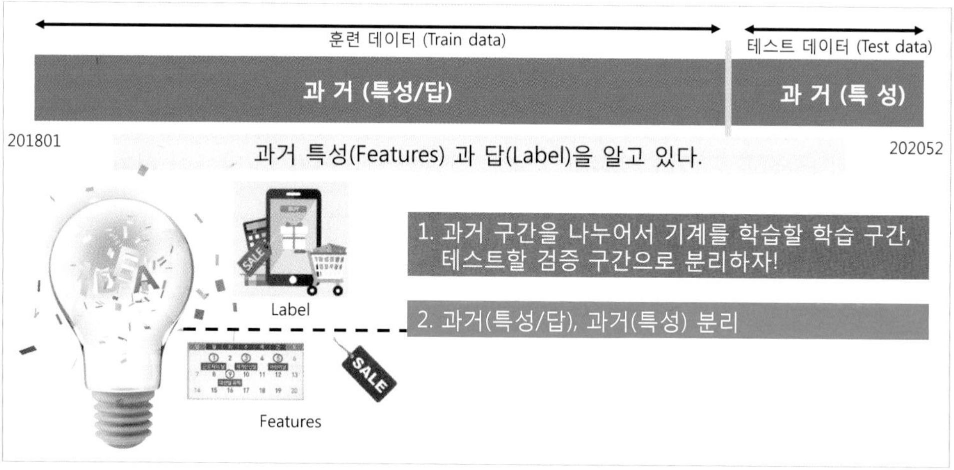

[그림 7-8] 과거 시점 데이터 특성/답 분리

2.1.3 머신러닝 알고리즘 학습

다음 단계는 모델을 선언하고 훈련 데이터를 활용하여 기계를 학습시킨다. 주의할 점은 테스트 데이터가 훈련 시 포함되면 안 된다. 당연한 개념이지만 학습 후 테스트 데이터로 예측을 할 건데 이미 정답지를 학습한다면 실제 시험에서 시험문제지를 미리 훔쳐보고 학습한 후 시험을 치르는 것과 같은 이치다. 훈련 데이터를 활용하여 학습 시 답지와 특성(문제지)은 분리하여 주입하면 학습 결과를 파이썬에서 변수로 저장할 수 있다.

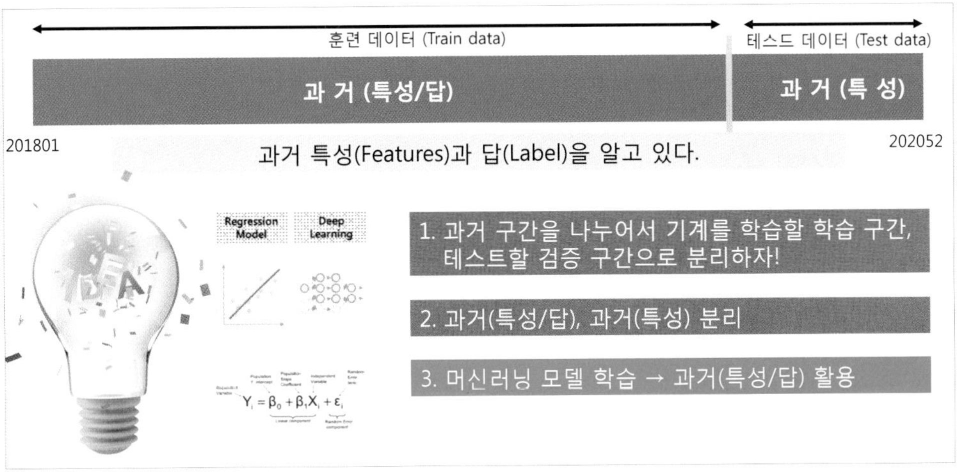

[그림 7-9] 머신러닝 모델 선언 및 학습

2.1.4 예측

다음 학습 결과에 테스트 데이터의 특성값만 주입하여 예측값을 생성하는 단계이다. 당연히 테스트 데이터의 개수만큼 예측값은 생성된다.

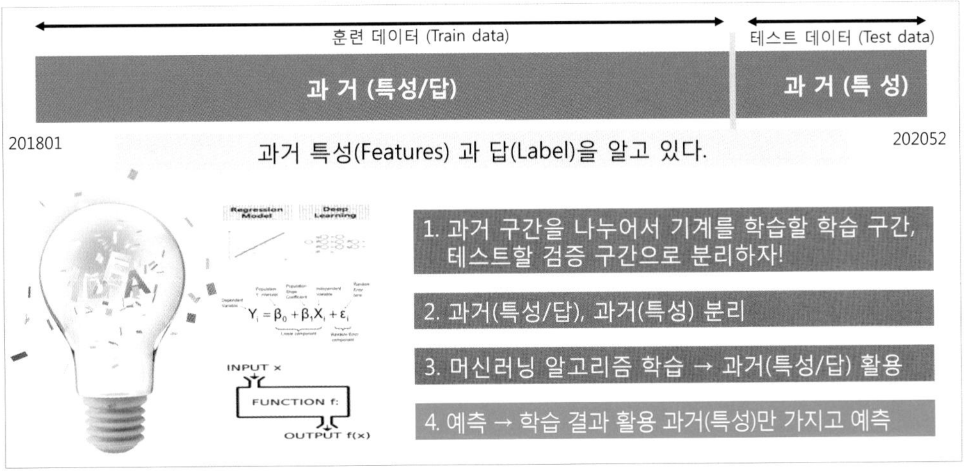

[그림 7-10] 테스트 데이터 활용 예측

2.1.5 정확도 검증

마지막으로 이미 알고 있는 테스트 데이터의 답지와 학습 결과에 테스트 데이터의 특성값을 주입하여 생성된 예측값을 비교하여 정확도를 검증하는 단계이다. 지도학습의 정확도 지표는 10, 20, 23과 같은 수량(Quantity)을 예측하는 회귀모델과 VIP 고객, DIAMOND 고객 등 분류(Classification) 문제를 예측하는 분류모델이 다른 지표를 사용하기때문에 유형별 정확도 지표를 적절히 사용해야 한다. 자세한 내용은 실습 시 다룬다.

정확도 지표 (예시)

$$RMSE = \sqrt{\frac{\sum_{i=1}^{n}(X_i - \hat{X}_i)^2}{n}}$$

$$MAE = \frac{1}{n}\sum_{i=1}^{n}\left|X_i - \hat{X}_i\right|$$

$$MAPE = \frac{1}{n}\sum_{i=1}^{n}\left|\frac{X_i - \hat{X}_i}{X_i}\right| * 100$$

테스트 데이터 실제 값	머신러닝 예측 값
100	120
80	70
95	80

[그림 7-11] 예측 결과 정확도 확인

2.2 회귀모델 유형 실습

지도학습 문제 접근 방법을 이해했다면 이제 지도학습 중 수량을 예측하는 회귀모델 방식을 실습을 통하여 알아본다. 먼저 판매량을 예측하는 모델이다. 판매량에 영향을 끼치는 프로모션 정보, 휴일 정보를 수집한 후 회귀모델 중 트리 모형인 의사결정나무(Decision Tree)를 활용하여 문제를 풀어 보도록 한다.

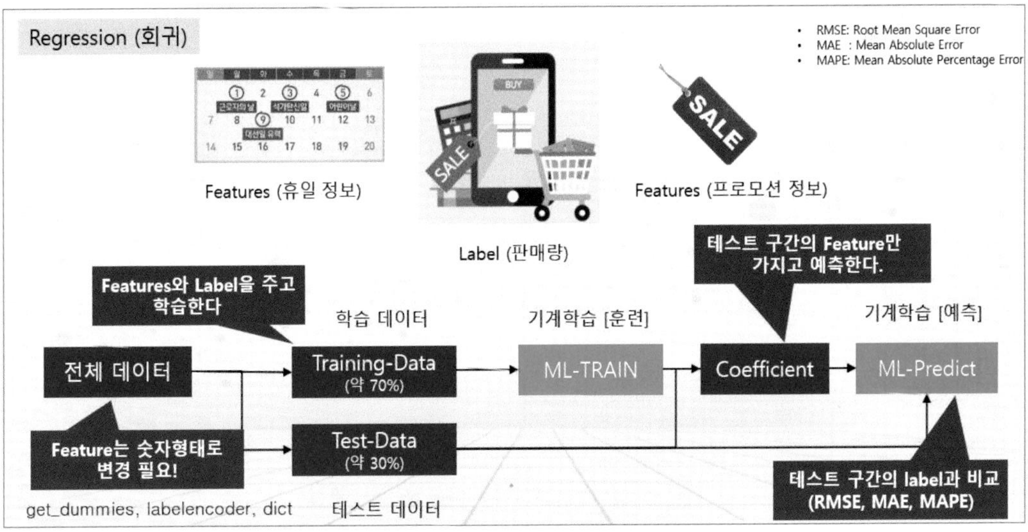

[그림 7-12] 회귀 모형 실습

모델 중 '의사결정나무(Decision Tree)'는 데이터를 분석하여 특성값과 정답지들 사이에 존재하는 패턴을 예측 가능한 규칙들의 조합으로 결정 트리를 생성하고 그 모양이 나무와 같이 생겨서 의사결정나무라고 불린다. 질문을 던져서 대상을 좁혀 나가는 형태가 스무고개 게임과 비슷하다. 의사결정나무는 회귀 및 분류 문제 모두 풀 수 있으며, 트리를 시각화하여 정답을 어떻게 생성했는지 설명이 가능한 머신러닝 방법이다. 단점으로는 너무 과거 패턴 기반으로 예측함으로써 과적합(오버피팅) 문제인 과거 패턴을 너무 따른다는 부분이 있다.

다음 그림은 의사결정나무의 예시이다. 주차별로 판매량과 판매량에 영향을 주는 특성 변수(홀리데이, 프로모션 정보)들이 있다 여기서 미래 38주차를 예측하기 위하여 과거에 학습한 내용을 의사결정나무로 생성하였다. 홀리데이와 프로모션을 하지 않는 38주차를 예측해야 한다. 이 경우에는 과거 학습한 트리에서 스무고개 하듯이 따라가면 동일한 특성을 가진 35주차에 12개가 팔렸다는 내용을 기계는 학습한다. 따라서 예측값은 과거에 동일한 현상이 존재했던 35주차의 판매량인 12로 생성한다. 만약 동일한 특성의 데이터가 과거에 더 있었다면 그 데이터들의 평균값으로 예측값을 생성한다.

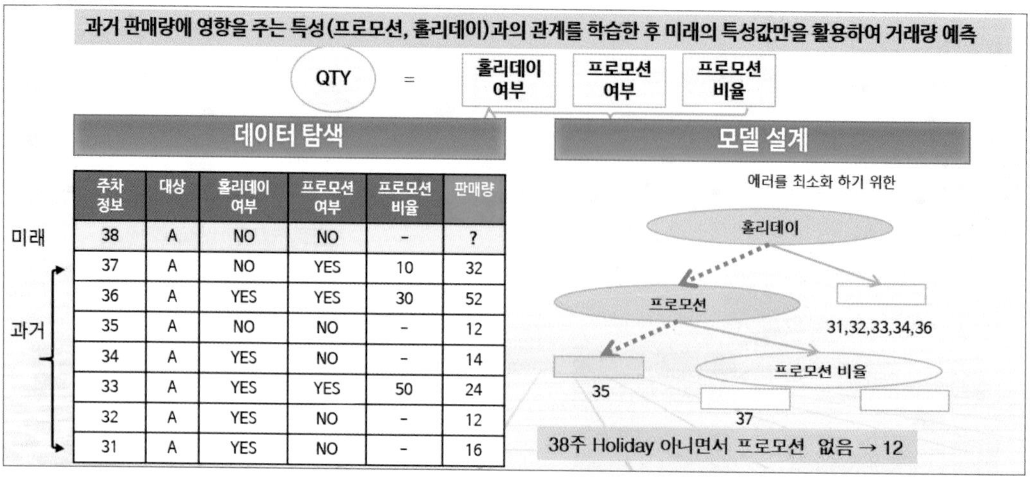

주차 정보	대상	홀리데이 여부	프로모션 여부	프로모션 비율	판매량
38	A	NO	NO	-	?
37	A	NO	YES	10	32
36	A	YES	YES	30	52
35	A	NO	NO	-	12
34	A	YES	NO	-	14
33	A	YES	YES	50	24
32	A	YES	NO	-	12
31	A	YES	NO	-	16

[그림 7-13] 의사결정나무(Decision Tree) 예시

실습을 통해 알아보도록 한다. 먼저 dataset 폴더 내 feature_regression_example.csv 파일을 불러온다.

	REGIONID	PRODUCTGROUP	PRODUCT	ITEM	YEARWEEK	YEAR	WEEK	QTY	HOLIDAY	HCLUS	PROMOTION	PRO_PERCENT
0	SEOUL_BANK_001	PG02	PRODUCT0010	ITEM0115	201501	2015	1	1225	Y	1	Y	0.209442
1	SEOUL_BANK_001	PG02	PRODUCT0010	ITEM0115	201502	2015	2	968	N	4	Y	0.209442

Column Name	Column Type	Description	Key	Length	Comments
REGIONID	str	지역 정보	1	20	미국, 영국 등
PRODUCTGROUP	str	상품군 정보		20	TV, 펜
PRODUCT	str	상품 정보		20	LEDTV, 3색볼펜
ITEM	str	실제 판매 아이템 정보	1	20	실제모델 이름
YEARWEEK	int	연주차	1		201701
QTY	float	판매량			
HOLIDAY	str	홀리데이 여부		20	Y: 존재, N: 미 존재
HCLUS	int	홀리데이			1(대휴일), 4(소규모 휴일)
PROMOTION	str	프로모션 여부		20	Y: 존재, N: 미 존재
PRO_PERCENT	float	할인율			

[그림 7-14] 특성 맵핑 데이터

```
import pandas as pd ------------------------------------------------------ ①
import numpy as np

# 모델 라이브러리 선언
```

```
from sklearn import tree ---------------------------------------------- ②

# 모델 정확도 라이브러리 선언
from sklearn.metrics import mean_squared_error ------------------------- ③
from sklearn.metrics import mean_absolute_error

# CSV 파일을 읽어 DataFrame 변수에 저장하기
featuresData = pd.read_csv("../dataset/feature_regression_example.csv") --- ④
```

① 데이터를 다루기 위하여 pandas 및 numpy 라이브러리를 불러온다.

② sklearn에서 의사결정나무 모델을 사용하기 위하여 tree 모델을 불러온다.

③ 회귀모델 정확도 검증을 위한 정확도 지표 라이브러리를 불러온다. mean_squared_error, mean_absolute_error를 불러온다.

④ 실습용 데이터를 불러온다.

회귀모델을 다음 그림과 같은 프로세스로 예측을 진행한다. 머신러닝을 파이썬으로 쉽게 구현하는 방법은 프로세스에 대해서 정확히 이해하고 반복훈련 하면 다른 유형의 문제도 학습했던 프로세스로 응용해서 풀어갈 수 있다.

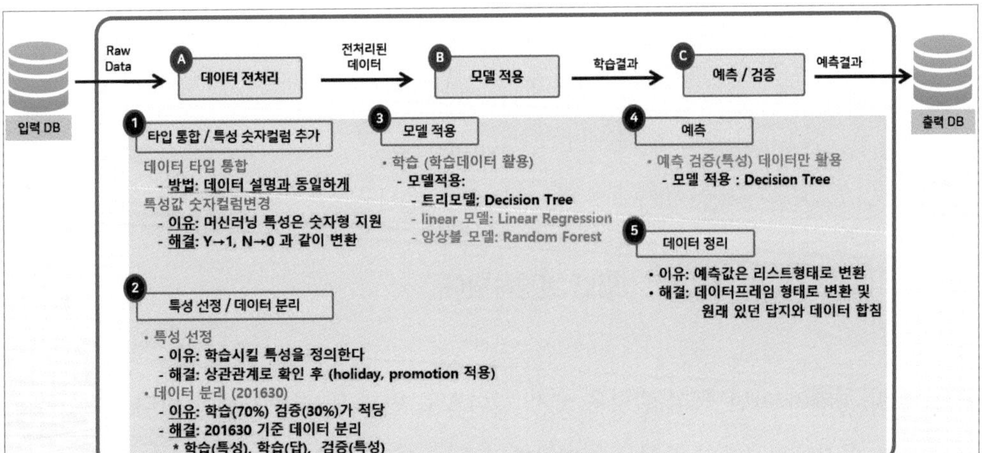

[그림 7-15] 회귀모델 예측 프로세스

2.2.1 타입 통합 / 특성 숫자 컬럼 추가

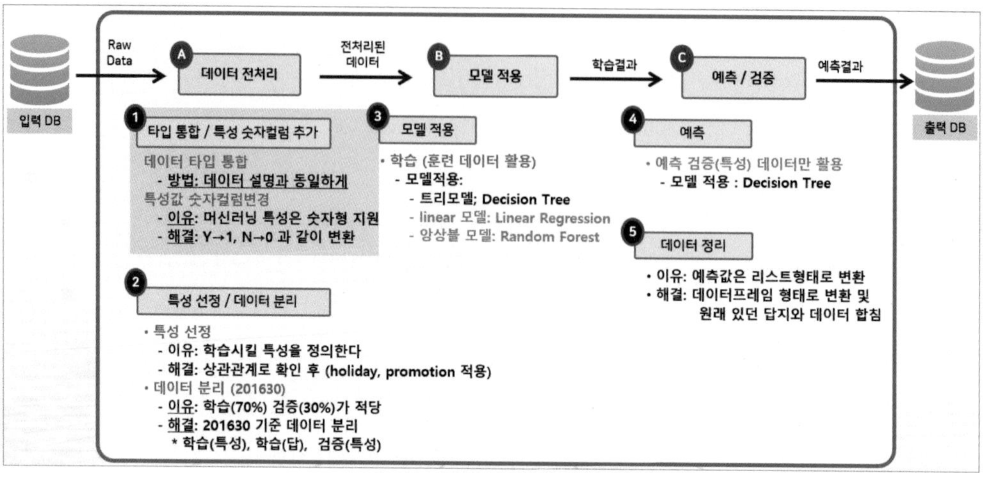

[그림 7-16] 타입 통합/특성 숫자 컬럼 추가 프로세스

먼저 데이터프레임의 데이터 타입을 데이터 설명시 정의했던 타입으로 변경한다. 타입 통합을 하는 이유는 정의된 데이터 타입으로 초기에 변경한다면 데이터 소스가 향후 변경되더라도(웹, 데이터베이스, 파일) 타입을 고정시켜 두기 때문에 파이썬이 알아서 판단하는 데이터 타입과 상관없이 데이터 타입을 일치함으로써 코드 뒷단에 영향을 주지 않게 된다. 결국 데이터 소스에 따라 파이썬이 알아서 판단하는 데이터 타입을 고정시킴으로써 외부변화에 내부 코드가 영향을 받지 않게 된다.

```
# 데이터 타입 통합
featuresData = featuresData.astype({"YEARWEEK":int, ---------------- ①
                                    "YEAR":int,
                                    "WEEK":int})
```

① 딕셔너리를 활용하여 특정 컬럼만 변경하였다.

이후 숫자 형태가 아닌 특성 컬럼은 숫자 컬럼으로 변경 또는 추가해야 한다. 특성 컬럼을 숫자 형태로 변경하는 3가지 방식을 설명한다.

첫 번째 방식은 데이터 처리 시 학습한 np.where 방식을 활용한 숫자 컬럼 생성 방식이다.

```
# 특성 숫자 컬럼 추가
featuresData["HO_YN"] = np.where(featuresData.HOLIDAY == "Y", 1,0)
featuresData["PRO_YN"] = np.where(featuresData.PROMOTION == "Y", 1,0)
featuresData.head()
```

두 번째 방식은 sklearn에서 제공하는 라벨 인코딩 방식이다. 문자로 된 컬럼값을 숫자로 변경하여 준다.

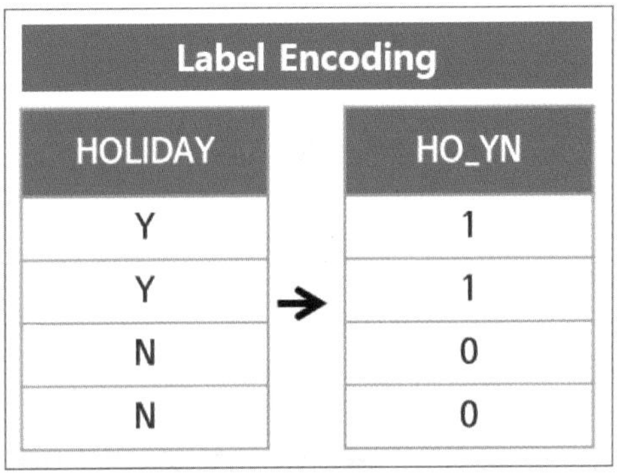

[그림 7-17] 라벨 인코딩 예시

실습을 통해 알아본다.

```
from sklearn.preprocessing import LabelEncoder ---------------- ①
# 인코딩 수행
le_ho = LabelEncoder() ---------------------------------------- ②
le_pro = LabelEncoder()
featuresData["HO_YN"] = \ ------------------------------------- ③
            le_ho.fit_transform(featuresData.HOLIDAY)
featuresData["PRO_YN"] = \
            le_pro.fit_transform(featuresData.PROMOTION)

# 다시 인코딩된 내용을 디코딩 후 기존값과 비교
featuresData["HO_DECO"] = \ ----------------------------------- ④
            le_ho.inverse_transform(featuresData.HO_YN)
```

```
featuresData["PRO_DECO"] = \
            le_pro.inverse_transform(featuresData.PRO_YN)
```

① sklearn에서 제공하는 라벨 인코더 라이브러리를 불러온다.

② 라벨 인코더를 초기화하여 변수에 저장한다. 만약 범주가 다른 컬럼인 경우 꼭 변수를 다르게 해야 향후 데이터를 다시 Y, N로 원복 시 오류가 발생하지 않는다.

③ 새로운 수치형 값을 fit_transform 함수를 활용하여 생성한다.

④ 수치형으로 변경된 데이터를 다시 기존 데이터로 복원하기 위하여 inverse_transform 함수를 사용한다. 기존값과 다른지 확인 후 생성된 "_DECO" 컬럼들은 삭제한다.

```
featuresData.drop(columns=["HO_DECO","PRO_DECO"],inplace=True)
```

세 번째 방법은 딕셔너리를 사용하여 값을 맵핑하는 방법이다.

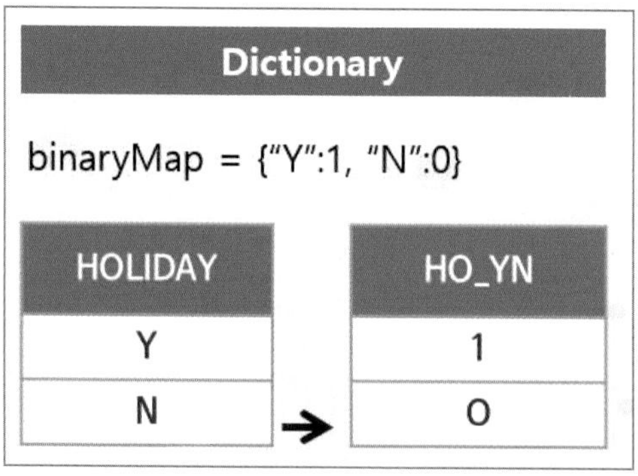

[그림 7-18] 라벨 인코딩 예시

```
binarymap = {"Y":1, "N":0} ---------------------------------------- ①

featuresData["HO_YN"] = featuresData.HOLIDAY.map(binarymap) ---------- ②
featuresData["PRO_YN"] = featuresData.PROMOTION.map(binarymap)
featuresData.head(2)
```

① 딕셔너리로 변경할 값을 딕셔너리 형태로 선언한다.

② 변경 대상 컬럼에 대하여 map 함수를 활용하여 수치형 컬럼값을 생성한다.

2.2.2 특성 선정/데이터 분리

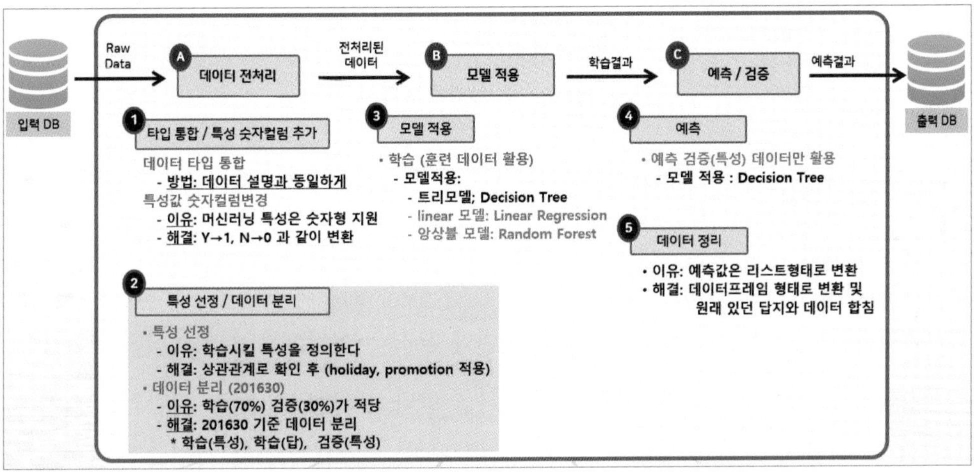

[그림 7-19] 특성 선정/데이터 분리 프로세스

만약 아이를 공부시킬 때 좋은 학습지를 선별해서 풀어보게 하는 게 좋을지 아니면 공부와의 상관성은 배제하고서 있는 대로 전부 풀어보게 하는 게 좋을지 고민해 보자. 아마 하나를 풀더라도 학습하는 내용과 관련 있는 학습지를 찾아보고 풀어보게 할 것이다. 머신러닝도 동일한 개념이다. 기계가 학습할 때 답지(예: 판매량)와 연관된 특성(할인가격, 홀리데이 정보 등)들을 추출하고 문제를 많이 풀어본다면 단시간에 빠르게 학습할 것이다. 따라서 특성 재료가 많다고 데이터를 무조건 수집하여 특성값으로 정의하는 것이 아니라 답지와 관련성 있는 특성을 선별하여 기계를 학습시킨다.

이때 어떤 특성 변수가 답과 관련 있는지 알아볼 때 사용하는 것이 상관관계 분석이다.

특성과 답 사이에 관계가 있는지 확인하고 관계 있는 특성만 기계에 학습시키자.

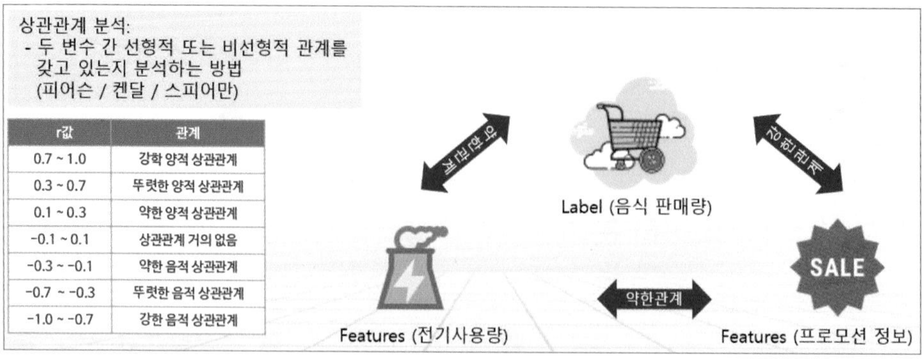

[그림 7-20] 상관관계 예시

```
corrDf = featuresData.corr(method="pearson") --------------------- ①
corrDf
```

① 데이터프레임을 기준으로 pearson 상관관계 분석을 진행한다. 파라미터를 아무것도 입력하지 않아도 "pearson" 방식으로 분석을 한다. 단 방법에 따라 시간의 순서에 따라 선으로 표현이 가능한 선형성 데이터인 경우에는 pearson을 선형성이 아닌 단조성을 띄어 각 변수의 높낮이를 비교하는 경우(예: A반의 데이터 분석 점수와 수학 점수의 비교)에는 자료의 순위에 따라 상관관계 계수를 측정하기 때문에 "spaearman" 또는 "kendall"을 사용한다. 가장 기본적으로 많이 사용하는 pearson을 정의하였다.

r값	피어슨 (Pearson Linear Correlation Coefficient)	스피어만 (Spearman Rank-order Correlation Coefficient)	켄달 (Kendall Rank Correalation Coefficient)
수식	$r_{xy} = \frac{\sum_{i=1}^{n}(x_i - \bar{x})(y_i - \bar{y})}{\sqrt{\sum_{i=1}^{n}(x_i - \bar{x})^2}\sqrt{\sum_{i=1}^{n}(y_i - \bar{y})^2}}$	$r_s = 1 - \frac{6\sum d_i^2}{n(n^2-1)}$	$\tau = \frac{(\text{number of concordant pairs}) - (\text{number of discordant pairs})}{\binom{n}{2}}$
특징	두 변수가 동시에 일정한 비율로 증가/감소 시 1에 가까워짐	일치하는 쌍들의 수가 많을 수록 1에 가까워짐	일치하는 쌍들의 수가 많을 수록 1에 가까워짐
사용처	일반적 사용 / 선형성 (변수가 직선에 잘 표현)	단조성 (변수의 크기가 같이 이동)	단조성 (변수의 크기가 같이 이동)
예	시간에 따라 가격할인율이 판매량에 미치는 영향	자바 , 데이터 분석 순위 점수 (정규분포 벗어난 경우)	순위척도

[그림 7-21] 상관관계 종류에 대한 특성

실행 결과를 확인해 보면 판매량(QTY)에 영향을 주는 변수를 확인할 수 있다.

	YEARWEEK	YEAR	WEEK	QTY	HCLUS	PRO_PERCENT	HO_YN	PRO_YN
YEARWEEK	1.000000	0.956598	0.275593	0.112267	-0.071586	0.404889	0.049867	0.205916
YEAR	0.956598	1.000000	-0.016493	0.028931	0.028593	0.321193	-0.031106	0.195931
WEEK	0.275593	-0.016493	1.000000	0.289766	-0.339943	0.329705	0.273710	0.060206
QTY	0.112267	0.028931	0.289766	1.000000	-0.537230	0.700195	0.505932	0.612451
HCLUS	-0.071586	0.028593	-0.339943	-0.537230	1.000000	-0.545619	-0.974601	-0.374072
PRO_PERCENT	0.404889	0.321193	0.329705	0.700195	-0.545619	1.000000	0.487062	0.898554
HO_YN	0.049867	-0.031106	0.273710	0.505932	-0.974601	0.487062	1.000000	0.365148
PRO_YN	0.205916	0.195931	0.060206	0.612451	-0.374072	0.898554	0.365148	1.000000

[그림 7-22] 상관관계 결과

그럼 판매량에 영향을 주는 변수만 별도 리스트로 추출한다.

```
# 상관관계 계수 비율 선정
featuresStd = 0.5 ---------------------------------------------------- ①

# 특성 추출
features = list( corrDf.loc[ ( abs( corrDf.QTY ) > featuresStd ) & ----- ②
                            ( abs( corrDf.QTY ) != 1) ].index )
print(features)

# 정답지 추출
label = ['QTY'] ------------------------------------------------------- ③
print(label)
```

① 상관관계 기준값을 변수에 저장한다. (예: 0.5)

② 상관관계 변수를 정의한 데이터프레임에서 판매량 컬럼을 기준으로 상관관계 기준값보다 크면서 자기 자신을 변수에서 포함시키지 않도록 조건을 정의한다. (조건: 상관관계(QTY) > 0.5 & 상관관계(QTY) != 1) 단 주의할 점은 음이든 양이든 관계가 있는 변수는 전부 추출하기 위하여 abs 함수를 써서 양(판매량 상승 시 같이 상승하는 동일 성질), 음(판매량 상승 시

하락하는 반대 성질) 모두 관계가 있는 변수는 추출한다.

③ 마지막으로 정답지는 별도로 label 변수에 저장한다.

다음 단계는 데이터를 훈련 데이터와 테스트 데이터로 분리해야 한다. 과거 전체 데이터를 7:3 정도로 분리 후 70% 정도의 훈련 데이터로는 기계를 학습시키고 나머지 30% 정도의 데이터는 테스트데이터로 분리한다. 테스트 데이터는 예측 후 실제 정답과 비교하기 위한 데이터이다.

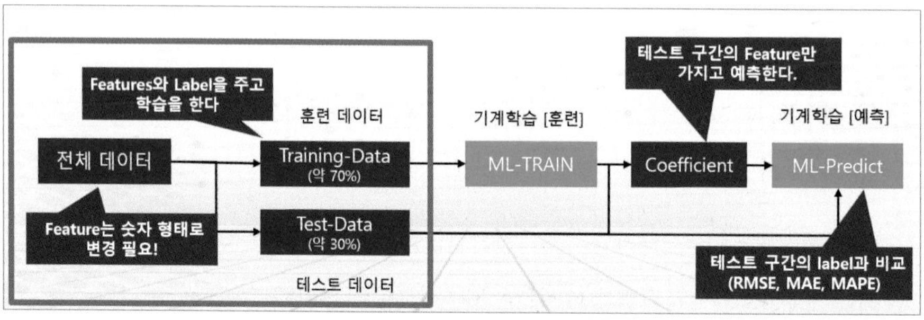

[그림 7-23] 데이터 분리

특성을 숫자 타입으로 변환한 전체 데이터(featuresData 변수)를 기준으로 데이터를 분리한다.

```
# 데이터 분리
yearweekStd = 201630 ---------------------------------- ①

# 훈련 데이터
trainingData_features = \ ----------------------------- ②
    featuresData.loc[featuresData.YEARWEEK <= yearweekStd][features]
trainingData_label = \
    featuresData.loc[featuresData.YEARWEEK <= yearweekStd][label]

# 테스트 데이터
testData_features = \ --------------------------------- ③
    featuresData.loc[featuresData.YEARWEEK > yearweekStd][features]
testData_label = \
    featuresData.loc[featuresData.YEARWEEK > yearweekStd]
```

```
print(trainingData_features.shape) ------------------- ④
print(trainingData_label.shape)
print(testData_features.shape)
print(testData_label.shape)
```

① 데이터를 구분할 기준을 정의한다. 기계가 학습할 훈련 데이터는 (201501~201630), 테스트 데이터는 (201630 이후)로 정의하였다. 시간의 순서가 아닌 경우는 랜덤하게 추출할 수 있지만 시간 순서의 데이터인 경우 데이터를 분리 시 모의고사를 기계에 풀게 하고 최신 기출문제를 통해 테스트한다는 개념으로 접근한다면 쉽게 이해할 수 있을 것이다.

② 훈련 데이터를 정답지와 특성(정답지)로 분리하였다. 모델 훈련 시 정답지, 특성을 분리해서 주입해야 하기 때문에 별도로 선언한다.

③ 테스트 데이터도 동일하게 특성과 답을 분리하여 변수에 저장하였다.

④ 데이터프레임명.shape를 출력하면 데이터의 행과 열을 확인할 수 있다.

shape 함수를 사용하면 데이터의 레이아웃을 쉽게 확인할 수 있다. 만약 데이터가 83개의 줄(행)이 있고 4개의 컬럼이 있는 경우 (83, 4)를 출력한다.

```
# 데이터 분리
yearweekStd = 201630

# 훈련 데이터
trainingData_features = \
    featuresData.loc[featuresData.YEARWEEK <= yearweekStd][features]
trainingData_label = \
    featuresData.loc[featuresData.YEARWEEK <= yearweekStd][label]
# 테스트 데이터
testData_features = \
    featuresData.loc[featuresData.YEARWEEK > yearweekStd][features]
testData_label = \
    featuresData.loc[featuresData.YEARWEEK > yearweekStd]
print(trainingData_features.shape)
print(trainingData_label.shape)
print(testData_features.shape)
print(testData_label.shape)

(83, 4)
(83, 1)
(22, 4)
(22, 14)
```

[그림 7-24] 데이터 분리 결과

2.2.3 모델 적용

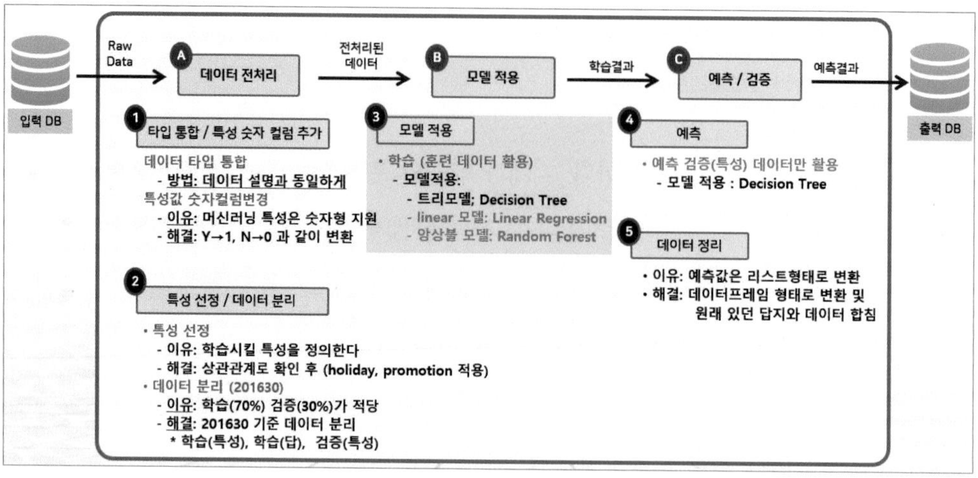

[그림 7-25] 모델 적용 프로세스

이번 단계는 모델 선언 및 기계를 학습시키는 단계이다. 데이터의 전처리가 끝난 상태이기 때문에 재료를 모델에 적절하게 맵핑시켜 주면 된다.

```
# 모델 정의
model_method = \ ----------------------------------------- ①
    tree.DecisionTreeRegressor(random_state=1)

# 머신러닝 (훈련 데이터 특성/답지)
model = model_method.fit( X=trainingData_features, ---------- ②
                          y=trainingData_label)
```

① 모델을 변수에 정의한다. 파라미터로 random_state=1만 정의한 이유는 모델을 구동할 때마다 의사결정나무가 가진 랜덤 속성 때문에 예측 결괏값이 달라진다. 하지만 향후 예측 결괏값을 확인 후 모델 고도화를 위해서는 값 재현이 필요하고, 이 때문에 값을 고정시켜 주기 위하여 랜덤 속성을 고정시켰다.

② 선언한 모델에 fit 함수를 사용하여 훈련 데이터의 특성과 답지를 파라미터에 정의한다. 학습 결과는 model 변수에 저장된다. (model_method 변수에도 학습결과가 저장된다)

2.2.4 예측

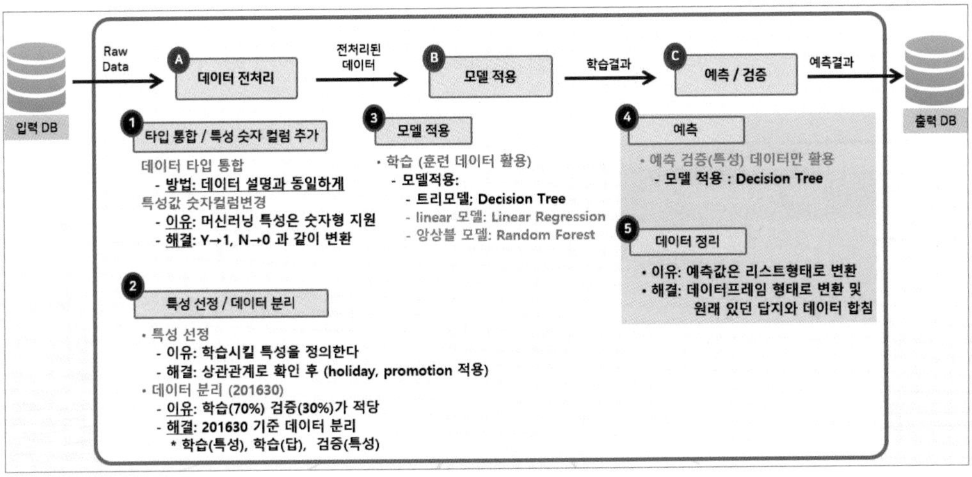

[그림 7-26] 예측 프로세스

이번 단계는 학습한 결과에 테스트데이터의 특성값을 주입하여 예측값을 생성하는 단계이다.

```
# 예측
predict = model.predict( X = testData_features) ---------- ①
predict
```

① 학습 결과인 model을 활용하여 predict 함수에 테스트 데이터의 특성값을 파라미터로 주입한다. 특성값의 개수만큼 예측값이 생성된다.

```
predict = model.predict( X = testData_features)
predict

array([1606.5      ,  350.71428571, 1434.6      , 1434.6      ,
       1434.6      , 1434.6      , 1434.6      , 1606.5      ,
       1606.5      , 2620.42857143, 1606.5      ,  350.71428571,
       2193.8      , 2193.8      , 2193.8      , 2193.8      ,
       2193.8      , 2193.8      , 2193.8      , 2193.8      ,
       2193.8      ])
```

[그림 7-27] 예측

2.2.5 데이터 정리

이번 단계는 예측 결과와 테스트 데이터 답지를 비교하기 위하여 합치는 단계이다.

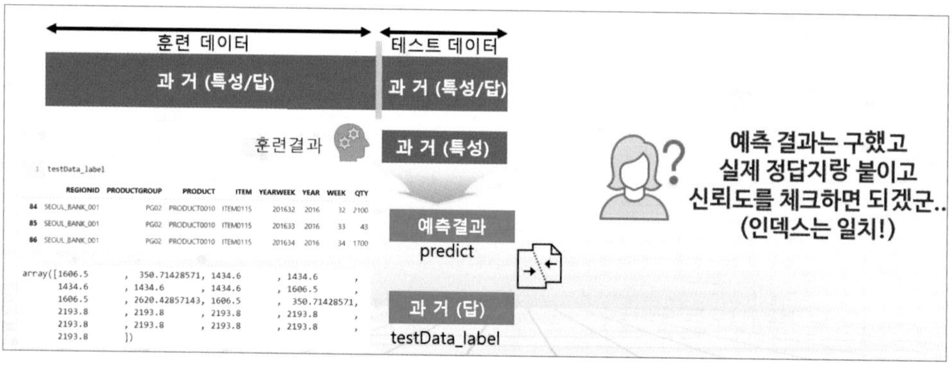

[그림 7-28] 예측 결과 정리 예시

테스트 데이터 정답지와 예측 결과를 합친다.

```
### 예측 결과를 데이터프레임으로 변환
predictData = pd.DataFrame(predict, columns = ["PREDICT"]) -------------- ①

### 테스트 데이터 정답지 인덱스 초기화
testData_label.reset_index(drop=True, inplace=True) --------------------- ②

### 예측 결과 / 정답지 병합
finalReuslt = pd.concat( [testData_label, predictData], axis=1) --------- ③
```

① 예측 결과를 데이터프레임으로 변환하고 컬럼 이름을 "PREDICT"로 설정한다. 첫 번째 예측값부터 0 인덱스가 부여된다.

② 테스트 데이터는 전체 데이터의 일부분이기 때문에 인덱스 번호가 다르다. 따라서 index 번호가 같은 것끼리 병합하는 concat 명령어를 사용하기 위하여 인덱스를 초기화한다.

③ pd.concat 함수를 활용하여 2개의 데이터를 axis=1 옆으로 붙인다.

정답지 / 예측 결과

	ITEM	YEARWEEK	YEAR	WEEK	QTY	HOLIDAY	HCLUS	PROMOTION	PRO_PERCENT	HO_YN	PRO_YN	PREDICT
	ITEM0115	201632	2016	32	2100	N	4	Y	0.280258	0	1	1606.500000
	ITEM0115	201633	2016	33	43	N	4	N	0.000000	0	0	350.714286
	ITEM0115	201634	2016	34	1700	Y	1	Y	0.308584	1	1	1434.600000
	ITEM0115	201635	2016	35	1514	Y	1	Y	0.308584	1	1	1434.600000
	ITEM0115	201636	2016	36	1501	Y	1	Y	0.308584	1	1	1434.600000

[그림 7-29] 데이터 정리 결과

다른 방법으로도 풀어볼 수 있다.

```
# 테스트 데이터 결과 정리
testData_label["PREDICT"] = predict ------------------------ ①

testData_label.loc[:,["QTY","PREDICT"]] -------------------- ②
```

① 기존 테스트 데이터 정답지에 새로운 컬럼을 정의하고 바로 값을 대입하면 테스트 데이터의 정답지와 예측 결과 데이터의 수가 같기 때문에 차례대로 대입된다.

② 정답지인 QTY 컬럼과 예측 결과 PREDICT 컬럼만 조회하면 실제 판매량과 예측값을 비교 가능하다.

```
testData_label.loc[:,["QTY","PREDICT"]]
```

	QTY	PREDICT
84	2100	1606.500000
85	43	350.714286
86	1700	1434.600000
87	1514	1434.600000
88	1501	1434.600000

[그림 7-30] 데이터 정리 결과

2.2.6 결과 검증

테스트 데이터의 답지와 생성된 예측값을 합친 후 정확도를 계산한다. 초기에 라이브러리로 정의했던 sklearn.metric 내 회귀모델 정확도 지표를 불러 왔다. 주요 정확도 지표값을 실습한다.

```
# MAE 지표
pMae = mean_absolute_error(y_true = testData_label['QTY'],  ------------- ①
                           y_pred = testData_label['PREDICT'])

print(pMae)
# RMSE 지표
pRmse = np.sqrt(mean_squared_error(y_true = testData_label['QTY'],  ----- ②
                                   y_pred = testData_label['PREDICT']) )

print(pRmse)
```

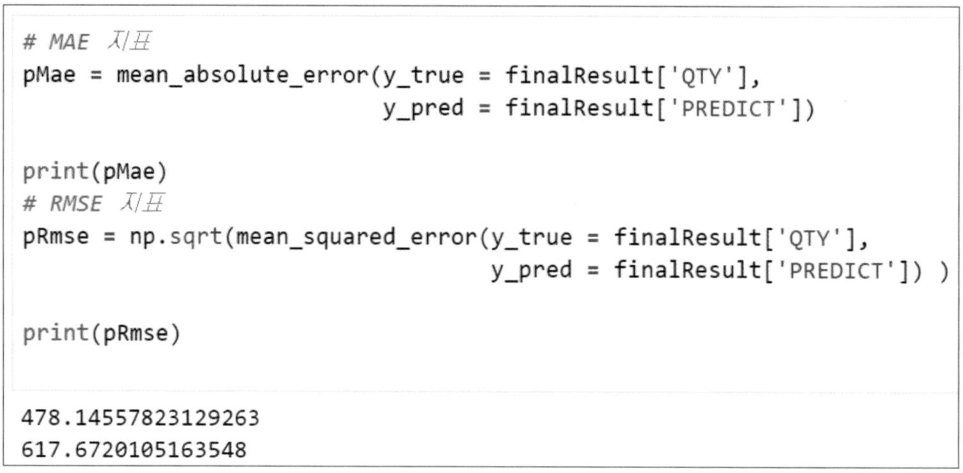

```
# MAE 지표
pMae = mean_absolute_error(y_true = finalResult['QTY'],
                           y_pred = finalResult['PREDICT'])

print(pMae)
# RMSE 지표
pRmse = np.sqrt(mean_squared_error(y_true = finalResult['QTY'],
                                   y_pred = finalResult['PREDICT']) )

print(pRmse)

478.14557823129263
617.6720105163548
```

[그림 7-31] 예측결과 정확도 산출 예시

[표 7-2] 에러 지표

순서	에러 지표	내용	수식	사용처
1	MAE (Mean Absolute Error)	오차 평균	$\frac{\sum_{i=1}^{n}\lvert y_i - x_i\rvert}{n}$	정답과 예측값의 평균 오차값
2	RMSE (Root Mean Square Error)	오차 제곱 평균	$\sqrt{\frac{\sum_{i=1}^{n}(x_{1,i} - x_{2,i})^2}{n}}$	MAE 값과의 비교를 통해 모델 내 치명적인 에러가 있는지 확인 가능함
3	1 - MAPE (Mean Absolute Percentage Error)	평균 절대비율 오차 적용	$\frac{\sum_{i=1}^{n}\lvert y_i - x_i\rvert}{n}$	1 – ABS(실제값-예측값)/실제값(단, 예측값이 0이면 안되며 2배 이상 예측 시 정확도 0)

[표 7-2]는 주요 에러 지표를 정리한 표이다. 예제를 통해서 정확하게 이해하고 넘어가자.

[표 7-3] 에러 결정 지수

모델	순서	정답	예측	절대 오차	절대오차 평균(MAE)	오차제곱	오차제곱 평균	루트(오차제곱 평균, RMSE)	1-MAPE
모델1	1	100	50	50	50	2500	2500	50	50
	2	100	50	50		2500			50
	3	100	50	50		2500			50
	4	100	50	50		2500			50
	5	100	50	50		2500			50
모델2	1	100	350	250	50	62500	12500	111.8034	0
	2	100	100	0		0			100
	3	100	100	0		0			100
	4	100	100	0		0			100
	5	100	100	0		0			100

먼저 MAE(Mean Absolute Error)는 가장 이해하기 쉬운 지표로 실제값과 예측값 오차의 평균이다. 위 표의 모델 1을 보면 5개가 50개씩 틀렸기 때문에 절대오차평균은 50이다. 또한, 모델 2도 하나가 250개를 틀렸지만 절대평균오차는 50(250/5)이다. 여기서 모델 1과 모델 2를 비

교했을 때 과연 어떤 모델이 더 좋은 모델일까? MAE만으로는 비교할 수 가 없다. RMSE(Root Mean Square Error)를 계산해 본다. 각각의 오차를 제곱하여 증폭시킨 후 평균을 산출한 후 루트를 씌워 증폭했던 결과를 낮춘다. 모델 1의 경우는 평균오차 50과 같은 값으로 돌아가지만 모델 2는 2배 이상의 값으로 변하게 된다. 여기서 중요한 포인트는 모델 2는 오차가 증폭되면서 중대한 오류가 있다는 점을 찾아낼 수 있다는 것이다. 모델 1은 뛰어난 모델은 아니지만 치명적인 결함이 없는 모델이고, 모델 2는 겉으로 보기에는 거의 정확해 보이지만 치명적인 결함이 숨어 있다는 점을 알 수 있다. 모델 안정성을 고려한다면 MAE 값과 RMSE 값을 비교해 보고 차이가 큰 경우에는 치명적인 오류를 갖고 있는 모델이라는 점을 개발자에게 알려주는 것이다.

2.2.7 결과 시각화 및 분석

Decision Tree나 Randomforest는 학습 결과를 그래프로 표시 가능하다. graphviz를 설치한 후 graphviz 실행 파일 위치를 환경변수에 등록하면 파이썬이 실행 중 graphviz를 구동하면서 의사결정나무의 학습 결과를 시각화하여 보여 준다.

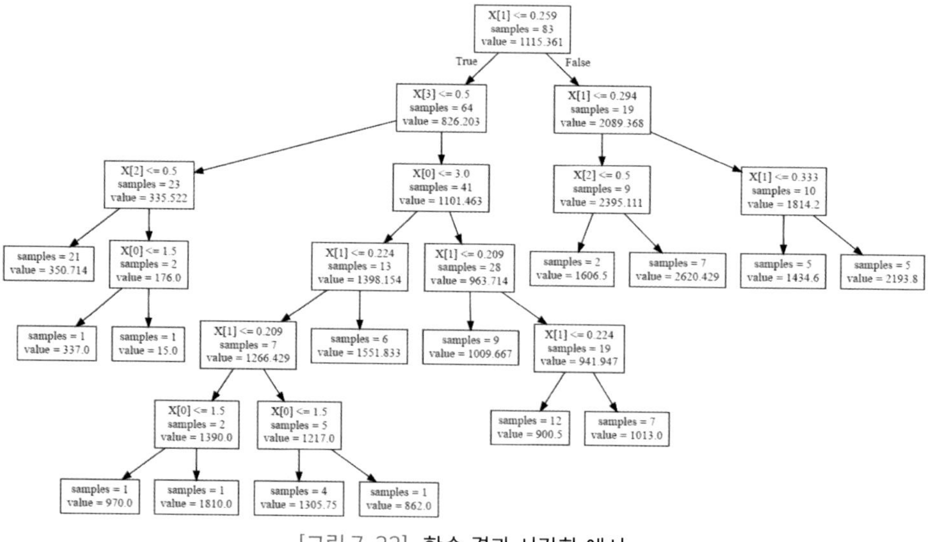

[그림 7-32] 학습 결과 시각화 예시

시각화를 위해 graphviz라는 오픈소스 다이어그램 생성기를 설치해야 한다. (graphviz.org)

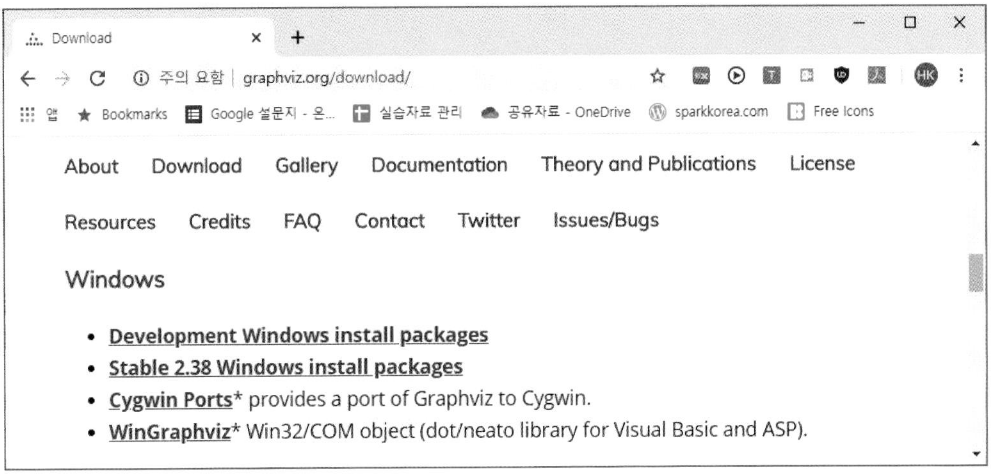

[그림 7-33] graphviz 다운로드 화면 예시

windows 카테고리의 stable 2.38 windows installer packages를 선택하여 사용하는데 안정된 버전 graphviz-2.38.msi(작성 기준)를 다운로드받은 후 설치한다.(www.sparkkorea.com 도서 자료실에서도 다운로드 가능하다.) 설치 완료 후 graphviz 프로그램을 파이썬에서 실행 가능하도록 환경 변수에 등록한다. 환경 변수 등록 방법은 제어판에서 "고급 시스템"으로 검색 후 고급 시스템 설정보기로 진입하여 고급 시스템 설정으로 들어간 다음 고급 시스템 설정 메뉴를 선택한다.

[그림 7-34] 고급 시스템 설정 진입 화면 예시

이후 고급 -〉 환경 변수(시스템 변수) 내 Path 항목을 선택 후 graphviz 실행 파일 위치를 새로 만들기 버튼을 눌러 추가한다. (윈도우 7인 경우; C:\Program Files (x86)\Graphviz2.38\bin를 마지막에 추가해 주면 된다)

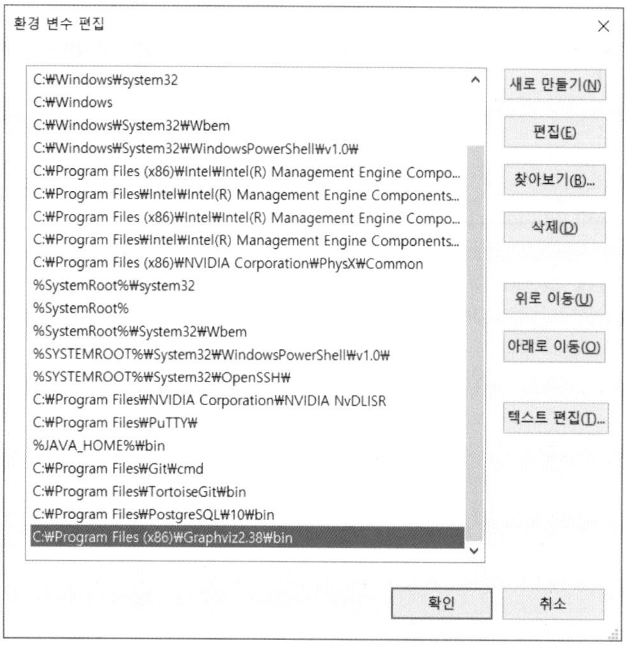

[그림 7-35] **환경 변수 설정 예시**

설정 창을 종료한 후 변경된 환경 변수 설정 내용은 새로 명령 프롬프트를 실행시켜야 활성화된다. 실행 중인 jupyter lab 웹 화면과 서버 실행 창을 닫고 새로 명령 프롬프트 창을 실행시킨다

실행 창에서 graphviz 실행 명령어인 dot을 실행해 보고 "실행할 수 있는 프로그램 파일이 아닙니다"라고 뜨면 ctrl+c 버튼을 눌러 취소한 후 pip install pydotplus 라이브러리를 실행한다. pydotplus는 graphviz Dot 언어에 파이썬 인터페이스를 제공하는 pydot 프로젝트의 개선 버전이다. 명령어 실행 후 jupyter lab을 다시 실행시킨다.

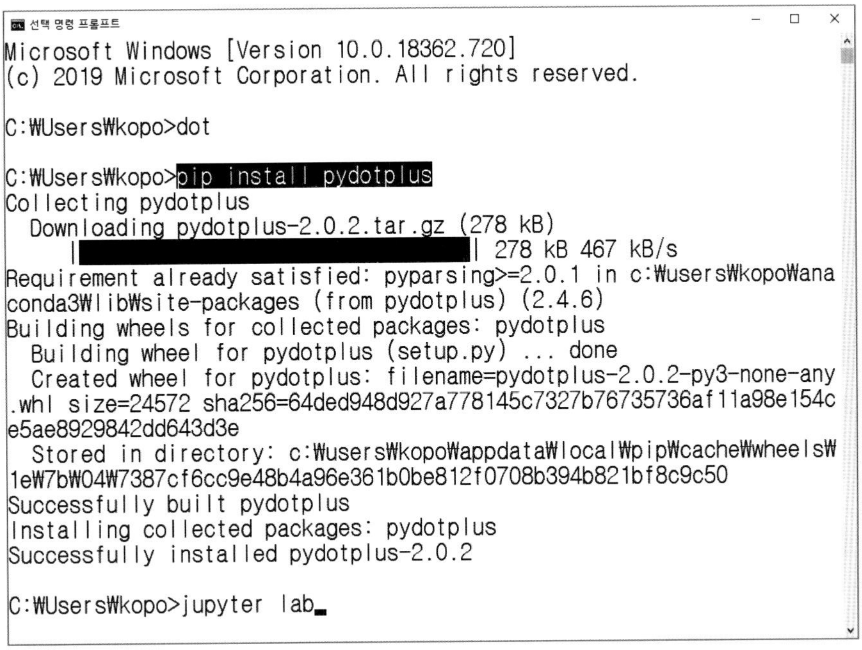

[그림 7-36] pydotplus 설치 예시

이후 다시 머신러닝 코드를 실행한다. 동일한 컴퓨터라고 하면 DecisionTree 파라미터 중 random_state를 고정시켰기 때문에 동일한 예측 결괏값이 나온다. random_state는 난수발생기를 실행 중인 컴퓨터에 고정시켰기 때문에 책에 있는 결과랑은 다르더라도 실행 중인 컴퓨터에서는 동일한 결괏값이 나와야 한다. 이제 훈련 내용을 시각화하는 코드를 실습한다.

```
# sklearn의 트리모델 및 graphviz 라이브러리 선언
from sklearn.tree import export_graphviz ---------------- ①
import graphviz

# graphviz로 tree.dot 출력
export_graphviz(decision_tree=model, ------------------- ②
                out_file="tree.dot",
                impurity=True)

# tree.dot 파일을 불러와서 화면에 시연
with open("tree.dot") as f: ---------------------------- ③
```

```
    dot_graph = f.read()
display(graphviz.Source(dot_graph))
```

① graphviz 라이브러리를 선언한다.

② sklearn 모델 결과를 graphviz 포맷 데이터로 출력한다. decision_tree 파라미터에는 학습된 결과 model을 맵핑하고 out_file 파라미터에는 출력결과 파일명을 현재 폴더 내 tree.dot 이름으로 저장한다. impurity는 트리 모델에서 속성을 나누는 기준을 MSE(MeanSquaredError)로 속성을 정의하였으며 그 값을 표시한다.

③ tree.dot 파일을 열어서 dot_graph 변수로 읽은 다음 화면에 표시한다.

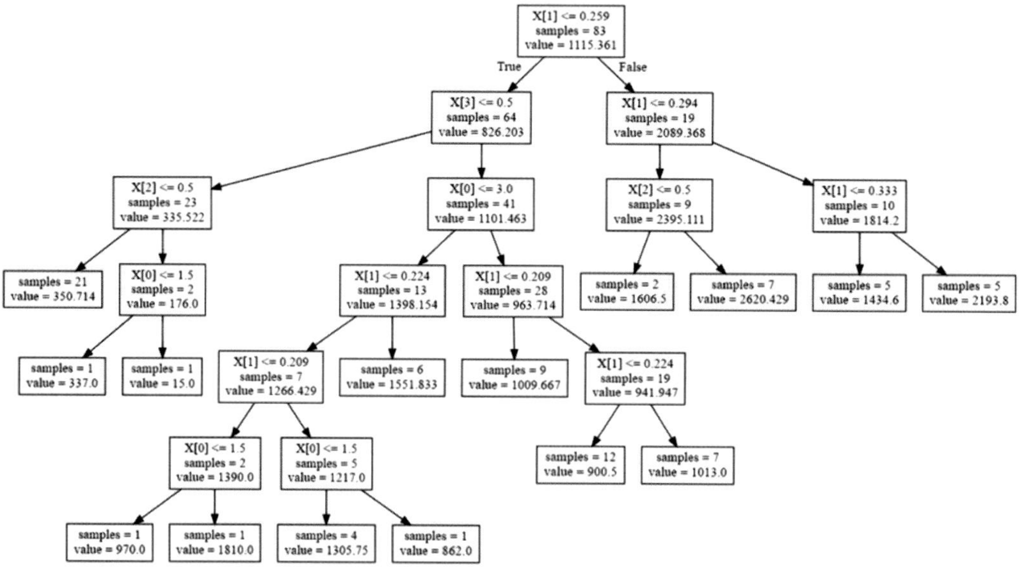

[그림 7-37] graphviz 다운로드 화면 예시

트리 구조 일부를 실제로 분석해 보겠다.

특성 변수 features는 리스트로 ["HCLUS", "PRO_PERCENT", "HO_YN", "PRO_YN"]와 같이 정의하였었다. 그래프 상단의 X[0]~X[3]은 각 순서이다. 첫 번째 트리의 구분 특성 조건은 PRO_PERCENT <= 0.259이다. 총 학습 데이터 83건(samples = 83) 중에 특성 조건에 맞지 않은 데이터는 19건이다.

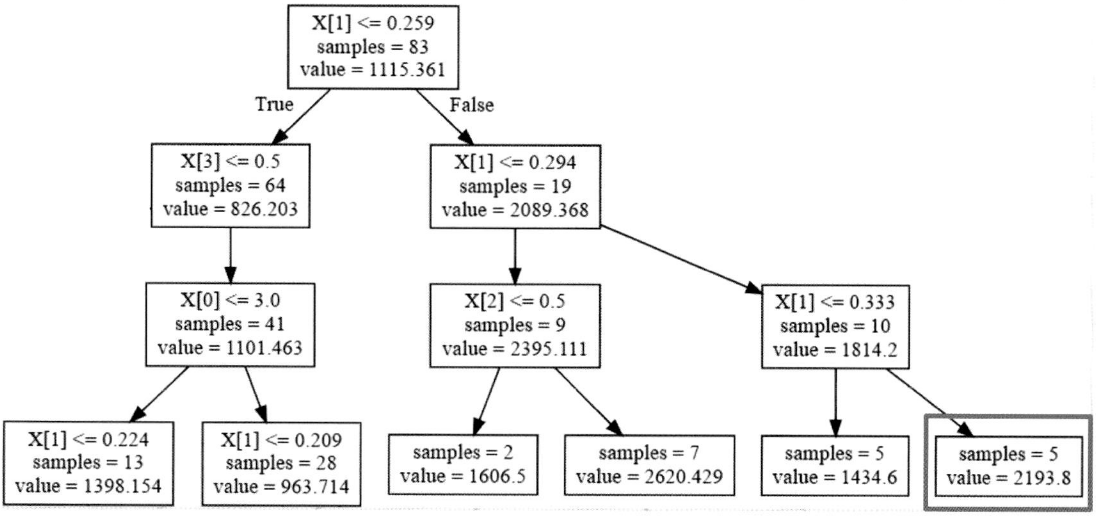

[그림 7-38] 트리 구조 분석 화면 예시

첫 번째 depth를 내려갔을 때 결과를 확인하면 [그림 7-39]와 같다.

```
# 전체 건수 확인
print(len(trainingData_features))

# tree1 건수 확인
treeOne = trainingData_features.\
    loc[trainingData_features.PRO_PERCENT > 0.259]
len(treeOne)

83

19
```

[그림 7-39] 첫 번째 트리 조건 결과 확인

두 번째 구분 특성 조건은 PRO_PERCENT <= 0.294 이다. 우측으로 내려가는 내용을 또 확인해 보면 결과는 다음 그림과 같다. treeTwo = treeOne.loc[treeOne.PRO_PERCENT > 0.294]

```
# tree2 건수 확인
treeTwo = treeOne.loc[treeOne.PRO_PERCENT > 0.294]
len(treeTwo)

10
```

[그림 7-40] 두 번째 트리 조건 결과 확인

마지막 구분 특성 조건은 PRO_PERCENT <= 0.333이다. 우측으로 내려가는 내용을 또 확인해 보면 결과는 다음 그림과 같다. treeTwo = treeOne.loc[treeOne.PRO_PERCENT > 0.294]

```
# tree3 건수 확인
treeThree = treeTwo.loc[treeOne.PRO_PERCENT > 0.333]
treeThree
```

	HCLUS	PRO_PERCENT	HO_YN	PRO_YN
44	0	0.357511	1	1
45	0	0.357511	1	1
46	0	0.357511	1	1
47	0	0.357511	1	1
48	0	0.357511	1	1

[그림 7-41] 마지막 노드 조건 결과 확인

훈련 데이터에서 실제 판매량을 확인한다. [그림 7-42]와 같이 과거 특성값이 같을때의 평균 판매량이 2193.8인 것을 확인한다.

```
# 훈련 데이터 동일 인덱스의 실 판매량 평균
trainingData_label.loc[44:48,"QTY"]

44    1454
45    2033
46    2033
47    3691
48    1758
Name: QTY, dtype: int64
```

[그림 7-42] 학습 결과 확인 방법 예시

결국 예측하려는 데이터의 특성과 동일한(할인율 33.3%이상) 과거 데이터의 평균 판매량인 2193.8이라고 예측하는 것이다. 이처럼 머신러닝은 사람이 로직으로 전부 구현하려면 시간이 오래 걸리는 부분을 기계에게 특성(문제지)과 정답지를 잘 나누어 주면 알아서 학습한 후 쉽게 특성(문제지)에 대한 결과를 알아갈 수 있다. 데이터도 바꾸어 보고, 모델도 바꾸어 가면서 정확도 지표가 어떻게 바뀌는지 실습해 보면 점점 회귀식 모델에 대한 이해도가 높아질 것이다.

2.3 분류모델 유형 실습

지도학습 중 클래스를 판단하는 분류모델 방식을 알아본다. 앞에서 다룬 회귀 모형에서는 머신러닝 전체 프로세스를 이해했다면, 분류 모형에서는 머신러닝 특성 데이터의 크기를 동일하게 맞추는 정규화 로직을 같이 소개한다. 또한, 시간의 순서가 아닌 경우에 훈련 데이터와 테스트 데이터 분리 시 sklearn 내 전처리 함수를 활용하는 방법을 다룬다. 실습은 고객 등급을 예측하는 모델이다. 고객 등급에 영향을 미치는 예금 보유 정보, 주식 보유 정보를 활용하여 문제를 풀어보도록 한다. 정확도 검증 방법 또한 회귀모델과 다르기 때문에 분류모델의 정확도 산출하는 방법도 반드시 학습해야 한다.

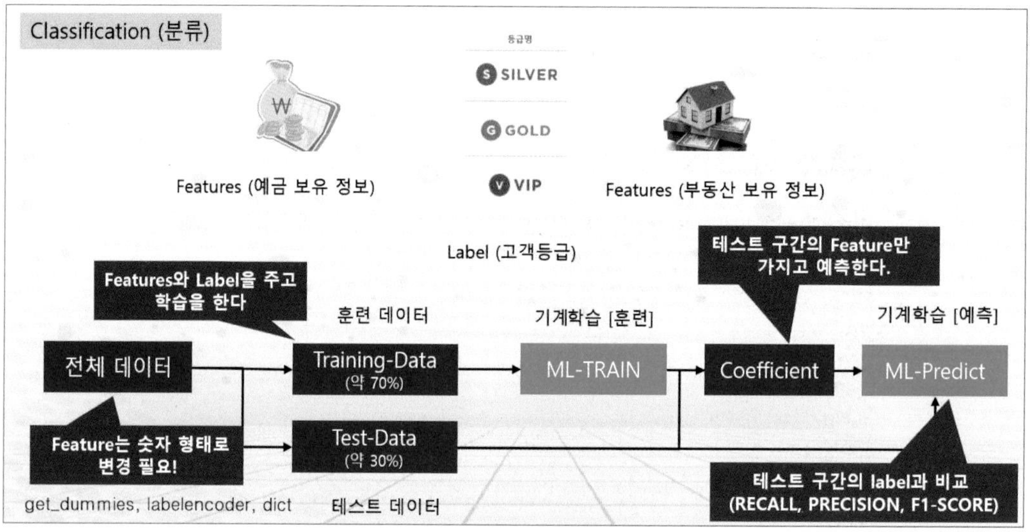

[그림 7-43] 분류 모형 예시

SVM(Support Vector Machine)은 머신러닝 모델 중 하나이다. SVM 모델은 주어진 데이터 집합을 바탕으로 하여 새로운 데이터가 어느 카테고리에 속할지 판단하는 비확률적 이진 선형 분류모델을 만든다. 만들어진 분류모델은 데이터가 사상된 공간에서 경계로 표현되는데 SVM 알고리즘은 그중 가장 큰 폭을 가진 경계를 찾는 알고리즘이다. SVM의 가장 큰 장점은 훈련 데이터를 모두 훈련 시 사용하지 않고 공간을 구분하는 경계선을 생성한 후 경계선 내 각 카테고리별 대표 데이터(Support Vector)만 남기고 예측시 사용한다. 새로운 데이터는 선으로 구분된 대표 데이터 중 가장 가까운 데이터의 카테고리 값으로 예측된다. 예측 시 대표 데이터(Support Vector)만 사용하기 때문에 속도가 빠르다.

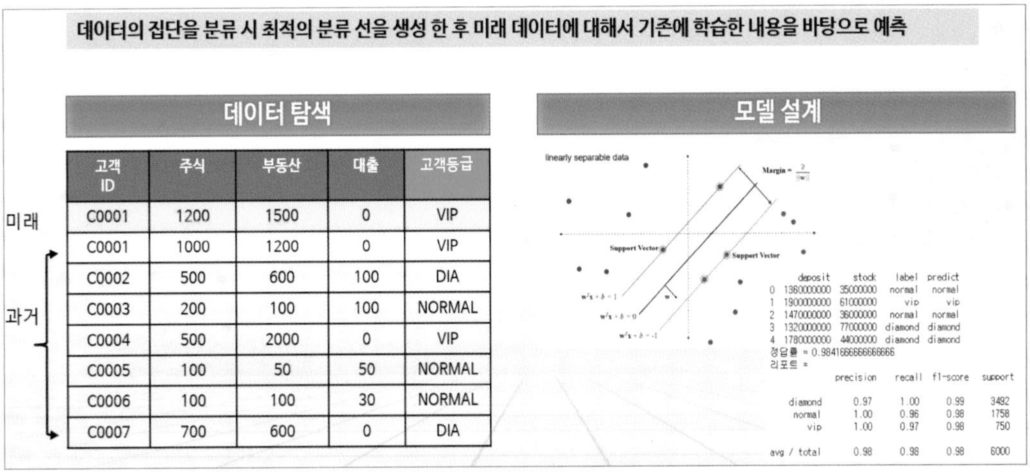

고객 ID	주식	부동산	대출	고객등급
C0001	1200	1500	0	VIP
C0001	1000	1200	0	VIP
C0002	500	600	100	DIA
C0003	200	100	100	NORMAL
C0004	500	2000	0	VIP
C0005	100	50	50	NORMAL
C0006	100	100	30	NORMAL
C0007	700	600	0	DIA

[그림 7-44] 분류 모형 개념 설명

실습을 통해 알아본다. dataset 폴더 내 customer.csv 파일을 불러온다.

	balance	stock	label
0	30000000	22500000	normal
1	280000000	48000000	diamond

Column Name	Column Type	Description	Key	Length	Comments
balance	int	예금 보유금액		-	
stock	int	주식 보유금액		-	
label	str	고객등급		20	normal, diamond, vip

[그림 7-45] 분류모델 데이터 설명

```
import numpy as np -------------------------------------------- ①
import pandas as pd

# 모델 라이브러리 선언
from sklearn import svm ---------------------------------------- ②

## 훈련/테스트 데이터 자동 분리
from sklearn.model_selection import train_test_split ---------- ③

# 모델 정확도 라이브러리 선언
from sklearn.metrics import accuracy_score --------------------- ④
from sklearn.metrics import classification_report

#CSV 파일을 읽어 DataFrame 변수에 저장하기
csData = pd.read_csv("../dataset/customer.csv") --------------- ⑤
csData.head()
```

① 데이터를 다루기 위하여 pandas 라이브러리를 불러온다.

② sklearn에서 svm모델을 불러왔다.

③ 회귀모델 예제에서는 시간의 순서가 있는 데이터였기 때문에 더 과거의 데이터를 가지고 학습을 하고 최신 기출문제를 풀었다면 시간의 순서가 아닌 경우에는 sklearn 라이브러리를 활용하여 무작위로 데이터를 분리할 수 있다.

④ 분류모델 정확도 검증을 위한 정확도 지표 라이브러리를 불러왔다.

⑤ customer.csv 데이터를 불러온다.

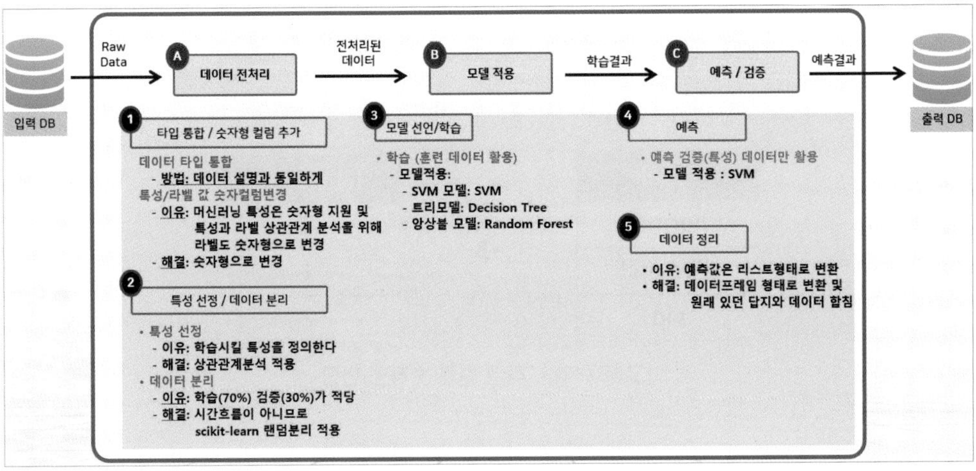

[그림 7-46] 분류모델 예측 프로세스

2.3.1 타입 통합/숫자컬럼 추가

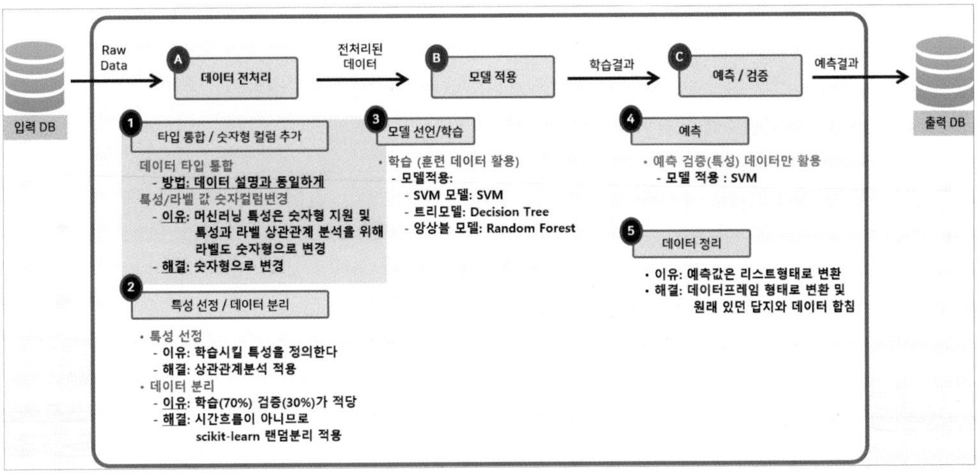

[그림 7-47] 분류모델 타입 변환

타입을 고정시키는 이유는 회귀모델과 동일하게 데이터 소스 타입이 변경되더라도 (웹, 데이터베이스, 파일) 코드에 영향을 끼치지 않게 하기 위함이다. 분류 모델에서는 특성값 외에 라벨값도 숫자 컬럼으로 추가 생성한다. 이유는 정답지 숫자형이 아닌 경우 특성 선정 시 정답지와 상관관계가 높은 특성을 선택하려면 정답지도 숫자형이어야만 한다.

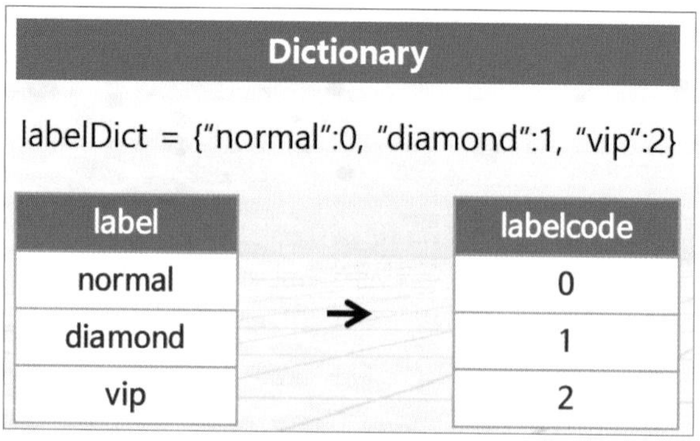

[그림 7-48] 라벨 컬럼 숫자형 변환

라벨 유형이 많은 경우에는 라벨 인코더를 사용하지만 현재 3개의 유형밖에 되지 않기 때문에 원하는 숫자를 지정해줄 수 있는 딕셔너리를 활용한다. 실습을 통해 알아본다.

```
# 라벨 유형 확인
labels = csData.label.drop_duplicates() -------------------- ①
print(labels)

# 상관관계 분석을 위한 라벨코드 컬럼 추가
labelDict = {"normal":0,"diamond":1,"vip":2} --------------- ②
csData["labelcode"] = csData.label.map(labelDict)
```

① drop_duplicates( ) 함수를 사용하면 데이터 내 중복된 행은 삭제된다. label 컬럼 대상으로 실행하면 중복을 제거한 정답지(normal, diamond, vip) 값만 남게 된다.

② 딕셔너리를 사용하여 변경할 값을 정의한다. 변경 대상 컬럼에 대하여 map 함수를 사용하여 값을 변경한 후 새로운 컬럼을 생성한다.

2.3.2 특성 선정/데이터 분리

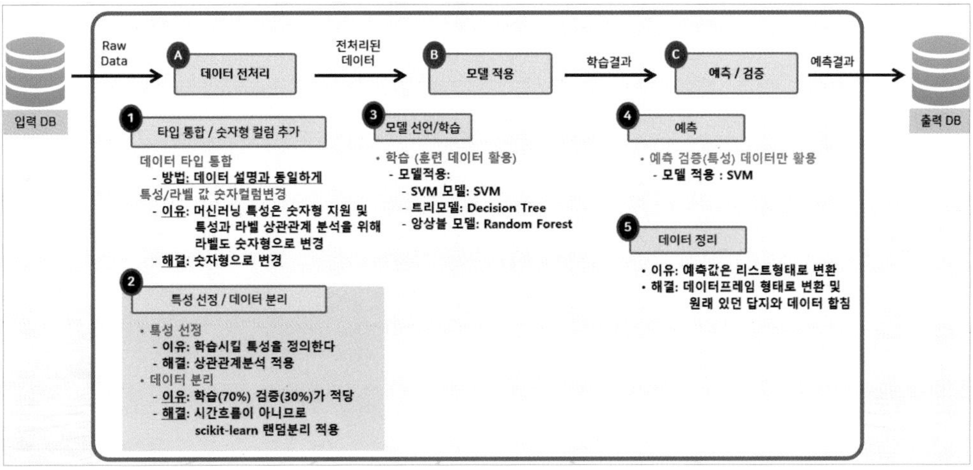

[그림 7-49] 특성 선정/데이터 분리 프로세스

회귀모델과 동일하게 특성 선정을 한다. 단 여기서는 모든 데이터의 크기를 0~1로 정규화 시킨다. 향후 기계에 특성을 학습시킬 때 모든 특성에 대한 높낮이가 같은 데이터를 준다면 기계가 학습할 때 특성의 크기가 0~1 동일하니 학습 능력이 더 뛰어나게 된다. 예를 들어 교수 입장에서 학생들의 점수를 기준으로 우등생 분류 시 각 과목별 점수가 100점 만점이 아니라 국어는 1400점 만점, 수학은 15000점 만점 등으로 각각 다른 경우 어느게 판단하기 쉬울지 생각해보면 쉽게 이해가 갈 것이다. 실제 sklearn에 MinMaxScaler 함수가 있지만 간단한 함수이기 때문에 직접 만들어서 컬럼의 값을 변경한 후 새로운 컬럼을 생성하는 실습을 진행한다. 이후 corr 함수를 활용하여 정답지와 관련 있는 특성을 선정한다.

```
# minMaxNorm 정규화 (0~1 사이로 값 변경)
def minMaxNorm(indata): ---------------------------------- ①
    maxValue = max(indata)
    minValue = min(indata)
    deNormValue = maxValue - minValue
    # 전체 양수로 변경
    plusData = indata - minValue
    # 최대값 기준 각 데이터 정규화
```

기본편

VII. 유형별로 실습하는 머신러닝

```
    outData = indata
    if deNormValue != 0 :
        outData = plusData / deNormValue
    else:
        pass
    return outData

csData["balance_norm"] = minMaxNorm(csData.balance) ----- ②
csData["stock_norm"] = minMaxNorm(csData.stock)

csData.corr() ------------------------------------------ ③
```

① 함수는 데이터프레임 하나를 입력받아서 최소, 최대값을 산출한 후 모든 데이터에 최소값을 빼 모든 데이터 값을 양수로 변경한다.(plusData) 이후 변경된 데이터를 최대값으로 나누면 모든 데이터들이 0~1 사이로 변경된다. 이후 outData 값을 반환한다.

② 정제 대상 컬럼값에 함수를 적용한 후 새로운 컬럼을 생성한다.

③ 상관관계 분석 함수를 수행한다.

	balance	stock	labelcode	balance_norm	stock_norm
balance	1.000000	0.565942	0.883144	1.000000	0.565942
stock	0.565942	1.000000	0.824174	0.565942	1.000000
labelcode	0.883144	0.824174	1.000000	0.883144	0.824174
balance_norm	1.000000	0.565942	0.883144	1.000000	0.565942
stock_norm	0.565942	1.000000	0.824174	0.565942	1.000000

[그림 7-50] 상관관계 분석 결과

상관관계 함수 결과 정답지에 영향을 뚜렷이 영향을 많이 끼치는 변수(0.3 ~ 0.7)만 별도로 추출한다. 회귀모델에서 이미 기준값(0.5)으로 변수 선정하는 방법을 했기 때문에 실습은 바로 정규화한 특성 정보로 정의하고 실습한다.

```
### feature, label 컬럼 설정
featuresCol = ['balance_norm','stock_norm'] ------------------------ ①
labelCol = ['label']

### feature 데이터, label 데이터 분리
featuresData = csData.loc[:,featuresCol] -------------------------- ②
labelData = csData.loc[:,labelCol]

### train_test_split 함수를 활용해 feature / label 데이터 분리 7:3
trainingData_features, \ ------------------------------------------ ③
testData_features, \
trainingData_label, \
testData_label = \
    train_test_split(featuresData, labelData, test_size = 0.3,
    random_state = 1)
print(trainingData_features.shape) -------------------------------- ④
print(testData_features.shape)
print(trainingData_label.shape)
print(testData_label.shape)
```

① 명시적으로 특성과 정답지를 정의한다. 주의할 점은 labelcode는 상관관계 확인을 위해 생성한 수치형 데이터 컬럼이고 분류 문제에서의 정답지는 데이터는 label을 그대로 사용한다.

② 전체 데이터를 특성과 답지로 분리한다.

③ 라이브러리에서 정의한 sklearn.train_test_split 함수를 사용하여 문제지와 답지를 주입하면 알아서 featuresData를 7 : 3으로 labelData를 7 : 3으로 랜덤하게 추출하여 4개의 변수에 각각 저장 가능하다. 결국 첫 번째 입력 파라미터인 featuresData를 7:3으로 분리하여 trainingData_features에는 훈련 데이터의 70%가 저장되고 testData에는 30%가 저장된다. labelData도 동일 비율로 trainingData_label과 testData_label 변수에 각각 저장된다. random_state 파라미터는 랜덤하게 추출하다 보면 훈련 데이터가 계속 변경되는데 이를 동일한 컴퓨터 환경에서 고정시켜 주는 값이다. 동일 PC에서 설

정값을 변경하면 분리된 데이터가 달라진다. 동일값을 설정하면 언제나 같은 데이터로 분리한다. 결국 random_state를 고정시키면 동일한 결과를 재연할 수 있다.

④ 각 변수에 shape 함수를 실행하면 데이터의 행, 열 크기를 출력하여 정상적으로 분리되었는지 확인 가능하다.

```
print(trainingData_features.shape)
print(testData_features.shape)
print(trainingData_label.shape)
print(testData_label.shape)

(14000, 2)
(6000, 2)
(14000, 1)
(6000, 1)
```

[그림 7-51] 데이터 확인

2.3.3 모델 적용

이번 단계는 모델 선언 및 기계를 학습시키는 단계이다. 데이터의 전처리가 끝난 상태이기 때문에 재료를 모델에 적절하게 맵핑시켜 주면 된다.

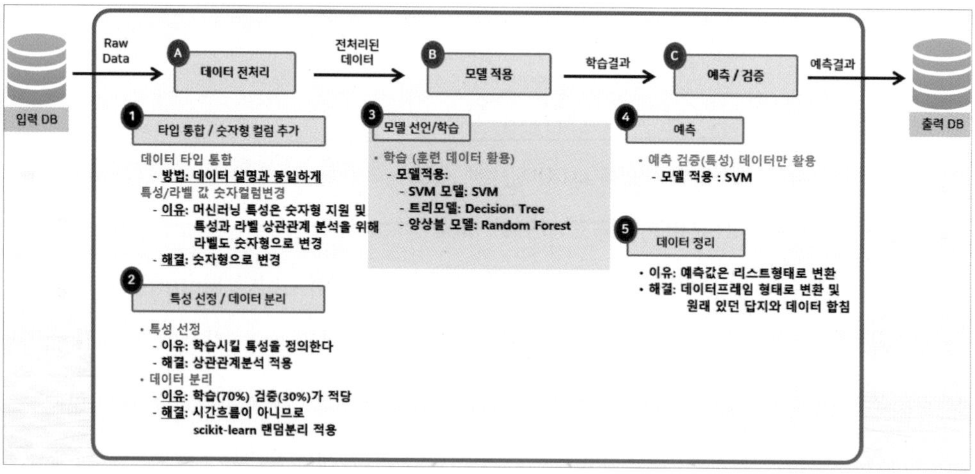

[그림 7-52] 모델 적용 프로세스

실습을 통해 알아본다.

```
# 모델 정의
model_method = svm.SVC(random_state=1) ------------------------ ①

# 머신러닝 (훈련 데이터 특성/답지)
model = model_method.fit( X=trainingData_features, ------------ ②
                    y=trainingData_label.label)
```

① 모델을 변수에 정의한다. 파라미터로 random_state=1만 정의한 이유는 모델을 구동할 때마다 서포트 벡터 머신이 가진 랜덤 속성 대문에 예측 결괏값이 달라진다. 하지만 향후 예측 결괏값을 확인 후 모델 고도화를 위해서는 다시 동일 결괏값을 확인하기 위하여 random_state 동일값에 대해서는 예측 결과를 고정시켜 주기 위함이다.

② 선언한 모델에 fit 함수를 사용하여 훈련 데이터의 특성과 답지를 파라미터에 정의한다. 학습 결과는 model 변수에 저장된다.

2.3.4 예측

이번 단계는 학습한 결과에 테스트 데이터의 특성값을 파라미터로 정의하여 예측값을 생성하는 단계이다.

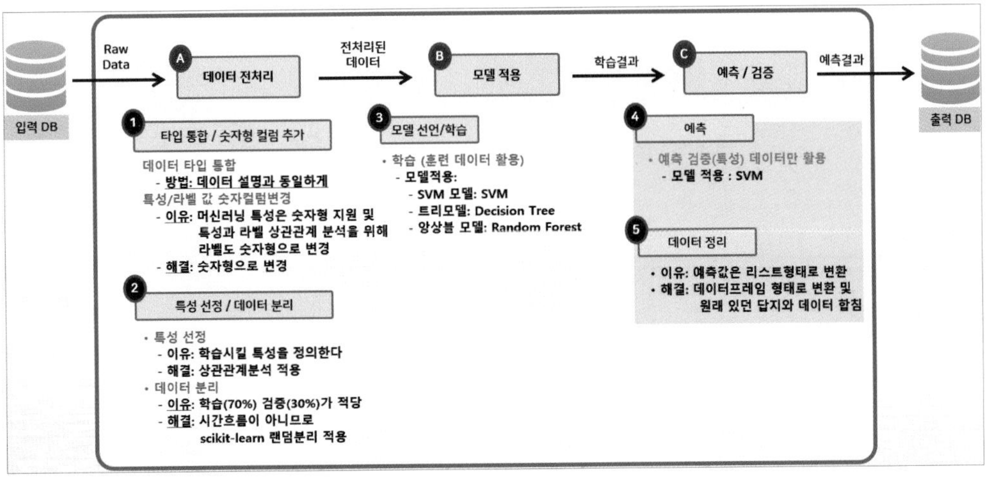

[그림 7-53] 예측 프로세스

```
## 예측
predict = model.predict(testData_features)
predict
```

① 학습 결과인 model 변수에 predict 함수를 사용하여 파라미터로 테스트 데이터의 특성값을 적용하면 테스트 데이터의 특성값 개수만큼 예측값이 차례대로 생성된다.

```
## 예측
predict = model.predict(testData_features)
predict

array(['diamond', 'diamond', 'diamond', ..., 'diamond', 'vip', 'diamond'],
      dtype=object)
```

[그림 7-54] 예측 결과 예시

2.3.5 데이터 정리

데이터 정리 단계는 생성된 예측 결과와 테스트 데이터의 정답지를 합치는 단계이다.

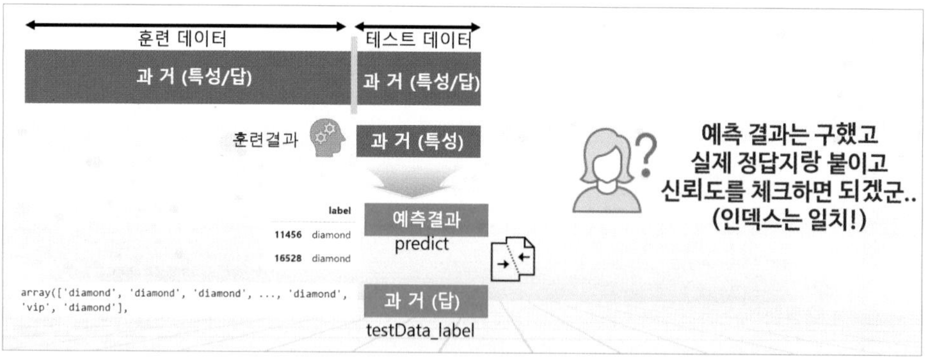

[그림 7-55] 예측 결과 정리 예시

실습을 통해서 테스트 데이터의 정답지와 예측 결과를 합친다.

```
### 예측 결과를 데이터프레임으로 변환
predictData = pd.DataFrame(predict, columns = ["predict"]) ---------- ①

### 테스트 데이터 정답지 선택
labelData = csData.loc[ testData_label.index, : ] ------------------- ②
labelData.reset_index(drop=True, inplace=True)

### 예측 결과 / 정답지 병합
finalReuslt = pd.concat( [labelData, predictData], axis=1) ---------- ③
```

① 예측 결과를 데이터프레임으로 변환하고 컬럼 이름을 "PREDICT"로 설정한다. 첫 번째 예측값부터 0 인덱스가 부여된다.

② 테스트 데이터의 정답지를 전체 데이터에서 인덱스로 선택한 후 예측값과 병합하기 위하여 인덱스를 초기화한다.

③ pd.concat 함수를 활용하여 2개의 데이터를 axis=1 옆으로 붙인다. (데이터를 합칠 때 같은 인덱스끼리 합쳐진다. 만약 인덱스를 초기화하지 않으면 제대로 합쳐지지 않으니 주의한다.)

	balance	stock	label	labelcode	balance_norm	stock_norm	predict
0	744000000	38000000	diamond	1	0.927273	0.328000	diamond
1	724000000	32000000	diamond	1	0.901299	0.232000	diamond

[그림 7-56] 데이터 정리 결과

2.3.6 결과 검증

결과를 검증한다. 초기에 정의했던 라이브러리 sklearn.metric 내 분류모델 정확도 지표 함수를 불러왔다. 주요 정확도 지표값을 실습한다.

```python
# 결과 테스트하기
ac_score = accuracy_score(finalReuslt.label,
                          finalReuslt.predict)
cl_report = classification_report(finalReuslt.label,
                                  finalReuslt.predict)
## 결과 리포트하기
print("Accuracy =", ac_score)
print("result =\n", cl_report)
```

```
# 결과 테스트하기
ac_score = accuracy_score(finalReuslt.label,
                          finalReuslt.predict)
cl_report = classification_report(finalReuslt.label,
                                  finalReuslt.predict)

## 결과 리포트하기
print("Accuracy =", ac_score)
print("result =\n", cl_report)

Accuracy = 0.9953333333333333
result =
               precision    recall  f1-score   support

     diamond       1.00      1.00      1.00      3483
      normal       0.99      0.99      0.99      1803
         vip       0.99      0.99      0.99       714
```

[그림 7-57] 정확도 결과 예시

[표 7-4] 에러 지표

순서	에러 지표	내용	수식	사용처
1	accuracy	전체 중에 맞춘 개수	$(Accuracy) = \frac{TP + TN}{TP + FN + FP + TN}$	전체 정확도 지표
1	precision	예측값을 기준으로 정확도 산출 (정밀도)	$(Precision) = \frac{TP}{TP + FP}$	예측값 기준으로 정확도 지표
2	recall	정답지를 기준으로 정확도 산출 (재현율)	$(Recall) = \frac{TP}{TP + FN}$	정답지 기준으로 정확도 지표
3	f1-score	예측값/정답지 기준 정확도 혼합 산출	$2 \times \frac{Precision \times Recall}{Precision + Recall}$	precision과 recall의 조화로운 정확도 지표

결과를 엑셀로 다운로드받은 후 매트릭스를 생성한다. 전체 컬럼에 필터를 적용한 후 predict 컬럼이 normal인 경우 정답지의 분포를 확인 후 숫자를 채워간다. 다음 predict 컬럼이 diamond인 경우와 vip인 경우 모두 같은 방식으로 숫자를 채운다.

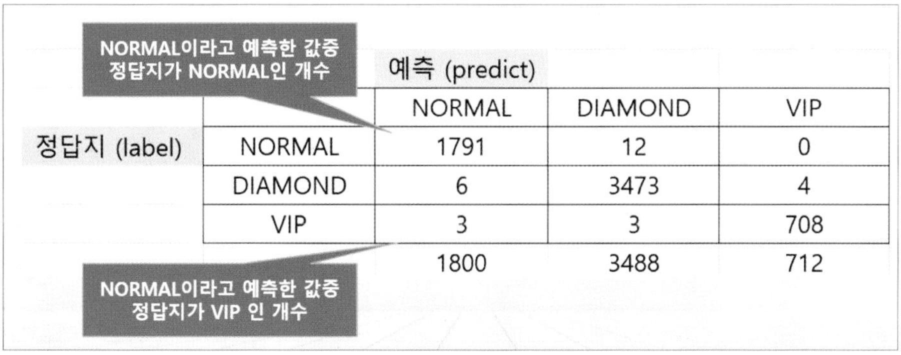

		예측 (predict)		
		NORMAL	DIAMOND	VIP
정답지 (label)	NORMAL	1791	12	0
	DIAMOND	6	3473	4
	VIP	3	3	708
		1800	3488	712

[그림 7-58] 정확도 매트릭스 생성

여기서 accuracy는 대각선 맞춘 개수 / 전체 개수(1791+3473+708) / 6000 = 0.995333이 된다.

precision은 예측값을 기준으로 정확도를 산출하며 normal인 경우 전체 normal을 예측한 값이 1800개 중 정답이 1791개이므로 1791/1800 = 0.99 diamond인 경우 전체 예측한 값이 3488개 중에 diamond 정답이 3473 = 1.00 vip인 경우 708/712 = 0.99가 된다. recall은 정답지를 기준으로 계산한다. normal인 경우 전체 normal이 1803개 정답이 있는데 예측값은 1791개를 맞추어 1791/1803 = 0.99 diamond인 경우 3473/3483 = 1.00 vip는 708/714 = 0.99이다. 실제 매트릭스를 구성하면 쉽게 계산할 수 있다. 차이는 고객 입장에서는 정답지가 중요하기 때문에 정답지를 기준으로 예측값을 바라보려 하고 분석가 입장에서는 예측한 값을 기준으로 정답지를 얼마나 정밀하게 맞추었는지 바라보게 된다. 따라서 이 두 가지 지표를 조화롭게 섞은 f1-score를 상호 보완적인 관점에서 정상 지표로 설정한다. 2 * (precision*recall) / (precision + recall)로 계산하여 모델의 정확도를 표시해야 한다.

		예측 (predict)			
		NORMAL	DIAMOND	VIP	정답지 합계
정답지 (label)	NORMAL	1791	12	0	1803
	DIAMOND	6	3473	4	3483
	VIP	3	3	708	714
	예측 합계	1800	3488	712	60000

accuracy				0.99533333
precision	0.99	1.00	0.99	0.99499385
recall	0.99	1.00	0.99	0.99402333
f1-score	0.99	1.00	0.99	0.99450757

0.9950으로 0.99로 출력됨

[그림 7-59] 정확도 매트릭스 결과

분류모델을 통해서도 전체 지도학습의 프로세스는 동일하다고 느껴야 하며 회귀와의 차이점은 예측 결과에 대한 정확도 산출 방법을 정확히 이해하면 된다. 다만 여기서 추가로 생각해 봐야 하는 점은 지도학습은 다양한 모델들을 경합시킨 후 가장 정확도가 높고 편차가 크지 않은 안정적인 모델을 선택해야한다. 따라서 프로젝트 종료 시점까지 다양한 모델을 경합시켜서 고객과 논의한다면 더 좋은 결과를 낼 수 있다. 실습으로 SVM 외에 K-neighbors 분류모델을 사용하여 한 번에 2개의 예측값을 생성한 후 predict_svm, predict_k 컬럼으로 생성 후 정확도를 비교해 본다.

03 비지도학습

학습 내용
1. 기계에 특성과 답지를 학습시킬 경우 어떻게 머신러닝을 구현하는지 학습한다.
2. 지도학습 알고리즘 구현 후 결과 검증 방법을 학습한다.

비지도학습은 학습을 시켜야하는데 정답이 없는 경우에 사용하는 기법이다. 기계에 기존에는 문제지(특성)와 정답지를 주고 학습을 시켰다면 정답이 없는 상황에 사용하는 모델이다.

3.1 클러스터링 유형 실습

클러스터링 문제는 수집한 데이터에 문제지(특성)와 정답이 같이 있지 않고 특성값만 있어 유사 문제지(특성) 데이터끼리 클러스터링 하는 기법이다. 클러스터링이 완료되면 사용자가 직접 클러스터별로 라벨링(정답지 부여) 작업을 진행한 후 다시 지도학습으로 넘어갈 수 있다. 비지도학습 클러스터링 유형 중 가장 많이 사용 되는 Kmeans 클러스터링을 학습하도록 한다. Kmeans 클러스터링은 쉽게 이야기하면 k개의 집단으로 분류하는데 데이터 전체를 좌표에 맵핑하고 k개의 점을 생성한다. 이후 k점과 가까운 데이터끼리 하나의 집단으로 설정한다. 다음 스탭으로 각 집단의 중앙점(centroid)를 생성한 후 다시 centroid에 가까운 데이터를 하나의 집단으로 만들고 이 작업을 계속 반복하며 특정 정지 규칙(예: 더 이상 집단의 변화가 없는 경우, 최소 거리 도달 등)에 따라 멈춘 후 각 집단별로 번호를 붙여 예측하는 모델이다.

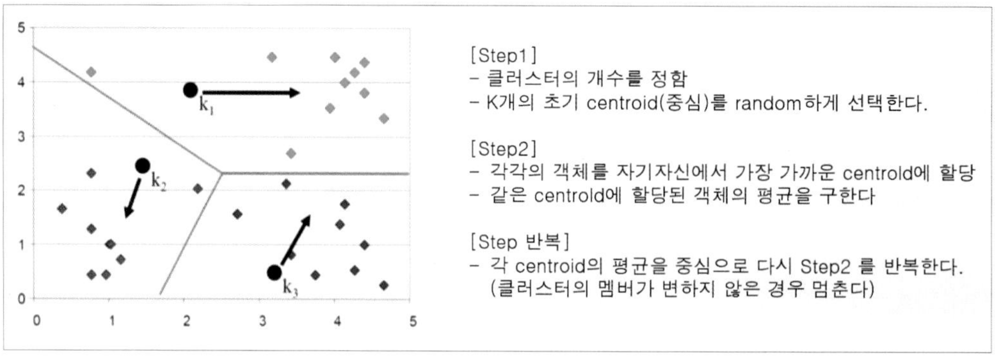

[그림 7-60] **비지도학습 예시**

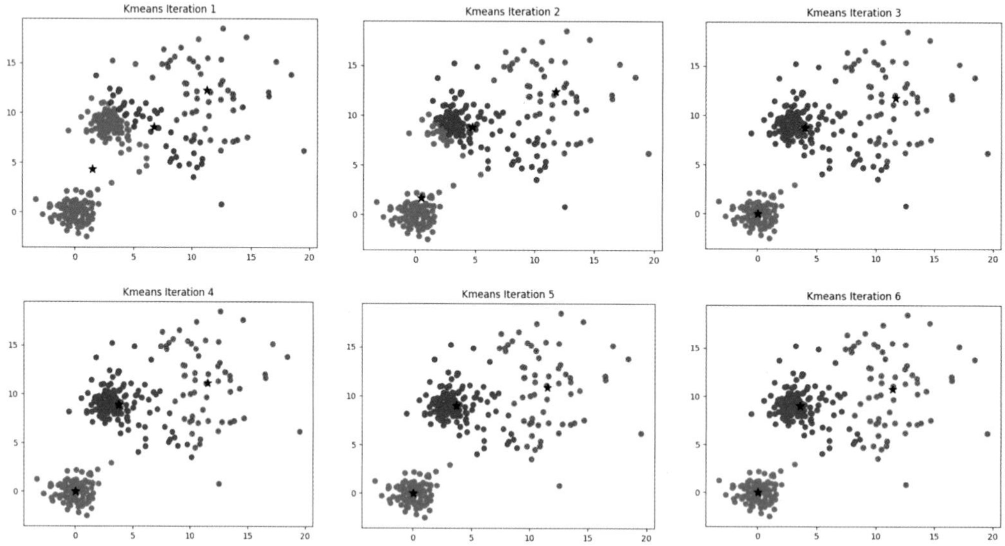

[그림 7-61] **비지도학습 반복 예시**

실습을 통해 알아보도록 한다. 먼저 dataset 폴더 내 student_middle.csv 파일을 불러온다.

데이터는 NAME 컬럼에는 학생별 과목 성적 데이터가 저장되어 있다. 학생 코드번호(NAME)은 중복을 허락하지 않는 기본 키이며 이외 컬럼은 소프트웨어, 데이터베이스, 안드로이드 프로그래밍 성적이 저장되어 있다.

	NAME	SW	DB	AND
0	ST0001	95	30	0
1	ST0002	50	50	0

Column Name	Column Type	Description	Key	Length	Comments
name	str	학생 아이디	1	20	
sw	int	소프트웨어 활용 및 코딩 성적		-	
db	int	데이터베이스 성적		-	
and	int	안드로이드 성적		-	

[그림 7-62] 학생 성적 데이터 예시

```
import pandas as pd ------------------------------------------------- ①

# K-Means 라이브러리
from sklearn.cluster import KMeans ---------------------------------- ②

#CSV 파일을 읽어 DataFrame 변수에 저장하기
studentData = pd.read_csv("../dataset/student_middle.csv") ---------- ③
studentData.head()
```

① 데이터를 다루기 위하여 pandas 라이브러리를 불러온다.

② sklearn에서 cluster 모델 중 Kmeans 모델을 불러온다.

③ 비지도학습 실습을 위해 정답지가 없는 학생들의 과목별 성적 점수 데이터를 불러온다.

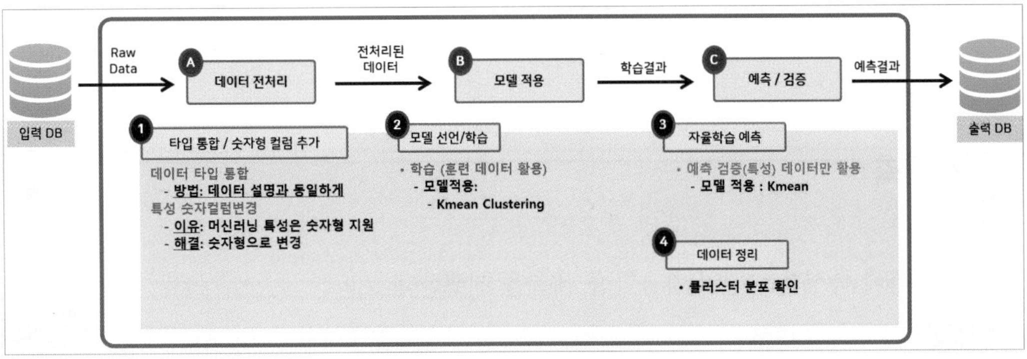

[그림 7-63] 비지도학습 예측 프로세스

3.1.1 타입 통합/특성 숫자 컬럼 추가

특성 컬럼 정보만 추출한다.

```
featuresColumns = ["SW","DB","AND"]
### 특성 정보 분리
name = studentData.loc[:,["NAME"]]
features = studentData.loc[:,featuresColumns]
print(name.shape)
print(features.shape)
```

3.1.2 모델 선언

Kmean 함수를 적용한다.

```
### 모델 선언 및 feature만 활용하여 자율학습 예측
model_method = KMeans(random_state=1, n_clusters=2) --------------- ①
model = model_method.fit(features) -------------------------------- ②
```

① Kmeans 모델 선언 시 모델의 결괏값을 동일하게 생성하기 위하여 random_state를 고정시키고, 분류할 클러스터 개수를 정의한다.

② 정의한 모델에 특성 컬럼값을 넣어 학습시킨다.

3.1.3 예측

학습 결과에 특성값을 넣어 자율학습 예측을 진행한다.

```
model.predict(features)
```

3.1.4 데이터 정리

원본 데이터와 예측 결과를 붙인다.

```
predict = pd.DataFrame(model.predict(features),
                       columns = ["PREDICT"])

### 원본 데이터, predict 붙이기
result = pd.concat([studentData, predict], axis = 1)
result.head()
```

3.1.5 시각화

예측 결과를 scatter 차트를 활용하여 분류 결과를 시각화한다.

```
import matplotlib.pyplot as plt
%matplotlib inline

plt.scatter(x=result.SW,
            y=result.DB,
            c=result.PREDICT)
```

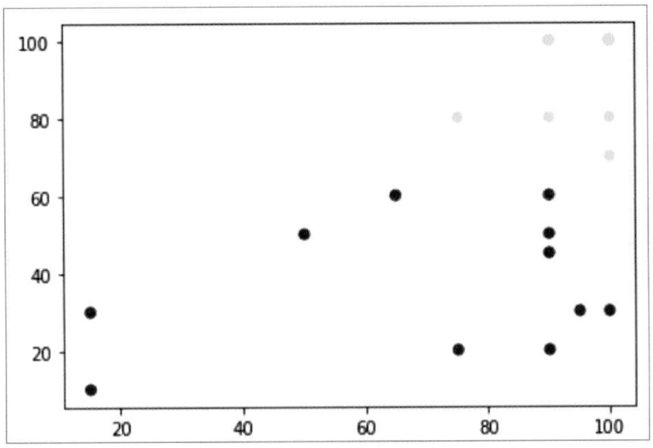

[그림 7-64] 비지도학습 결과 시각화 예시

비지도학습은 학생들을 유사 집단끼리 클러스터링하여 맞춤형 교육을 진행할 수 있다. 제품의 판매량 예측 시에도 모든 제품에 계절성 지수를 적용하여 예측하지 않고, 클러스터링 기법으로 제품을 특성값만 던져주고 기계가 알아서 클러스터링을 하게한 다음에 각 클러스터 별로 계절성 지수를 산출하여 예측할 수도 있다. 예를 들어 플래그쉽 제품은 그 분류만의 판매패턴(계절성 지수)를 가지고 있고 반대되는 개념의 일반 제품은 플래그쉽과 다르게 별도의 판매패턴(계절성 지수)을 가지고 있다는 부분을 클러스터링 기법을 사용하여 분리해낼 수 있다.

지금까지 파이썬 언어를 사용하는 기초 단계부터 데이터를 자유자재로 다루는 방법을 단계별로 실습을 통해 학습하였다. 실무에서 머신러닝도 사용하지만 데이터의 특징을 탐색하고 아이디어를 발굴한 후 모델에 적용하기 위해서는 데이터를 자유롭게 다룰 수 있어야 한다. 최종 개발된 모델은 사용자가 직접 버튼을 눌러 작동시키는 것이 아니라 자동화 되도록 운영체제의 스케쥴러에 등록하는 등의 작업을 통해 시스템화 하여야 한다. 이 책의 최종 목적은 파이썬을 활용하여 빅데이터 및 인공지능 영역에 기본기를 단단하게 갖춘 상태로 만들기 위함이다. 책의 예제 외에 학습한 내용을 응용하기 위하여 kaggle과 같은 데이터 분석 문제도 풀면서 자신만의 모델을 자유롭게 만들었으면 한다. 언어학습이란 A부터 Z까지 모든 부분을 가르치는것이 아니고 기본기를 익힌 후 실전에서 학습한 내용을 꾸준히 응용해야 한다. 이 책을 통하여 빅데이터 및 인공지능 영역에 쉽게 다가갔으면 한다.

기억합시다

대단원	소단원	핵심 포인트
유형별로 실습하는 머신러닝	데이터 분석 방법론	머신러닝 분석 방법 및 sklearn 라이브러리를 이해하고 머신러닝 모델 선택 기준을 cheat sheet를 사용하여 이해한다.
	지도학습	지도학습 문제를 풀어가는 프로세스를 기억한다. 회귀/분류 모델의 정확도 지표를 구분할 수 있어야 한다. - 회귀: MAE, RMSE, MAPE - 분류: Accuracy, Precision, Recall, F1 Score
	비지도학습	비지도학습의 개념을 이해하고 클러스터링 방법 중 Kmeans 클러스터링 구현 프로세스를 기억한다.

기본편
VII. 유형별로 실습하는 머신러닝

단원 정리 문제

01. 회귀 유형 실습을 DecisionTree 외에 Randomforest, Linear Regression으로 풀어보고 정확도를 비교해 본다.

02. 분류모형 실습을 제공된 dataset 중 WA_Fn_UseC-Sales-Win-Loss.csv 데이터를 활용하여 어떤 캠페인이 loss가 발생하고 win 할지 예측하는 로직을 구현한다.

Column Name	Column description
Opportunity Number	기회 순번
Supplies Subgroup	소모품 하위그룹
Supplies Group	소모품 그룹
Region	지역 (South East)
Route To Market	마켓 시장 (Reseller, Fields Sales, Other, TeleSales, TeleCoverage)
Elapsed Days in Sales Stage	판매 경과일수
Opportunity Result	결과 (Won, Loss)
Sales Stage Change Count	판매단계 변경 횟수
Total Days Identified Through Closing	결산을 통해 확인된 총일수
Total Days Identified Through Qualified	자격을 통해 확인된 총일수
Opportunity Amount USD	사용 금액 (USD)
Client Size By Revenue	수익별 고객 규모
Client Size By Employee Count	직원수별 고객 규모
Revenue From Client Past Two Years	지난 2년간 고객으로부터의 수익
Competitor Type	경쟁사 유형
Ratio Days Identified To Total Days	총일수 대비 식별된 일수 비율
Ratio Days Validated To Total Days	총일수 대비 유효성 확인된 일수 비율
Ratio Days Qualified To Total Days	총일수 대비
Deal Size Category	거래 규모 카테고리

03. 비지도학습 모델 중 Kmeans 클러스터링 외에 Hierarchical 클러스터링 기법을 활용하여 학생 데이터를 클러스터링한다.

[참고 문헌 및 웹 사이트]

1. 김효관, 유선진, 이호영, 「Spark를 활용한 빅데이터 프로그래밍」, 한국폴리텍대학, 2018
2. 파이썬 패키지 라이브러리 https://pypi.org/
3. 국세청(http://www.nts.go.kr)

YouTube

'4차 산업혁명! 단계별로 익히는
빅데이터&인공지능' 동영상 강의

4차 산업혁명! 단계별로 익히는

빅데이터&인공지능

2020년 8월 12일 1판 1쇄 인 쇄
2020년 8월 18일 1판 1쇄 발 행

지 은 이 : 김 효 관

펴 낸 이 : 박 정 태

펴 낸 곳 : **광 문 각**

10881
파주시 파주출판문화도시 광인사길 161
광문각 B/D 4층
등 록 : 1991. 5. 31 제12-484호
전 화(代): 031-955-8787
팩 스 : 031-955-3730
E-mail : kwangmk7@hanmail.net
홈페이지 : www.kwangmoonkag.co.kr

ISBN : 978-89-7093-375-7 93000

값 : 26,000원